언어학의 이해

언어학의 이해

김방한

The
Humanities

9

민음사

책 머리에

언어는 인류사회에서 의사전달의 도구라는 기능을 가진다. 그리하여 인간은 언어를 통하여 서로의 생각을 나눌 수 있게 되고, 서로 긴밀히 힘을 모아 인류문화를 발전시켜 나간다. 인간만이 과거의 문화유산과 역사의 경험을 살려서 현재의 바탕에서 미래로 나갈 수 있는데, 이것은 바로 언어에 의해서 가능한 것이다. 이런 점에서 인간의 언어는 대단히 값진 존재이며, 그래서 언어에 대한 관심과 연구의 필요성이 있게 된다. 이러한 언어에 대한 관심에 도움을 주려는 것이 이 책의 집필 목적이다.

필자는 이 책을 집필하면서 특히 다음 세 가지 점에 유의하였다. 첫째는 언어학의 연구대상 전반을 쉽게 접근하여 이해할 수 있는 개설서가 되도록 하였다. 언어학 공부를 처음 시작하려는 학생들과 언어의 본질과 구조에 관심을 가지는 일반 교양인들이 흥미를 가지고 읽을 수 있도록 하였다. 이것은 지금까지의 개설서가 지나치게 단편적이거나 혹은 전문적이었던 점을 극복하려는 뜻이다. 둘째는 전통적 언어학 이론과 현대의 언어학 이론 어느 한 쪽에 치우침이 없도록 하였다. 언어학은 다른 어느 학문보다도 빠른 걸음으로 발전을 거듭하고 있는 학문이다. 언어학의 여러 이론들은 발전을 거듭하면서 오늘에 이르렀고 또 현재에도 여러 이론이 새로이 제시되고 있다. 그러나 이들 이론들은 전적으로 배타적인 것이 아니라, 서로 상보적인 것이기 때문에 이 책은 어느 한 이론에 입각하기보다는 제이론을 두루 살펴 제시하였다. 셋째는 언어에 대한 관심 분야를 가급적 넓게 살펴보려고 하였다. 따라서 이 책은 언어의 구조를 비롯 언어와 관련을 맺는 모든 영역을 대상으로 하여 개관하였다.

필자는 오래전부터 이러한 성격의 개설서를 집필하려고 구상해 왔다. 그러나 늘 다른 연구에 쫓겨서 미루어오다가 이제야 집필을 마무리하게 되었다. 그러나 위와 같은 목적이 충분히 달성되었는지는 아직 알 수 없다.

이 책은 여섯 부문으로 구성되어 있다. 제1부에서는 언어의 본질을 밝히면서 언어학의 연구대상과 연구방법을 제시하였다. 제2부에서는 언어의 구조에 대해, 제3부에서는 역사적 변화에 대해, 제4부에서는 세계의 언어와 문자에 대해 서술하였다. 그리고 언어와 관련을 맺는 여러 인접학문과의 관계도 가급적 넓게 소개하려고 한 것이 제5부이다. 특히 최근 관심이 고조되고 있는 언어습득, 뇌신경학 등과의 관련성도 소개하였다. 제6부는 언어학이 학문으로서 발전해 온 과정을 서술한 언어학의 발자취이다. 특히 이 책의 다른 장에서 깊이 있게 다루지 못한 내용을 제6부에서 보완할 수 있도록 배려하였다. 그리고 이 책에서 설명을 위한 언어자료는 가능한 한 한국어로 제시했지만, 다양한 이해를 위하여 영어를 비롯한 외국어의 예도 많이 제시하였다. 언어학 술어도 가급적 우리말 술어를 살려 썼지만, 필요한 경우, 특히 음운자질이나 의미자질 이름의 경우는 외국어 술어를 그대로 쓰기도 하였다. 이것은 앞으로 직접 원전을 접하여 공부하려는 학생들을 배려한 까닭이다.

권재일 교수는 이 책의 까다로운 원고를 처음부터 끝까지 상세히 읽고 기탄없는 조언을 해 주었다. 또한 교정과 찾아보기 작성 등 힘든 작업은 류시종 군이 도맡아 헌신적으로 협조해 주었다. 고마운 마음을 전한다. 끝으로 民音社 여러분의 수고에 감사한다.

독자 여러분의 질정과 편달을 바란다.

1992년 2월 2일

老石山房에서 金芳漢

언어학의 이해

차례

제 2 부   언어의 구조

제 3 장   음운론

제 5 부　언어학과 인접과학

제 11 장　언어습득

제 12 장　언어와 뇌신경

제 13 장　다른 인접과학과의 관계

제 6 부　언어학의 발자취

제 14 장　고대부터 19세기까지의 언어연구

제 1 부

서론 —— 인간과 언어

제1장 언어와 언어학

1 인간의 언어

1.1 언어의 중요성

과거와 현재와 미래를 잇는 끝없는 선상에서 인간은 한 순간만을 살다가 사라진다. 그러나 인간은 그 한 순간의 존재를 무한히 확대할 수 있는 가능성을 실현할 수 있다. 과거의 기억은 언어에 의해서 유지되며 역사의 축적은 언어에 의해서 이루어진다. 그리하여 과거와 현재의 경험은 언어에 의해서 미래로 전해진다. 한편 동물에 있어서는 각 순간의 현재만이 존재할 따름이고 종의 보존을 위해서 항시 같은 생활을 되풀이하고 있을 뿐이다. 그들에게는 과거도 없고 미래도 없다. 과거의 기억을 전해 줄 수 있는 언어가 없으며 또 역사의 축적을 미래에 전해 줄 수 있는 언어가 없기 때문이다. 인간만이 과거의 문화 유산과 역사적 경험을 미래에 전할 수 있다. 이것은 모두 언어에 의해서 이루어지는 것이다.

인간은 인간의 집단 속에서 태어나서 공동생활을 영위하면서 그 집단의 특유한 문화를 형성하고 다음 세대에 그 문화 유산을 전해간다.

이러한 문화 유산 가운데서 가장 기본적인 것이 〈언어〉와 〈도구〉임은 대부분의 인류학자가 지적하고 있는 바와 같다. 도구라 함은 도구를 사용하는 것이 아니라, 도구를 제작하는 것을 의미한다. 유인원은 돌이나 나무조각을 그대로 도구로 사용하기도 한다. 그러나 그들은 어떤 도구를 만들어내지는 못한다. 도구를 제작할 수 있는 것은 오직 인간뿐이다. 한편 인간의 집단생활은 언어에 의해서 이루어진다. 개인과 개인은 언어에 의해서 결합되고 이미 얻은 지식은 언어에 의해서 서로 전달된다. 이렇게 언어에 의해서 사회적 집단이 형성되고 공동생활이 유지되며 또한 어떤 목적으로 도구를 제작하여 사용함으로써 인간은 오늘날의 인간으로 발전한 것이다. 인간의 언어는 그 중요성이 아무리 강조되어도 지나침이 없을 것이다. 우리는 이 책에서 바로 그러한 언어에 관해서 알아보려고 한다. 그런데 우리는 마치 공기와 같이 언어의 존재를 잊어버리기 쉽다. 그러나 인간은 이미 오래전부터 언어에 대해서 지대한 관심을 보여온 역사를 가지고 있다.

1.2 언어에 대한 고대인의 관심 (1) : 언어의 기원

인간은 이미 아득한 옛날부터 언어에 지대한 관심을 보이기 시작했다. 고대 그리스의 역사가 헤로도토스(Herodotos. 기원전 5세기)는 다음과 같은 이야기를 전해 주고 있다. 고대 이집트의 왕 프사메티코스 Psammetichos는 세계의 여러 언어 가운데서 어느 언어가 가장 오래된 것인지를 알아보려고 했다. 그리하여 갓 태어난 두 아이를 서로 떼어 놓고 사회와 격리시켜 양과 더불어 키우면서 그들이 무슨 말을 자연스럽게 말하게 되는가를 조사했다. 그 두 아이는 다른 사람의 말을 듣고 배우지 않아도 본능적으로 가장 원시적인 말을 하게 되리라고 생각했기 때문이다. 그 결과, 그 두 아이가 처음으로 말한 것이 모두 bekos라는 단어였다고 한다. 그런데 그 말은 프라지아어 Phrygian로 〈빵〉을 의미하는 단어였다고 전하고 있다. 그리하여 프사

메티코스 왕은 프리지아어가 인류 최초의 언어라고 생각하게 된다. (프리지아어는 인구어족 중의 한 언어로서 소아시아의 고대 프리지아 왕국에서 사용되었다. 프리지아인은 기원전 1,000년경 트라키아(Thracia. 발칸반도의 남동부에 있던 고대국가)에서 일류리아 Illyria 민족 이동의 물결에 밀려서 소아시아로 이주하게 된 것으로 생각되고 있다. 이 언어는 비문에 의해서만 전해지고 있다.) 인도의 무갈 Mugal 왕조의 아크바르(Akbar. 1556-1605) 왕도 같은 실험을 했다는 기록이 있다. 이들 이야기는 언어의 기원에 대한 호기심을 반영하는 것이라고 하겠다.

갓난아이가 말을 하게 되는 과정을 관찰해서 언어기원의 수수께끼를 풀어보려는 시도가 옛부터 여러 가지 방식으로 행해졌다. 그러나 어린아이가 말을 하게 되는 과정을 아무리 세밀히 연구해도 그것이 그대로 인류 언어의 기원에 대한 설명이 될 수는 없다. 그것은 어떤 어린아이도 반드시 한국어나 영어와 같은 일정한 언어사회 속에서 자라며 그 사회의 언어를 주위의 사람들에게서 습득하기 때문이다. 사람은 인간 사회, 즉 어떤 언어 사회와 접촉할 때까지는 말을 전혀 하지 못했다는 보고가 있다. 다음 예를 보자.

일차 세계대전 후, 인도의 어느 깊은 산 속에서 늑대에 의해서 양육된 것으로 생각되는 두 소녀가 발견되었다. 한 소녀는 2세, 또 다른 소녀는 7세 정도의 나이였다. 그들이 인간 사회에서 완전히 격리되어 늑대와 함께 자란 것은 그들이 보여주는 동물적 습성에서 충분히 알 수 있었다. 그리고 그들은 말을 전혀 하지 못했다. 2세 된 소녀를 아마라 Amara, 7세 된 소녀를 카마라 Kamara 라고 이름지었다. 그리고 그들은 인간 사회로의 복귀를 위한 교육을 받게 된다. 그러나 그들이 인간 사회의 습관을 습득하기는 지극히 어려웠다. 특히 언어의 습득은 더 어려웠다. 아마라는 2개월의 훈련 후에 〈물〉을 의미하는 단어를 습득했는데 늑대와의 생활이 더 길었던 카마라는 〈배고픔〉과 〈목마름〉을 호소하는 말을 하기에 2년이 걸렸다고 한다. 이 이야기는, 사람은 일정한 언어 사회와 접촉하기까지는 말을 하지 못한다는 것을 말해 주는 것이다.

언어의 기원 문제는 예나 지금이나 우리들의 호기심을 무한히 자극시켜 우리들의 마음을 사로잡고 있는 문제의 하나이다. 구약성서의 〈창세기〉는 다음과 같은 이야기를 전해 주고 있다.

하느님께서…… 빛을 낮이라, 어둠을 밤이라 부르셨다.

야훼 하느님께서는…… 들짐승과 공중의 새를 하나하나 진흙으로 빚어 만드시고, 아담에게 데려다 주시고는 그가 무슨 이름을 붙이는가를 보고 계셨다. 아담이 동물 하나하나에게 붙여준 것이 그대로 그 동물의 이름이 되었다. (『공동번역 성서』, 대한성서공회)

이렇게 해서 사물의 명칭이 생겼다고 보았던 것이다. 위에서 인용한 두 글은 단어의 기원에 관해서 고대 이스라엘인이 상반되는 두 가지 해석을 하고 있음을 보여주고 있다. 즉 전자는 하느님에 의한 명명이고 후자는 아담, 즉 인간에 의한 명명이다. 하느님에 의한 명명은 중세 그리스도교에 널리 퍼져 있던 언어신수설(言語神授說 : divine theory)과 맥을 같이하는 것이다. 언어신수설이란, 인간의 언어능력은 하느님이 부여한 것이라는 종교적 언어관이다.

1.3 언어에 대한 고대인의 관심(2) : 경험의 축적과 전달

위에서 든 성서의 구절에 의하면, 하느님이 낮과 밤의 이름을 붙이고 또 아담이 동물 하나하나에게 붙여 준 이름이 그대로 그 동물의 이름이 되었다. 다시 말하면 이렇게 해서 말이 탄생한 것이다. 그렇다면 하느님과 아담이 붙여준 이름은 인류의 언어에서 모두 같아야 할 것이다. 그런데도 인간의 말은 종족 혹은 민족에 따라서 모두 다르다. 왜 그런가? 당연한 의문이 아닐 수 없다. 구약성서의 「창세기」는 다시 다음과 같은 말을 전해 주고 있다.

　　온 세상이 한 가지 말을 쓰고 있었다. 물론 낱말도 같았다. 사람들이
동쪽에서 옮아오다가 시날 지방 한 들판에 이르러…… 의논했다. 〈어서
도시를 세우고 그 가운데 꼭대기가 하늘에 닿게 탑을 쌓아 우리 이름을
널리 사방으로 흩어지지 않도록 하자.〉
　　야훼께서 땅에 내려오시어 사람들이 이렇게 세운 도시와 탑을 보시고
생각하셨다. 〈사람들이 한 종족이라 말이 같아서 안되겠구나…… 앞으로
하려고만 하면 못할 일이 없겠구나. 당장 땅에 내려가서 사람들이 쓰는
말을 뒤섞어 놓아 서로 알아듣지 못하게 해야겠다.〉 야훼께서는 사람들
을 거기에서 온 땅으로 흩으셨다. 그리하여 사람들은 도시를 세우던 일
을 그만두었다. 야훼께서 온 세상의 말을 거기에서 뒤섞어 놓아 사람들
을 온 땅에 흩으셨다고 해서 그 도시의 이름을 바벨이라고 불렀다.

(『공동번역 성서』, 대한성서공회)

　이 구절도 고대인이 인간의 언어에 관해서 지대한 관심을 가지고
있었던 것을 단적으로 말해 주는 한 예이다. 우리는 여기서 두 가지
중요한 사실이 반영되고 있는 것을 알 수 있다. 첫째, 인간의 여러
언어에 대한 관심의 표명이라 하겠다. 하느님의 같은 자손이면서 또
아담이 사물의 이름을 붙여주었는데도 왜 인간은 민족에 따라서 서로
다른 언어를 사용하고 있는가? 이것은 아득한 옛날부터 이미 관심을
끌지 않을 수 없었던 문제이다. 이 언어적 차이를 설명한 것이 곧 바
벨탑의 이야기인 것이다. 둘째, 인간은 서로 협동하여 사회적 발전을
이룩한다. 그런데 협동은 서로서로의 의사를 전달하는 언어 없이는
생각할 수 없다. 하늘에 닿을 만한 높은 탑을 쌓아올리는 거창한 공
사도 거기서 일하는 사람들의 의사가 서로 전달되지 않게 되자 공사
를 중단할 수밖에 없었던 것이다. 이와 같이 바벨탑 이야기는 인간의
사회적 협동을 가능케 하는 언어의 중요한 기능 하나를 지적하

고 있다.

저명한 동물심리학자 크로포드 M. P. Crawford 는 흥미있는 실험 결과를 보고한 바 있다. 두 마리의 침팬지를 우리 속에 가두어 놓고, 줄을 맨 먹이통을 우리 밖에 놓아 두었다. 그리고 그 먹이통의 줄을 두 마리가 서로 협력해서 같이 잡아당기지 않으면 가까이 끌어당길 수 없을 정도의 무거운 먹이통으로 해 두었다. 이들 침팬지는 각각 줄을 잡아당기려고 했으나 실패했다. 그러던 중 두 마리가 우연히 줄을 같이 잡아당기는 기회가 있었다. 그 뒤 두 침팬지는 서로 협력하면 먹이통을 끌어당길 수 있는 것을 알게 되고 먹이를 통에 넣어주면 그때마다 줄을 같이 잡아당겨서 먹이를 손으로 잡을 수 있게 되었다. 그 뒤 두 마리 중 한 마리를 다른 침팬지와 바꾸어 넣어두었다. 이때 먼저부터 있던 침팬지는 협력의 필요성을 아무리 전달하려고 해도 뒤에 들어온 침팬지에게 이해시키지 못하고, 두 마리가 협력해서 먹이통을 같이 잡아당기기까지는 다시 우연한 새로운 기회를 기다리는 도리밖에 없었다는 것이다. 이런 경우, 우리 안에 갇힌 것이 만일 사람이었다면, 새로 들어온 사람이 먼저 있던 사람의 말을 듣고 쉽게 먹이통을 끌어당길 수 있었을 것이다. 다시 말하면, 언어를 통해서 경험을 상대방에게 전달함으로써 경험을 되풀이하지 않고서도 인간은 다음 단계로 빨리 발전할 수 있는 것이다. 이와 같이 지식의 전달과 축적이 불가능한 동물에 비해서 인간은 언어를 통해서 지식을 서로 전달하고 사회생활을 발전시켜 간 것이다.

1.4 언어 기원에 관한 몇 가지 가설

인류가 최초로 지구상에 나타났을 때, 그들은 과연 언어능력을 가지고 있었던가? 이러한 물음에 대해서 부정적인 생각을 가진 학자가 많았다. 그리하여 어떤 학자는 인류 최초의 조상을 〈말 없는 원인 原人〉이라고 불렀다. 또 어떤 학자는 인류에게는 최초 도끼와 같은 도구가 하나도 없었고 또 분절음分節音조차 하나도 없었다고 생각했다. 이러한 견해에 대해서 유인원에서 인간으로의 진화 과정에서 언어의 습득은 본질적인 것이라고 보는 견해도 있었다. 이러한 견해에 의하면, 유인원에서 인간이 되었을 때 이미 말이 있었다고 볼 수도 있을 것이다. 그렇다면 인간은 어떻게 해서 말을 하게 되었는가? 인류의 언어는 어떤 것을 소재로 해서 형성되었는가? 원시 시대의 말은 어떤 것이었을까? 이들 문제는 먼 과거 속에 파묻혀 있는 일이고 또 그것을 해명할 만한 아무런 증거가 없다. 그러나 이들 문제에 접근하려는 여러 시도가 있었다. 비록 비과학적인 것이었으나 이미 고대부터 언어의 기원에 관한 호기심이 나타난 몇몇 예를 앞에서 본 바 있다.

중세에는 그리스도교 세계에서 언어신수설이 널리 퍼졌음은 위에서 지적한 바와 같다. 그러나 근세에 이르러 사람들은 언어신수설에 만족할 수 없게 되고 계몽주의 철학자들은 인간이 스스로의 표현 수단으로서 언어를 발명했다는 이른바 〈발명설〉을 제창하게 된다. 그러나 언어의 기원 연구가 보다 본격적으로 근대 과학 앞에 부각된 것은 19세기 진화론 사상의 영향이었다. 그 이후 오늘에 이르기까지 어떤 언어기원론 glottogony이 나타났는가를 다음에 간단히 살펴보기로 한다.

1) 자연발성음 기원설

이것은 옛부터 계속되어 온 언어기원 가설의 하나이다. 이 가설은 놀라움, 두려움, 기쁨 등의 감정에 따라 자연히 발성되는 소리에서 인간의 언어가 발달했다고 보는 것이다. 다시 말하면, 감정의 표출에서 나온 감탄사와 같은 소리에서 언어가 발달했다고 보는 견해이다. 그러므로 이 가설을 감탄사 기원설이라고도 한다. 이러한 생각은 이미 고대 그리스의 에피쿠로스 Epicurus 학파에서 볼 수 있다. 그러나 프랑스의 철학자 꽁디약 É. B. de Condillac이 이 감탄사 기원설을 제창한 이후 널리 알려지게 되었는데 독일 언어학자 뮐러 M. Müller 는 이 가설을 유머러스하게 홍홍설 pooh-pooh theory 이라고 불러서 이 명칭이 일반화되었다.

이 가설에 의하면 언어 요소는 역사적으로 모두 감탄사에 소급하는 것이어야 할 것이다. 그러나 오늘날 어느 언어의 어휘를 보더라도 감탄사는 그 수가 극히 제한되어 있으며 또 세계 어느 언어의 역사를 보아도 언어 요소의 대부분이 감탄사에서 발달한 근거를 발견할 수 없다. 그뿐만 아니라, 감정의 표출인 외침은 목적이나 의도가 없는 본능적 행동인데 반하여 언어는 타인과의 접촉과 상호 이해라는 커뮤니케이션의 의도에 의해서 행해지는 것이다. 여기에 언어와 본질적인 차이가 있다.

2) 의성음 기원설

이 설은 자연계의 여러 가지 소리를 모방하는 데서 언어가 발달했다는 가설이다. 그러므로 이 가설은 모방설 imitation theory 이라고도 한다. 즉 원시인이 자연의 여러 가지 소리, 예를 들면 동물의 우는 소리, 비오는 소리, 바람부는 소리, 파도치는 소리 등을 모방하면서 여기서 점차 언어가 발달했다고 생각하는 것이다. 따라서 이 가설은 의성음 기원설이라고 부를 수 있다. 이 가설은 독일의 철학자 라이프니츠 G. W. Leibniz 이후 널리 알려지게 되었고 독일 언어학자 뮐러가 재치 있게 멍멍설 bow-wow theory 이라고 불러서 이 명칭이 일반화되었다.

세계의 어느 언어에도 의성어 기원의 단어가 감탄사보다 많은 것은 사실이지만, 전체 어휘에서 차지하는 수는 역시 소수에 불과하며 이것이 언어기원의 근거가 될 수는 없다. 모방음은 원래 단순히 모방한 소리일 뿐 상징적 기능을 가지고 있지 않다. 여기에 언어와 본질적인 차이가 있다.

3) 원시적 노래 기원설

이것은 노래부름설 Sing-Song theory 이라고도 일컬어지고 있는 가설로서 인류의 언어는 원시적으로 노래에서 발달했다는 견해이다. 이 설은 특히 덴마크의 언어학자 예스페르센 O. Jespersen 의 주장이 대표적이다. 그에 의하면, 인구제어 印歐諸語 의 역사적 연구와 미개 민족의 언어를 통해서 보면, 인류의 언어는 그 초기 단계로 소급할수록 단어의 어형이 길고 그 의미가 빈약하다는 점을 지적하고 의미가 없는 음절로 이루어진 어떤 원시적 노래에 언어의 기원이 있다고 생각했다. 이 설에 의하면, 인간의 언어는 원래 커뮤니케이션을 목적으로 한 것이 아니라 일종의 외침이나 노래와 같은 것이었다. 그러나 언어는 본질적으로 커뮤니케이션의 수단이라는 점에서 예스페르센의 가설에 강한 반대 의견이 제기되고 있다.

4) 몸짓 기원설

몸짓은 타인과의 접촉과 커뮤니케이션이라는 의도적인 행동이다. 그리하여 독일의 민족심리학자 분트 W. Wundt 는 몸짓언어에서 음성언어가 발달했다는 가설을 제창했다.

이 설에 의하면, 인간의 언어는 그 초기 단계에 있어서는 몸짓만이 사용되었다고 한다. 그렇다면 이 몸짓에서 음성언어가 어떻게 발달되었는지 설명되어야 한다. 그러나 그 설명은 불가능할 것이다. 최근의 체질인류학이나 해부학의 연구에 의하면, 인간의 후두 구조는 다른 동물과는 달리 인류가 음성언어를 발달시키는 조건을 이미 갖추고 있었다는 것을 증명하고 있다. 이러한 점을 고려한다면 인간의 언어가 그 초기 단계에서 몸짓만을 사용했다는 것을 믿기 어렵게 된다. 몸짓언어가 원시인의 커뮤니케이션에서 중요한 역할을 했다고 할지라도 그것은 처음부터 음성언어의 보조 수단이었다고 생각하는 것이 보다 합리적일 것이다.

5) 접촉설

위에서 살펴본 기원설에 대한 비판에서 출발하여 동물심리학과 아동심리학의 성과 그리고 여러 언어 자료에 입각한 새로운 언어기원설이 제시되었다. 그것은 심리학자 레베스 G. Révész 의 가설이다. 그에 의하면, 접촉은 사회적 생물의 생득적인 경향인데, 여기에는 능동적, 감정적, 지적 접촉의 세 단계가 있으며 지적 접촉에 의해서만 참다운 커뮤니케이션이 이루어진다. 그리고 커뮤니케이션 형식의 발전에도 세 단계가 있다. 첫째 단계는 집단에 대한 부름, 둘째 단계는 어느 특정된 개인에 대한 부름, 셋째 단계는 단어에 의한 커뮤니케이션이다. 이것을 역사적 단계에서 보면, 첫째 및 둘째 단계는 언어 이전의 아직 언어라고 할 수 없는 커뮤니케이션이며 셋째 단계에서 비로소 참다운 언어가 나타난다.

다음에 기능면에서 볼 때, 언어 이전 단계에 있어서의 어느 특정인에 대한 부름에는 이미 명령적 기능이 포함되어 있으며 여기에서 명령법이 발달하게 된다. 이어서 다른 두 중요한 언어 기능, 즉 진술을 의미하는 진술법과 질문을 의미하는 의문법이 일찍 언어사의 초기에 나타난다. 그리고 커뮤니케이션의 필요성이 증가함에 따라서 이 세 가지 기능 이외의 문법 형식도 점차 발달하여 완성기에 가까워진다.

이 접촉설은 언어 기능면에 많은 의문의 여지가 있으나, 지금까지의 여러 가설이 어느 일면만을 강조한 데 대해서 보다 넓은 시야에서 언어기원 문제에 접근하려고 하는 것이 특징적이다. 특히 언어의 선사 先史 에 관한 새로운 가설은 다음 세대의 언어기원 연구에 큰 도움이 될 것이다.

위에서 본 가설 이외에 또 다른 가설이 있으나 여기서는 그 하나하나를 전부 설명할 여유가 없다. 앞에서도 지적한 바와 같이 이들 모든 가설은 어떤 구체적인 근거에 입각한 것이 아니다. 그러므로 언어기원 문제가 언어학의 연구대상이 될 수 있는가 하는 문제가 제기될 수 있을 것이다. 프랑스의 파리 언어학회 Société de linguistique de Paris가 창립된 것은 1866년이었는데 이 유명한 학회는, 그 발족 당시 언어의 기원에 관한 논문은 학회의 논문집에 일절 채택하지 않을 것을 결의한 바 있다. 오늘날도 언어의 기원만을 전공하는 언어학자는 거의 없다. 또한 전문적인 언어학 서적에서도 언어의 기원 문제를 기피하는 경향이 있다. 그것은 오랜 경험에 의해서 언어의 기원 문제가 대단히 어려운 문제임을 인식했기 때문이지 연구할 만한 가치가 없는 문제임을 의미하는 것은 아니다.

2 동물의 커뮤니케이션

2.1 인간의 언어와 동물의 커뮤니케이션

19세기 진화론은 인간의 언어와 동물의 외치는 소리 사이에는 결정적 차이가 없다고 생각했다. 그리하여 어떤 학자는 침팬지, 기본, 오랑우탄 등 유인원이 외치는 소리를 연구하여 여기서 언어의 기원 문제를 해명하는 실마리를 얻으려고 한 적이 있었다. 그러나 오늘날은 그렇게 생각하는 사람은 없을 것이다. 인간의 언어와 동물의 외치는 소리는 본질적으로 다르다. 그렇다면 어떤 점이 어떻게 다른가? 이에 대한 연구는 인간 언어의 본질적인 일면을 보여줄 것이다.

동물이 비록 가장 원시적이고 초보적인 형태일망정 인간의 언어와 같은 기능을 지닌 표현법을 사용하는 것은 지금까지 밝혀진 바 없다. 인간의 언어와 비교할 만한 어떤 형태의 말을 동물에게 유발시키거나 혹은 그것을 검증하려는 시도는 모두 실패로 돌아갔다. 또한 유인원에게 음성언어를 습득시켜 보려는 시도가 지금까지 여러 동물심리학자에 의해서 시도되었으나 모두 실패하고 말았다.

어떤 오랑우탄의 경우에만 6개월 걸려서 〈파파〉, 〈컵〉 두 단어를 기억시키는 데 성공했다는 보고가 있으나 그 습득 정도가 확실하지 않을 뿐더러 그 오랑우탄도 그뒤 곧 죽어서 그 이상의 습득 능력이 있는지 없는지 알 길이 없다. 이러한 일련의 실험을 통해서 볼 때, 인간 언어의 기본 조건이 고등 동물에는 없다고 생각되고 있다.

오직 인간에게만 언어능력이 있다고 볼 때, 우리는 인간의 언어와 동물의 소리에 관해서 하나의 결론에 도달하게 된다. 19세기 진화론자들은 인간의 언어와 동물의 소리 사이에는 다만 발달에 있어서의 단계적 차이만이 있다고 보았으나, 오늘날은 양자 사이에 본질적인 차이가 있음이 명백하게 입증되고 있다. 다음에는 이러한 본질적인 차이를 동물의 커뮤니케이션을 통해서 알아보기로 한다.

여기서 〈커뮤니케이션〉이라는 용어는 다음과 같은 뜻으로 사용된다. 자기가 상대방에게 전달하고자 하는 내용을 일정한 방법에 의해서 전달하면, 상대방은 그것을 인지하고 그 내용을 이해한다. (여기서 일정한 방법이란, 모르스 신호, 몸짓, 손짓, 깃발에 의한 신호, 인간 언어의 경우에는 말소리 등 모든 수단을 의미한다.) 이처럼 커뮤니케이션은 어떤 내용을 일정한 방법에 의해서 전달하는 것과 상대방이 그것을 이해하는 것 그리고 전달되는 일련의 신호를 포함하는 활동이다. (커뮤니케이션에 관해서는 2장 1.2 참조.) 이러한 커뮤니케이션의 수단을 모두 언어라고 한다면, 이러한 뜻의 언어는 동물의 세계에도 있다.

2.2 꿀벌의 커뮤니케이션

꿀벌의 놀라운 조직, 질서 있는 분화된 활동, 불의의 사태에 떼지어 집단적으로 대응하는 능력 등은 꿀벌에게 어떤 메시지를 주고받는 능력이 있음을 예상케 한다. 여기에 관해서 살펴보기로 한다.

한 마리의 꿀벌이 날다가 꿀을 발견하면 곧 그곳에 와서 꿀을 빨기 시작한다. 이때 그 꿀벌에게 어떤 표시를 해 둔다. 그 다음에는 그 꿀벌이 돌아가고 약간의 시간이 경과하면 꿀벌떼가 같은 장소에 날아 오는 것을 볼 수 있다. 그런데 그 무리 속에는 전에 표시를 해 두었 던 벌이 없다. 그러면서도 그 벌떼는 같은 벌집에서 같은 장소로 정 확하게 날아온 것이다. 이와 같은 실험을 통해서 보면, 그들은 어떤 정확한 정보를 얻은 것이 확실하다. 때로는 벌집에서 멀리 떨어져 시 야 밖에 있는 먼 곳까지 아무런 안내도 받지 않고 정확하게 날아오기 때문인 것이다.

이것은 곧 제일 먼저 꿀을 발견한 정찰벌이 자기가 간 곳을 정확하 게 다른 벌들에게 알려주었음을 의미하는 것이다. 그렇다면 어떤 방 법으로 꿀을 발견한 곳을 그렇게도 정확하게 알려줄 수 있는가? 이 흥미있는 문제를 해결한 사람은 독일의 동물학자 프리슈 K. von Frisch 이다. 그는 실로 30년에 걸친 무려 4천여 회의 실험을 통해서 꿀벌은 커뮤니케이션을 할 수 있는 능력을 가지고 있다는 것과 그 방 법을 밝혀낸 것이다. 그는 먹이를 발견하고 돌아온 꿀벌의 행동을 투 명하게 만들어놓은 벌집을 통해서 관찰했다.

먹이를 발견하고 집으로 돌아온 벌은 곧 다른 벌들에게 둘러싸이고 그들은 서로 촉각을 내밀어 그 벌이 몸에 묻혀온 화분 花粉 을 받거나 그 벌이 토해 낸 꿀을 빨아마신다. 그리고나서는 다른 벌들과 더불어 일종의 춤을 춘다. 이것이 곧 문제의 과정의 본질적인 요소이며 커뮤 니케이션의 행동 그 자체이다. 프리슈는 감탄할 만한 인내력을 가지 고 4천여 회의 끈질긴 실험 결과, 꿀벌의 춤이 표의작용 表意作用 을 가진다는 사실을 밝혀내는 데 성공했다.

먼저 꿀을 발견하고 돌아온 벌이 원형을 그리며 날면 먹이가 가까 운 거리에 있음을 의미한다. 이 경우, 벌집의 주위에서 반경 100미터 이내에서 먹이를 찾으라는 것을 알리는 것이다. 이것을 본 다른 벌들 은 벌집 주위를 날면서 찾게 된다. 이러한 행동에 대해서 몸을 흔들 면서 8자를 그리며 춤을 추는 경우가 있다. 이것은 꿀이 있는 지점이 더 먼 곳에 있음을 알리는 것이다. 그 거리는 100미터 이상 6킬로미터 이내를 가리킨다. 그런데 그 정확한 거리는 일정한 시간에 8자를 그리는 횟수와 관계가 있다. 가령 거리가 100미터이면, 15초 동안에 9~10회의 완전한 8자를 그리며, 200미터이면 4회, 6킬로미터이면 2회이다. 거리가 멀수록 나는 속도가 느려지는 것이다. 다음에는 먹이가 있는 방향을 알린다. 벌집의 표면에 대한 춤의 각도에 의해서 표시한다. 즉 8자를 그리는 춤이 우측으로 기우는가 또는 좌측으로 기우는가에 의해서 8자의 축은 먹이가 있는 곳이 태양과 이루는 각도를 표시한다. 이렇게 해서 다른 벌은 그 방향과 거리를 이해하고 그 곳으로 날아가서 먹이가 있는 곳을 정확하게 찾게 되는 것이다.

이와 같이 꿀벌은 방향과 거리에 관한 메시지를 전달하고 또한 그 것을 이해하는 능력이 있다. 그러므로 꿀벌은 방향과 거리를 기억하고 그것을 일정한 몸짓으로 부호화하며 또한 그 부호의 내용을 이해할 수 있는 능력이 있음을 알 수 있다. 그 메시지의 내용과 그것을 전달하는 부호는 비록 대단히 단순하고 간단한 것이지만, 곤충의 무리에서 사용되는 커뮤니케이션 방식을 어느 정도 정확하게 설명할 수 있는 최초의 실험이 되었다. 다음에는 꿀벌의 커뮤니케이션을 관찰한 결과 이것이 인간 언어의 본질을 이해하는 데 어떤 도움이 되는가를 알아보기로 한다.

그 차이를 보기에 앞서 인간의 언어와 공통된 점도 있음을 먼저 이해해 두는 것이 필요하다. 꿀벌은 거리와 위치의 관계를 〈기억〉하고 그것을 몸짓으로 부호화하여 커뮤니케이션을 행할 수 있는데 여기서 주의할 것은 꿀벌에는 부호화하는 능력이 있다는 점이다. 즉 꿀벌의 행동과 그것이 의미하는 것 사이에는 분명히 대응 관계가 존재한다. 다시 말하면, 어떤 〈현실〉을 그것을 상징하는 〈부호〉로 표시하고 또한 이것을 해석하는 능력과 기억된 경험을 분해하는 능력이 있는 점에 유의할 필요가 있다.

인간의 언어와 가장 큰 차이는 꿀벌의 커뮤니케이션이 완전히 춤에 의해서 이루어지고 음성에 의하지 않는 점이다. 따라서 꿀벌의 커뮤니케이션은 필연적으로 시각적인 조건 —— 즉, 밝은 곳에서만 이루어지고 어두운 곳에서는 이루어지지 않는 점이다. 인간의 언어에는 그러한 조건이 없다. 또한 근본적인 차이는 커뮤니케이션이 행해지는 상황에도 나타난다. 꿀벌의 메시지는 이것을 전달받은 쪽에서 보면 아무런 응답이 없고 다만 어떤 행동을 유발시킬 따름이다. 응답은 인간의 언어에 있어서 언어적 표출에 대한 언어적 대응이다. 그런데 꿀벌의 경우에는 이것이 없다. 언어적 표출과 이에 대한 응답이 대화속에서 무한히 연속되는 인간의 언어와 비교해 보면 그 차이가 분명하게 드러난다.

다음에 메시지의 내용을 보면, 꿀벌의 경우에는 하나의 내용, 즉 먹이에만 관련되고 거기에 변화가 있다면 그것은 거리에 관한 것만이다. 이에 대해서 인간 언어의 경우에는 그 내용이 무한한 것이다. 이 점에 있어서도 양자의 커뮤니케이션 사이에 큰 차이가 있음을 알 수 있다.

끝으로 또 하나의 특징이 양자의 차이를 보다 본질적으로 구별해준다. 즉 꿀벌의 커뮤니케이션에서는 메시지를 전달하는 춤이 분석되지 않는다는 점이다. 동물도 상황에 따라서 일정한 소리를 내며 무언가를 전달하려고 하는 경우가 있다. 그러나 동물이 내는 소리는 인간의 말소리와 본질적으로 다르다. 즉 동물이 내는 소리 혹은 외침은 단음으로 분석되지 않는다. 꿀벌의 경우도 같다. 가령 8자를 그리는 행동은 마디마디로 분석될 수 있는 것이 아니다. 그런데 인간의 언어는 마디마디로 분석되는 특징이 있다. 이 점을 좀더 자세히 살펴보기로 하자.

인간의 언어는, 첫째 그 말소리가 일정한 수의 어음으로 하나하나분석되는 데 비해서 동물이 내는 소리는 분석되지 않고 한 덩어리의외침에 지나지 않는다. 인간의 언어는 세계의 어느. 언어를 보더라도일정 수의 어음으로 분석되고 그들이 여러 가지로 결합하여 수많은단어와 문법요소를 구성한다. 그러나 분석될 수 없는 동물의 외침에는 그런 뜻의 단어가 없다. 이렇게 인간의 말소리가 분석되고 또 말소리의 연결체가 일정한 의미를 가진 단어와 같은 단위로 분석되는 것을 〈분절〉이라고 하는데 이것이 인간의 언어를 특징짓는 중요한 요인 중의 하나이다. 분절에 관해서는 뒤에 더 자세하게 설명될 것이다.

2.3 동물의 커뮤니케이션

인류학자에 의하면, 인간이 유인원에서 분리된 것은 중신세기(中新世紀 miocene. 2,500-1,300만 년 전경)다고 한다. 그렇다면 이때 이미 인간의 언어가 생겼는가? 또 진화론의 입장에서 볼 때, 정도의 차이는 있을지라도 유인원에게도 원시적인 언어적 커뮤니케이션의 수단이 있었는가? 이러한 문제의 해명을 위해서 인간과 가장 가까운 영장류에 속하는 침팬지나 오랑우탄 또는 기본에게 언어능력이 있는지를 알아보기 위한 실험이 행해진 바 있음은 위에서 설명한 바 있다. 그러한 실험은 그들에게 인간의 언어를 학습시켜 보는 것이었다. 그리고 여기서 언어의 기원 문제에 관한 어떤 실마리를 찾으려고 기대하기도 했다. 그러나 그러한 시도는 모두 실패로 돌아갔음도 위에서 지적한 바와 같다. 그러나 구체적으로 어떤 실험이 어떻게 행해졌는지 알아볼 필요가 있다.

가드너 Gardner 부부의 실험은 유명하다. 그들은 침팬지가 비록 발성 능력은 없을지라도 언어능력 자체는 있을지도 모른다는 가정하에 침팬지에게 커뮤니케이션의 수단을 가르쳤다. 가드너 부부는 침팬지에게 벙어리가 사용하는 손짓언어를 가르쳐서 통신을 하려고 했던 것이다. 그 결과, 침팬지에게 〈오다〉를 가르치는 데 7개월이 걸렸다고 한다. 그리고 그 2개월 후에는 3~4개의 단어를 손짓으로 표시할 수 있었고 수년 후에는 106개 손짓단어를 통신할 수 있었다고 한다.

보통 하루에 평균 24~30개의 손짓단어를 사용하면서 가드너 부부는 침팬지와 함께 살았던 것이다. 그리하여, 예를 들면 냉장고를 표

시하고자 할 때는 open〈열다〉 eat〈먹다〉 drink〈마시다〉의 세 손짓단
어를 합해서 사람에게 표시했던 것이다. 하루는 뱀이 나타난 것을 보
고 다른 동물은 모두 도망갔는데 이 침팬지는 사람에게 다가와서
come〈오다〉, hurry up〈서두르다〉, dear〈친애하는 사람〉의 손짓단어를
표시했다. 이것은 놀라움을 표시하면서 〈제발 빨리 와 달라〉를 의미
하는 것이었는데 뱀은 손짓으로 표시할 수 없었기 때문에 이런 표시
를 했던 것이다. 말하자면 전혀 손짓을 배우지 않은 원숭이에 비해서
상당한 정도의 통신을 할 수는 있었지만, 이 침팬지가 다른 침팬지에
게 그것을 가르칠 능력이 전혀 없었고 또 위와 같은 몇 가지 예를 제
외하고는 대부분 수동적으로 사람이 하는 손짓을 이해하고 그에 대한
응답을 하는 정도에 그쳤던 것이다. 따라서 인간에게 가장 가까운 침
팬지에게 인간과 같은 언어능력이 없는 것을 알게 되었다.

　프레맥 Premack 부부는 또 다른 실험을 했다. 그들은 침팬지에게
크기와 모양과 색깔이 다른 플라스틱 판으로 서로 통신을 하려는 실
험이었다. 예를 들면 자색 삼각판은 〈사과〉를 의미하고 둥근판은 다
른 음식을 표현하는 것으로 하였다. 이와 같이 플라스틱 판으로 여러
가지 것을 상징하도록 해 놓고 〈바나나〉, 〈사과〉, 〈같다〉, 〈다르다〉,
〈?〉 등의 판을 일정한 순서로 나열하여 〈바나나와 사과가 다르냐?〉
하는 것을 침팬지에게 보여주고 그 침팬지는 yes, no를 대답하는 것
이다. 이와 같이 여러 가지 부호를 통해서 통신할 수 있는 것이 103
개에 달했다고 한다. 그러나 이 침팬지는 80퍼센트는 맞추었지만, 20
퍼센트는 언제나 틀렸다고 한다. 따라서 언어가 없는 침팬지는 인간
과 같은 기호화의 능력이 없는 것을 알게 되었다(〈기호화〉에 관해서는
뒤에 설명될 것이다). 인간 이외의 동물도 소리를 내어 신호를 주고받
을 수 있다. 예를 들면 침팬지의 경우 30여종의 소리를 낼 수 있다는
보고가 있다. 그런데 이들 소리는 대부분 다음 네 가지로 분류된다.
첫째는 〈후, 휘〉 따위로서 단순한 부름이나 즐거움 혹은 평온한 감정
을 표시하는 것이고, 둘째는 〈캬, 케〉 등으로 공포나 놀라움 또는 고

통 등을 표시하는 것이며, 셋째는 〈크, 카〉 등으로 책망을 하거나 곤경에 처해 있는 것을 표시하는 것이고, 넷째는 〈컹, 쿠이〉 등으로 지도적 역할을 하는 원숭이가 자기에게 속해 있는 원숭이들에게 적이 다가왔다는 경계를 표시하는 것이다. 이와 같이 이들이 비록 네 가지로 구별되는 소리를 낸다고 하더라도 이 소리들은 모두 인간 언어의 감탄사와 같은 것에 지나지 않는다. 동물이 내는 소리 혹은 외치는 소리는 인간의 말소리와는 본질적으로 다르다. 이미 위에서 지적한 바와 같이 인간의 말소리는 일정한 수의 어음으로 분석되지만 동물에 있어서는 그렇지 못하다. 여기 인간 언어의 가장 특징적인 면의 하나가 있다(1장 2.2 참조).

2.4 인간의 발성의 생리적 조건

인간만이 가지는 언어능력을 알기 위해서는 먼저 그 생리적 조건으로서 인간의 대뇌에 관해서 알아야 한다. 인간의 대뇌에는 다음과 같은 것들이 있기 때문에 말을 할 수 있는 것이다. 대뇌의 앞 부분인 운동중추 부분에 운동성 언어중추가 있고 후두 부분에는 지각성 언어중추가 있다. 운동성 언어중추는 목, 혀, 입술 등을 움직여서 말을 하게 하는 부분이고 지각성 언어중추는 말을 듣는 부분이다. 만일 앞 부분인 운동성 언어중추가 장해를 입으면 말을 못하게 되며 또 지각성 언어중추에 장해를 입으면 말을 알아듣지 못하게 되는 것이다. 인간의 대뇌에 있는 이러한 지각성 언어중추와 운동성 언어중추가 동물에게는 없다. 따라서 동물은 인간과 같은 말을 못하는 것이다. 언어와 관련된 인간의 뇌 구조에 관해서는 제12장 〈언어와 뇌신경〉에서 다시 설명될 것이다.

인간의 대뇌에 그러한 신경 조직이 있다고 해서 인간의 언어활동은 〈본능적〉인 것인가? 인간의 언어능력은 다른 모든 본능과는 구별되어야 한다. 우리는 편의상 〈발음기관〉이라는 용어를 사용하고 있지만, 입은 일차적으로 음식을 먹기 위한 것이고 폐는 호흡을 위한 것인데 이들은 학습에 의하지 않고서도 본능적으로 기능한다. 갓난아이는 본능적으로 어머니의 젖을 빨고 태어나자마자 숨을 쉰다. 그러나 위에서 든 인도의 아마라와 카마라의 경우를 생각해 보자. 그들은 두 발로 직립보행을 하고 손을 사용하는 본능적 행동을 했지만 말은 하지 못했던 것이다. 그들은 학습에 의해서 비로소 언어를 습득했던 것이다.

그러나 문제는 학습에 의해서 언어를 습득할 수 있는가 없는가에 있다. 인간의 경우에는 그것이 가능하지만 동물의 경우에는 그것이 불가능함을 몇 가지 예를 통해서 알 수 있었다. 이러한 뜻에서 인간에게는 언어능력이 있다고 말할 수 있다.

식물학자 린네 Ch. von Linné 는 이 세상의 동물을 분류하면서 인간을 특별히 호모 사피엔스 homo sapiens 라고 불렀다. 이 명칭은 〈예지를 가진 사람〉이라는 뜻이다. 즉 인간과 동물을 구별하는 특징이 인간이 가진 〈예지〉에 있다는 뜻이다. 그러나 인간을 동물과 구별하는 특징이 인간만이 가지고 있는 언어에 있다고 보고 인간을 호모 로쿠엔스 homo loquens 라고 부른 학자가 있다. 이 명칭은 〈말하는 사람〉이라는 뜻이다. 이 명칭에 인간과 언어의 관계가 잘 나타나 있다.

참고문헌

Benveniste, É., *Problèmes de linguistique générale*, Paris : Gallimard, 1966. (영역) M. E., Meek. *Problems in general linguistics*, Florida : University of Miami Press, 1971.

Greenberg, J. H., *Anthropological linguistics : An Introduction*, New York : Random House, 1968.

Hudson, R., *Invitation to linguistics*, Oxford : Basil Blackwell, 1984.

Saussure, F., de. *Cours de linguistique générale*, Paris : Payot, 1955. (영역) Baskin. W., *Course in general linguistics*, New York : Philosophical Library, 1959.

제 2 장 언어의 본질

1 언어의 특징

1.1 언어의 본질을 파악하는 어려움

고대 그리스의 철학자들은 언어의 본질을 해명하려고 노력했다. 이렇듯 언어에 관한 문제는 옛부터 우리의 마음을 사로잡고 있으며 또한 오늘날에도 언어학자이건 아니건 누구나 알고 싶어하며 또한 한번쯤은 생각해 보았을 문제임에 틀림없다. 그러면서도 〈언어란 무엇인가?〉 하는 물음에 선뜻 대답할 수 있는 사람은 많지 않을 것이다. 그뿐 아니라 옛부터 언어의 본질에 관해서 여러 가지 논의가 되풀이되고 있으면서도 현대 언어학자들조차 언어에 대한 정의가 가지각색이다. 이것은 무슨 이유에서일까? 여기에 대한 해답은 언어의 여러 가지 특징에 관한 다음 설명에서 스스로 찾게 될 것이다.

1.2 커뮤니케이션 기능

〈언어란 무엇인가?〉라는 물음에 대해서 〈언어는 자기 생각을 상대방에게 전달하는 것〉이라고 대답하는 사람이 많을 것이다. 이것은 상식적인 대답이지만 언어의 중요한 기능 하나를 지적하고 있다. 여기서 전달이 언어의 일차적 기능임을 부인할 사람은 없을 것이다. 그러나 〈전달〉이라는 개념은 우리가 얼핏 생각하는 것보다 대단히 복잡하다. 그리고 이 경우 〈전달〉이라는 용어는 그다지 적합하지 않다. 그러므로 이 용어 대신에 〈커뮤니케이션〉이라는 용어를 쓰기로 한다. 그 이유는 다음에 밝혀질 것이다.

구체적 언어활동은 말하는 사람이 대화자와 말을 주고받고 하는 일이다. 이때 말하는 사람은 상대방에게 전달하고자 하는 내용을 언어기호로 바꾼다. 한편 듣는 상대방은 음성에 의해서 전달된 기호를 듣고 그것을 해독하여 내용을 이해한다. 가령 〈人〉의 뜻은 〈ㅅ ㅏ ㄹ ㅏ ㅁ〉이라는 소리로 부호화하여 발성하면 듣는 사람은 그 소리를 듣고 〈人〉이라는 의미를 이해한다. 이때 전자를 일정한 부호를 바꾼다고 하여 부호화 또는 코드화 encode 라고 하며 후자의 경우에는 그 부호를 해독한다고 해서 부호해독 또는 코드 해독 decode 이라고 한다. 그러므로 코드 해독의 조작은 음성부호에서 의미로 바꾸는 것이라고 해도 좋을 것이다. 이와 반대로 코드화는 의미를 일정한 음성부호로 바꾸는 것이 된다. 그리고 전달되는 부호, 즉 코드의 연쇄체를 메시지 message 라고 한다. 이와 같은 활동에서 말하는 사람이 부호화하여 메시지가 전달되고 상대방이 부호를 해독하여 이해하는 모든 과정을 〈커뮤니케이션〉이라고 한다. 그러므로 커뮤니케이션은 말하는 사람과 듣는 사람 그리고 메시지를 포함하는 활동이다. 따라서 〈전달〉이라는 용어는 마치 말하는 사람의 활동만을 의미하는 듯한 인상을 주어서 적당하지 않다. 언어의 일차적 기능인 〈의사전달〉은 이러한 뜻으로 이해되어야 하며 앞으로 〈커뮤니케이션〉은 이러한 뜻으로 사용될 것이다. 따라서 언어의 일차적 기능은 커뮤니케이션에 있다고 하겠다.

부호에 의해서 메시지를 전달하는 방법에는 여러 가지 종류가 있다. 모르스 신호와 같은 부호에 의한 전달수단도 있고 깃발에 의한 신호전달도 있다. 또한 에스페란토 Esperanto 와 같은 국제 〈보조언어〉도 있다. 이러한 것들은 모두 인공언어라고 할 수 있다. 여기에 대해서 인간 전체에 특유한 언어를 자연언어 natural language 라고 한다. 인공언어는 자연언어의 특징 가운데서 몇 가지를 이용해서 인공적으로 작성한 것이다. 그러므로 커뮤니케이션의 수단 가운데서 가장 중요한 것은 자연언어라고 하겠으며 또한 인간의 언어를 연구하는 언어학의 연구대상도 자연언어임을 누구나 이해할 수 있을 것이다.

1.3 언어의 분절성

동물도 상황에 따라서 일정한 소리를 내며 무언가를 전달하려는 경우가 있다. 이러한 뜻에서 동물에게도 정도의 차이는 있으나 어떤 전달수단이 있다고 할 수 있다. 그러나 동물이 내는 소리는 인간의 말소리와는 본질적으로 다르다. 그것은 인간의 말소리에는 분절 articulation이라는 특징이 있기 때문이다. 즉 인간의 말소리는 일정한 수의 어음이나 단어로 분석되는 것이다. 한편 동물의 경우에는 비록 소리에 의한 어느 정도의 전달활동을 하는 동물에 있어서도 그 소리에는 분절성이 없고 한덩어리의 외침에 지나지 않는다. 인간의 언어는 세계의 어느 언어를 보더라도 단음으로 분절되고 그들이 여러 가지로 결합하여 수많은 단어와 문법요소를 구성한다. 그러나 분절될 수 없는 동물의 외침에는 그러한 뜻의 단어가 있을 리 없다.

이와 같이 인간의 언어는 그 말소리만이 분절되는 것이 아니다. 혹 내가 머리에 어떤 충격을 받고 심한 고통을 느끼면 소리를 질러서 그 고통을 표명할 수도 있을 것이다. 그러나 그렇게 소리를 지르는 것은 무의식적인 행위이고 이런 경우는 오히려 심리학에 관계되는 것일는지 모른다. 그러나 다소 의식적으로 소리를 질러서 내 고통을 주위에 알리려고 하는 경우도 있을 것이다. 그러나 이런 것도 언어라고는 할 수 없다. 소리 지르는 음은 마디마디로 분절될 수 없으며 또 그 소리는 분석될 수 없는 고통감 전체에 일치하는 것이다. 그러나 내가 〈머리가 아프다〉라고 말한다면 사정은 전혀 달라진다. 이 말은 〈머리·가·아프다〉라고 세 개의 단위로 분절된다. 이들 세 개의 단위의 연쇄체가 〈내 머리의 고통〉을 표현하고 있는 것이다. 이것을 〈서술적 기능〉이라고 한다. 인간의 언어와 동물의 소리를 구별하는 특징의 하나가 인간언어의 서술적 기능에 있음을 알 수 있을 것이다. 그리고 이 예에서와 같이 〈머리〉, 〈가〉, 〈아프다〉는 각각 일정한 어음의 연쇄체에 일정한 의미가 결합된 단위이다. 인간의 언어는 첫째 이러한 단위로 분절된다. 이것을 〈1차 분절〉이라고 한다. 다시 그중 한 단위인 〈머리〉는 /m-ə-r-i/의 네 어음 혹은 음운으로 분절된다. 이것을 〈2차 분절〉이라고 한다. 이와 같이 분절은 상이한 두 면에서 이루어진다. 이것을 인간언어의 〈이중 분절〉이라고 한다. 한편 개는 주인을 보고 좋아할 때나 낯선 사람을 보고 경계할 때나 또한 배가 고파서 먹을 것을 달라고 할 때나 항상 〈멍멍〉하고 짖는다. 그러므로 〈멍멍〉이나 〈멍〉에 어떤 일정한 뜻이 있다고 할 수 없다. 그뿐만 아니라 〈멍멍〉 그 자체도 단음으로 분절될 수 없다. 즉 엄밀한 의미로 모음과 자음으로 구별되는 것이 아니다.

이중 분절의 결과는 다시 중요한 특징을 보여준다. 1차 분절에 의해서 분절되는 단어 혹은 형태소는 그 수가 한정되어 있다. 또한 2차 분절에 의해서 분절된 어음 혹은 음운도 그 수가 한정되어 있다. 그러나 이 한정되어 있는 요소를 이용해서 무한한 언어활동을 한다. 1차 분절의 한 단위인 〈머리〉는 〈머리가 좋다〉, 〈머리를 들어라〉, 〈머리를 식힌다〉 등에서와 같이 다른 문장에서도 무수히 이용될 수 있다. 또한 /m-ə-r-i/의 한 단위인 /m/도 〈마늘〉, 〈마디〉, 〈호미〉 등에서와 같이 다른 음운과 결합하여 수많은 단어 혹은 형태소를 형성한다. 이와 같이 인간의 언어는 유한한 언어요소를 이용해서 무한한 문장을 산출할 수 있는 특징을 가지고 있음을 알게 된다.

1.4 언어기호와 그 자의성

〈머리〉는 한 언어기호인데 여기에는 두 가지 면이 있다. 하나는 알기 쉽게 말해서 /məri/라는 소리의 면이고 또 하나는 〈頭〉라는 의미의 면이다. 전자를 표현 expression, 후자를 내용 content 이라고 한다. 스위스의 유명한 언어학자 소쉬르 Saussure 는 전자를 시니피앙 signifiant, 후자를 시니피에 signifié 라고 불렀다(이 용어를 굳이 번역한다면, 전자는 〈의미하는 것〉 혹은 〈의미를 표시하는 것〉이고, 후자는 〈표시된 의미〉 혹은 〈의미된 것〉이 된다). 그러므로 언어기호는 표현(혹은 시니피앙)과 내용(혹은 시니피에)이 결합한 것이다. 그런데 여기서 문제가 되는 것은 언어기호의 표현과 내용의 관계이다. 〈頭〉를 한국 사람은 /məri/(= 머리), 영국 사람은 /hed/(= head), 프랑스 사람은 /tet/(= tête)라고 한다. 이렇게 동일한 내용에 대해서 표현이 각각 다른 것은 무엇을 의미하는가? 그것은 한마디로 말해서 〈頭〉를 부르는 언어습관이 각기 다르기 때문이다. 만일 인간이 〈頭〉를 이러이러하게 불러야 한다는 필연성이 있다면, 그 표현은 모든 언어에서 동일해야 할 것이다. 그러나 사실은 정반대이다. 이와 같이 언어기호의 내용과 표현 사이에는 자연적이고 필연적인 관계가 있는 것이 아니라, 관습에 의해서 내용과 표현이 결합된 것임을 알 수 있다. 내용과 표현의 이러한 관계를 자의적 arbitrary 이라고 한다. 또한 〈언어기호의 자의성〉이라고도 한다.

한편 의성어 onomatopoeia 의 예를 들어 언어기호의 표현과 내용 사이에 자연적인 어떤 관계가 있다고 반론하는 사람도 있을지 모른다. 의성어는 동물이나 자연의 소리를 모방해서 만든 단어이다. 〈소가 음매하고 울다〉의 뜻을 가진 동사가 영어에서는 moo, 독일어에서는 muh- 핀란드어에서는 ammu-이다. 이들 의성어를 보면, 모두 기호의 표현이 소의 울음소리와 비슷하다. 따라서 이 경우 언어기호의 표현과 내용 사이에 자연적이고 어떤 필연적인 관계가 있어 보인다. 또한 〈고양이가 야옹하고 울다〉의 내용을 가진 언어기호가 영어에서는 miaow, 독일어에서는 miau-, 핀란드어에서는 nauku-이다. 이들의 내용과 표현 사이에도 자연적인 관계가 있어 보인다. 그러나 주의할 것은 이러한 의성어는 전체 단어에서 차지하는 수가 문제가 되지 않을 정도로 적다. 그러므로 이러한 극소수의 의성어의 예를 들어 수많은 언어기호의 자의성을 본질적으로 부인할 수 없다는 것을 알게 된다. 이 밖에 다음과 같은 또 하나의 예를 보자. 〈닭의 울음소리〉를 우리는 〈꼬끼오〉라고 표현한다. 그러나 영어에서는 cock-a-doodle-doo, 독일어에서는 kikeriki, 프랑스어에서는 coquerico(혹은 cocorico)라고 한다. 이들도 모두 의성어인데, 닭의 울음소리가 언어에 따라서 왜 이렇게 다른가? 여기서 의성어라 할지라도 그 내용과 표현이 완전히 자연적이고 필연적이 아님을 알 수 있다. 또한 이 예에서와 같이 닭의 울음소리를 나타내는 의성어라 할지라도 언어사회에 따라서 그것을 나타내는 언어습관이 모두 다름을 알 수 있다.

1.5 언어의 사회성

우리가 실제로 어떤 말을 할 때, 말하는 사람은 자기가 기억하고 있는 어휘 중에서 적절한 단어를 선택하고 또 선택된 단어를 일정한 순서에 따라서 연결시킨다. 모국어일 경우에는 이러한 심리적 활동이 무의식적으로 이루어진다. 그러나 우리가 익숙하지 못한 외국어로 작문할 때를 생각해 보면, 그러한 심리적 활동이 의식적으로 일어나고 있는 것을 알 수 있다. 이렇게 볼 때 구체적으로 말한 것과 그 말을 할 때 이용되는 언어자료를 구별해서 생각할 수 있다. 기억하고 있는 언어자료를 편의상 언어목록 및 문법규칙이라고 한다면, 그러한 언어목록과 문법규칙은 머릿속에 기억하고 있는 추상적인 것이다. 그리고 이 추상적인 자료를 이용해서 실제로 말하게 된다. 이때 주의할 것은 추상적인 언어목록 및 문법규칙과 구체적인 실제 발화를 구별해야 하는 것이다. 그리하여 소쉬르는 추상적인 언어자료를 랑그 langue 라 하고 구체적인 발화를 빠롤 parole이라고 불러 양자를 구별했다. 그러면 왜 이러한 두 가지 면을 구별해야 하는가?

한 언어사회의 구성원이 각기 기억하고 있는 언어목록이나 문법규칙은 모두 동일해야만 커뮤니케이션이 가능하다. 그러므로 한 언어사회의 랑그는 동일해야 하며 또한 실제로 동일하다. 그런데 이 랑그를 실제로 발화하게 되면, 개개인에 따라서 차이가 있을 뿐만 아니라, 같은 사람이라 할지라도 때에 따라서 차이가 있기 마련이다. 즉 말하는 속도나 말하는 사람의 기분 등에 따라서 발음에 사소한 차이가 있을 것이고 또 같은 내용을 다르게 표현하기도 한다. 예를 들어 같은 내용을 능동형으로 표현하기도 하고 또 수동형으로 표현하기도 한다. 또한 나이와 지방에 따라서도 차이가 있다. 이처럼 구체적인 발화, 즉 빠롤은 개인적인 활동이다. 그런데 구체적인 발화에는 크고 작은 차이가 있기 때문에, 그 개개의 차이를 하나하나 개별적으로 모두 연구한다는 것은 도저히 불가능하다. 그러므로 개개 발화의 최대공약수라고 할 수 있는 것을 연구대상으로 할 수밖에 없는 것이다. 그 최대공약수라고 할 수 있는 것이 말하자면 추상적인 랑그에 해당하는 것이다. 이와 같이 언어학은 다양한 개인적 차이가 있는 빠롤을 연구대상으로 할 수 없기 때문에, 랑그를 연구대상으로 한다. 요약해서 말하면, 랑그는 구체적인 발화가 아니라, 그 구체적인 발화 이면에 있으며 말하는 사람의 머릿속에 기억되어 존재하는 것이다.

한 언어사회에서는 동일한 커뮤니케이션 수단이 있어야만 상호 이해가 가능하다. 예를 들면 영어에서 긍정의 뜻을 표현하자면, 주어 다음에 동사가 오고 그 다음에 목적어가 온다는 규칙이 있다. 이 공통된 규칙이 있기 때문에 긍정의 뜻이 서로 이해되는 것이다. 이러한 규칙은 우리가 구체적으로 말하기 전에 이미 우리들의 머릿속에 공통적으로 기억되어 있는 것이다. 이 추상적인 규칙에 따라서 우리는 실제 언어활동을 하는 것이다. 그리고 그 규칙은 한 언어사회에 공통된 것이어야만 한다. 이렇게 볼 때, 랑그는 한 언어사회의 각 구성원 사이에 정해진 공통적 규칙이라고 할 수 있다. 따라서 빠롤이 개인적인 것이라면 랑그는 사회적인 것이라고 할 수 있다. 이러한 뜻에서 언어의 사회성이 강조되고 있다.

미국 언어학자 촘스키 N. Chomsky 는 랑그와 빠롤 대신에 언어능력 competence 과 언어수행 performance 을 구별했다. 정상적인 언어습득에는 새로운 문장을 무수히 산출할 수 있고 또 그것을 들으면 즉각 이해할 수 있는 능력뿐만 아니라 잘못된 문장을 곧 식별할 수 있는 능력이 포함되어 있다. 이것이 곧 잠재적인 언어능력이다. 다시 말하면 인간에게는 모국어를 자유로이 구사할 수 있는 능력이 있는데, 이 능력은 추상적인 것이며 구체적인 언어수행의 배후에서 그것을 규제하고 있는 것으로 생각되고 있다(더 상세한 것은 13장 1.4 참조).

1.6 언어의 체계

일반적으로 〈체계〉란 알기 쉽게 말한다면, 일정한 원리에 의해서 조직된 지식의 통일적 전체를 말한다. 그런데 언어는 여러 가지 요소의 단순하고 무질서한 집합체가 아니다. 다음의 한 예를 보기로 하자. 이것은 말소리에 관한 음운체계에 관한 것이다.

우리말에는 여러 가지 음운이 있는데 이들은 모두 체계를 이루고 있다. 그 한 예를 보면 /ㅂ/―/ㅍ/―/ㅃ/는 모두 두 입술이 꼭 닫혔다가 터지는 양순파열음이다. 그리고 모두 무성음이다. 그런데 /ㅍ/는 두 입술이 파열한 뒤에도 기식이 계속해서 나오는 이른바 유기음이라는 점에서 /ㅂ/ 및 /ㅃ/ 와 구별된다. 또 한편 /ㅃ/는 발음할 때 후두를 비롯한 발음기관이 긴장하는 이른바 된소리라는 점에서 /ㅂ/ 및 /ㅍ/와 분명하게 구별된다. 그런데 이러한 구별은 다른 파열음에도 있다. /ㄷ/―/ㅌ/―/ㄸ/는 모두 혀끝과 치조 사이에서 파열이 일어나

는 치조파열음이다. 또 /ㄱ/ㅡ/ㅋ/ㅡ/ㄲ/는 뒤 혀와 연구개 사이에
서 파열이 일어나는 연구개파열음이다. 그런데 이들 파열음에는 /ㅂ/
ㅡ/ㅍ/ㅡ/ㅃ/에서와 같은 관계가 있다. 즉 유기와 긴장에 의해서 구
별되는 관계가 있다. 이것을 그림으로 나타내면 다음과 같다.

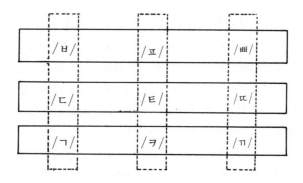

또 한편 /ㅂ/, /ㄷ/, /ㄱ/는 모두 같은 파열음이지만 그 조음점(소
리를 내는 자리)이 다른 점에서 서로 구별된다. 그리하여 다음과 같은
관계가 성립한다.

/ㅂ/ : /ㅍ/ : /ㅃ/ = /ㄷ/ : /ㅌ/ : /ㄸ/ = /ㄱ/ : /ㅋ/ : /ㄲ/

동시에 다음과 같은 관계도 성립한다. 이것은 파열의 위치에 따른
관계이다.

/ㅂ/ : /ㄷ/ : /ㄱ/ = /ㅍ/ : /ㅌ/ : /ㅋ/ = /ㅃ/ : /ㄸ/ : /ㄲ/

전자를 〈계열〉, 후자를 〈서열〉이라고 부른다면, 이 계열적 관계와
서열적 관계에 의해서 국어의 파열음 체계를 기술할 수 있다. 우리는
여기서 또 한 가지 유의할 점이 있다.

/ㅍ/를 발음하면 기식의 유출이 그 강도나 유출되는 시간의 길이 등에 따라서 무한한 변화가 있을 수 있다. 그러나 /ㅍ/가 /ㅂ/와 구별되는 것은 오로지 기식의 유출이 있는가 없는가에 의한다. 이것을 +/-로 표시하면, /ㅂ/는 [-기식], /ㅍ/는 [+기식]이 된다. 그러므로 /ㅂ/와 /ㅍ/ 사이에 어떤 중간적인 다른 음운이 있을 수 없다. 다시 말하면, /ㅂ/와 /ㅍ/는 어떤 특징, 즉 기식의 유무에 의해서 구별되는 것이지 어떤 성질의 정도에 따른 차이에 의한 것이 아니다. 음운의 이러한 특징을 이산적(離散的 : discrete)이라고 한다. 이 이산적인 특징에 의해서 우리는 일정한 수의 음운을 추출하고 그것을 〈체계화〉할 수 있게 되는 것이다.

1.7 언어의 창조성

19세기의 저명한 언어철학자 훔볼트 W. von Humboldt는 언어는 이미 이루어진 성과 혹은 작품이 아니라 하나의 활동이라고 했다. 이것을 그리스어 용어로 〈언어는 에르곤(ergon = 작품)이 아니라 에네르게이아(energeia = 활동)이다〉라고 표현한 것은 너무도 유명한 말이다. 그는 또 이것을 〈언어는 죽은 소산물이 아니라 오히려 산출활동으로 보아야 한다〉라고도 했다. 그에 의하면, 언어는 음성에 사상을 표현하는 능력을 부여하는 영구히 되풀이되는 정신적 활동이다. 그러므로 언어는 정적인 것이 아니라, 동적이며 다이내믹한 것이다.

그런데 언어에는 문장을 생성하는 규칙이 기저에 존재한다. 언어에서 고정되어 있는 것은 이것뿐이다. 이 문법규칙이 허용하는 한계 내에서 무한한 새로운 문장을 산출할 수 있는 것이다. 인간은 지금까지 들어보지도 못한 새로운 문장을 얼마든지 만들어낼 수 있다. 이러한 면에서 볼 때, 언어에는 분명히 창조적인 면이 있다. 그러나 여기서 주의할 것은 무수히 만들어낼 수 있는 문장은 모두 문법규칙에서 벗어날 수 없는 것이다. 그러므로 그 창조성은 〈규칙에 의해서 규제된 창조성 rule-governed creativity〉이 된다.

한편 창조성을 다르게 생각하는 경우도 있다. 인간은 언어에 대해서 매우 능동적이다. 즉 자기가 말하고자 하는 것과 그것을 어떻게 표현하는가를 스스로 선택한다. 그런데 그 결정은 말하는 사람의 성격이나 그때그때의 심리에 좌우된다. 그러므로 개인심리는 언어의 결정적 요인이 된다고 보는 학자가 있다. 다시 말하면, 언어는 본질적으로 어떤 특정된 심리의 개성적인 발로이기 때문에 언어는 개인의 창작이라고 강조하는 것이다. 이러한 입장에서 볼 때, 인간의 언어에는 인간의 본질이 반영되어 있다고도 하겠다. 이와 같은 뜻에서 자기자신이 가장 잘 나타나는 것, 다시 말하면 거울에 자기가 비치는 것처럼 자기가 가장 잘 비쳐지는 것은 그 사람의 문체라고 본다. 이러한 뜻에서 〈문체는 곧 사람이다〉라는 뷔퐁 C. von Buffon 의 말은 유명하다. 한편 언어에는 인간의 미적 이상에의 희구가 내포되어 있기 때문에 문체는 인간의 미적 이상의 개성적인 표현이라고 보는 견해도 있다. 그러므로 언어연구가 문체의 연구여야만 참다운 의의가 있다고 보는 학자도 있다.

2 언어의 몇 가지 정의

2.1 언어학의 대상

위에서 언어의 몇 가지 특징을 살펴보았다. 언어는 이렇게 복잡한 요인이 얽혀 있는 것이다. 앞에서 〈언어란 무엇인가?〉라는 물음에 선뜻 대답하기 어렵고 또한 옛부터 언어의 본질에 관한 논의가 되풀이되고 있으면서도 현대 언어학자들에서조차 언어에 대한 정의가 가지각색인 이유를 여기서 스스로 찾게 될 것이다. 여기서 장님이 코끼리를 더듬는 이야기를 상기할 필요가 있다. 코끼리의 코를 만져본 장님은 코끼리는 길다란 것이라고 하고 배를 만져본 장님은 코끼리는 벽과 같이 넓다란 것이라고 한다. 언어에 대한 정의도 이와 비슷하다. 위에서 든 여러 가지 특징 가운데서 어느 것을 가장 본질적인 것으로 보는가에 따라서 정의가 달라지게 된다. 더구나 언어는 무형적인 것이다. 그 무형적인 것에서 본질적인 것을 추출한다는 것은 쉬운 일이 아니다. 어느 시대에 심리학에서 큰 영향력 있는 학설이 나타나서 인접 학문에 영향을 미치면 언어학에서도 언어를 그러한 심리학적 관점에서 보려는 경향이 생기며 또 사회학의 영향을 받으면 언어의 사회성이 두드러지게 강조되는 경향이 생기는 것은 당연하다고 하겠다. 우리는 이러한 경향들을 언어학사에서 똑똑히 볼 수 있다. 그뿐만 아니라 각 언어학자의 이론적 배경에서 언어를 보는 관점이 달라지는 것도 또한 당연하다. 이러한 경향은 비단 언어학에서 뿐만 아니라 무형적인 것을 연구대상으로 하는 인문과학의 공통된 현상이다. 그리하여 언어학에서 그 연구대상인 언어를 일정한 관점에서 미리 분명하게 규정할 것을 강조한 학자가 소쉬르이다. 그는 말하기를 〈연구대상은 관점에 앞서서 존재하는 것이 아니라 일정한 관점에 의해서 대상이 만들어진다〉라고 했다. 다음에는 언어에 대한 몇몇 정의를 보기로 하자.

2.2 기술언어학 시기의 정의

블록 B. Bloch 및 트래거 G. L. Trager 는 언어를 다음과 같이 정의했다.

언어는 자의적 음성기호의 체계이며 이에 의해 사회집단이 협동한다.
A Language is a system of arbitrary vocal symbols by means of which a social group cooperates. B. Bloch and G. L. Trager. Outline of linguistic analysis, Baltimore : The Waverly Press, 1942. p.5.

이 정의의 특징은 크게 말해서 언어의 사회성과 체계가 강조된 것이다. 이 정의에 내포되어 있는 언어의 본질은, (1) 자의적 기호, (2) 그 체계, (3) 사회집단이 협동하는 수단 등으로 요약할 수 있는데, 또 한 가지 주목되는 것은 (4) 〈음성기호〉이다. 그러면 왜 〈음성기호〉, 즉 구체적인 발화체를 강조했을까? 그것은 이 정의가 발표된 1940년 대의 미국 기술언어학의 일반적 경향을 살펴보면 곧 이해할 수 있다. 그 당시에는 언어연구가 구체적인 발화체에 중점을 두었다. 즉 언어 연구의 자료로서의 발화체에는 그것을 분석하는 데 필요한 모든 특징이 나타나 있기 때문에, 오로지 그 자료에서 모든 언어구조 혹은 문법구조를 귀납할 수 있다고 생각했기 때문이다. 그러나 구체적인 발화체의 현실적인 표면적 구조만으로는 그 발화체의 본질적인 면을 이해하는 데 필요한 깊은 층의 문법적인 관계를 파악할 수 없다고 보는 것이 그 뒤의 미국 언어학계의 일반적 경향이다. 이러한 점에서 볼때, 언어의 정의가 그때그때의 연구방법의 원리와도 직접적인 관계가 있는 것을 알 수 있다. 사실 위에서 든 정의는 당시의 미국 언어학에서 가장 대표적인 것 중의 하나이다. 이 정의에는 언어의 분절성이라 든가 또는 언어의 창조성 등이 전혀 반영되어 있지 않다.

2.3 기능주의적 정의

현대 프랑스 언어학계의 중진이며 기능주의 언어학의 대표자인 마르띠네 A. Martinet는 언어를 다음과 같이 정의하고 있다.

언어는 커뮤니케이션의 수단이며 이것에 의해서 인간의 경험이 의미내용과 음성표현을 가진 단위, 즉 단소(單素 : monème)로 분석되는데, 그것은 사회에 따라서 다르게 분석된다. 이 음성표현은 다음에는 변별적이고 계기적인 단위, 즉 언어에서 일정한 수의 음운으로 분석되며 그 성질과 상호 관계는 언어에 따라서 다르다.

Une Langue est un instrument de communication selon lequel l'expérience humaine s'analyse, différent dans chaque communauté, en unités douées d'un contenu sémantique et d'une expression phonique, les monèmes ; cette expression phonique s'articule à son tour en unités distinctives et successives, les phonèmes, en nombre déterminé dans chaque, langue dont la nature et les rapports mutuels différent eux aussi d'une langue à une autre. A. Martinet, *Éléments de linguistique générale*, Paris : Libraire Armand Colin, 1960. p. 25.

이 정의의 특징은 (1) 언어의 커뮤니케이션 기능과 (2) 언어의 분절성이 두드러지게 강조되고 있는 점이다. 또한 언어마다 다르게 분석되는 것이 강조되고 있다. 특히 인간의 경험이 단소로 분석되는데 그것이 사회에 따라서 다르다는 것은 다음 예를 보면 곧 이해할 수 있다. 프랑스인이 J'ai mal à la tête(직역 : 나는 머리에 아픔을 갖는다)라고 말할 때, 이탈리아인은 Mi duole il capo(직역 : 나로서는 머리가 아프다)라고 말한다. 프랑스어의 경우에는 문장의 주어가 말하는 사람이며, 이탈리아어에서는 고통을 느끼는 머리가 주어이다. 프랑스어에서는 고통을 명사로 표현하고 이탈리아어는 동사로 표현하며, 또 프랑스어에서는 고통이 머리에 있고 이탈리아어에서는 고통을 받는 사람에게 있다. 여기서 우리는 프랑스인과 이탈리아인이 일정한 상황에서 서로 다른 분석을 하고 있는 것을 알 수 있다. 그리하여 마르띠네는 〈언어적인 것은 모두 언어에 따라 다르다〉라고 강조하며 이런 의미에서 언어 사실을 〈자의적〉 혹은 〈관습적〉인 것으로 이해하여야 한다고 말했다. 이 정의를 잘 살펴보면 이미 언급한 바와 같이 언어의 커뮤니케이션 기능과 분절성 이외에 언어의 양면성과 경제성도 약간 반영되어 있으나 언어의 창조성과 체계에 관한 것은 반영되어 있지 않다.

2.4 생성문법적 정의

변형생성문법의 이론을 전개한 미국 언어학자 촘스키 N. Chomsky
는 언어를 다음과 같이 정의하고 있다.

　이제부터는 길이에 있어 유한하며 또한 유한한 일련의 요소들의 집합
으로 구성된 문장(유한 혹은 무한한)집합을 언어라고 생각하기로 한다.
　From now on I will consider a language to be a set(finite or infinite) of
sentences, each finite in length and constructed out of a finite set of elements.
N. Chomsky. *Syntactic structure* , The Hague : Mouton, 1957. p. 13.

이 정의는 얼핏 보기에 그 내용과 표현에 있어서 퍽 이색적이다.
자연언어의 커뮤니케이션 기능이나 기호적 특징, 또한 위에서 고찰한
언어의 여러 특징 가운데서 어느 하나에 관해서도 언급이 없다. 촘스
키의 이 정의를 문자 그대로 풀이한다면, 첫째 자연언어에는 일정수
의 요소가 있다는 것, 둘째 무한히 많은 문장이 있을 수 있으나 개개
의 문장은 유한한 요소들의 연속체라는 것. 셋째 이러한 문장의 유한
혹은 무한한 집합이 언어라는 것이다. 이렇듯 촘스키의 정의는 다른
언어학자의 정의와 대단히 다르다. 그러나 촘스키의 정의는 그의 생
성문법 이론이 배경이 되어 있으므로 위 정의를 문자 그대로 해석하
는 것만으로는 그의 정의의 뜻을 충분히 파악할 수 없다. 어떤 자연
언어를 기술하는 언어학에 있어서 문법적으로 정상적인 문장과 문법
적으로 비정상적인 문장이 있을 때 정상적인 문장에는 어떤 구조적
특징이 있는가를 발견하는 것이 이론언어학자의 임무이다. 그런데 자
연언어에서 정상적인 문장이 구성될 때는 그러한 구조에 따라야 한
다. 이런 과정을 구조의존적 structure-dependent이라고 한다. 그가 말
하는 문장에는 이러한 의미가 내포되어 있다. 그러므로 촘스키의 정

의는 언어의 순수한 구조적 특징에 주의를 집중시킨 것이라고 하겠다.

위에서 유명한 언어학자의 세 가지 정의를 보았는데 언어의 본질을 이해하는 데 도움이 될 것이다.

2.5 〈말〉의 어원

우리는 위에서 언어의 특징과 몇 가지 정의를 살펴보았다. 그런데 언어의 기원 문제와 더불어 〈말〉이란 단어의 어원도 우리의 호기심을 자극한다. 어원론은 어느 단어가 형태상 어떤 변화를 했고 또 의미도 어떻게 변화하여 오늘날과 같은 단어가 되었는가를 연구하며 또 가능하면 그 단어의 가장 오래된 모습을 복원하려고 한다. 이러한 뜻에서 우리말의 〈말〉이라는 단어의 어원은 불행히도 지금까지 밝혀진 바 없다. 따라서 다른 언어에서 몇 가지 예를 보기로 하자. 몽골어에서 kele 는 〈혀〉와 〈말, 말하다〉의 뜻을 동시에 지니고 있다. 이것은 매우 흥미있는 현상이다. 말을 할 때 발음기관 가운데서 가장 주동적인 역할을 하는 것이 혀이다. 따라서 〈혀〉를 의미하는 단어에서 〈말〉의 뜻이 파생한 것으로 추정된다. 이와 같이 혀를 의미하는 명칭이 혀의 기능과 관련된 단어가 되는 경우가 많다. 라틴어에서도 lingua 는 〈혀〉와 〈말〉의 두 가지 뜻을 지니고 있다. 여기서도 〈혀〉에서 〈말〉의 뜻이 파생된 것으로 생각된다. 그런데 라틴어 lingua 는 본디 *dingua 〈혀〉에서 변화한 것이다. 혀는 심리적으로 혀의 또 하나의 기능인 〈핥다〉와 밀접한 관계가 있다. 그러므로 라틴어에서 〈핥다〉를 의미하는 동사 lingere의 심리적 영향을 받고 그 어두음 l-에 끌려서 *dingua 의 어두음 *d-가 l-로 변화하여 lingua 가 되었다. 이 예에서와 같이 〈혀〉와 〈핥다〉라는 동작이 심리적으로 얼마나 밀접한 관계에 있는가를 알 수 있다. 만주어에서도 〈혀〉를 의미하는 ile-nggū(어근은 ile-) 와 동일한 어근 ile-가 〈핥다〉를 의미하는 동사로 사용되고 있는 것을 볼 수 있다.

3 언어학

3.1 언어학

언어학은 인간 언어의 본질과 기능 그리고 그 변화 등을 연구대상
으로 하는 언어 전반에 걸친 과학이다. 그러므로 인간의 모든 언어,
즉 과거와 현재의 언어뿐만 아니라 사어死語와 미개인의 언어에 이르
기까지 인류의 모든 언어가 그 연구대상이 된다. 또한 언어와 관련이
있는 다른 인접과학의 분야도 언어학의 연구 시야에 들어온다.
　이미 위에서 설명한 것들은 언어를 여러 가지 각도에서 연구할 수
있음을 시사하고 있다. 사실 언어학은 관점에 따라서 몇 가지 하위분
야로 구별된다.

3.2 일반언어학과 개별언어학

인간의 언어를 일반적으로 연구하는가, 혹은 어느 한 언어를 택하
여 연구하는가에 의해서 〈일반언어학〉과 〈개별언어학〉이 구별된다.
위에서 언어의 본질을 고찰했는데, 이러한 문제는 일반언어학의 한
연구 과제이다. 여기에 대해서 한국어의 구조를 기술한다든가 혹은
한국어의 변천사를 기술하는 것은 개별언어학에 속한다. 이렇게 두
분야가 구별되지만 양자는 서로 무관한 것이 아니라, 상호 보완적인
관계에 있다. 일반언어학은 어느 개별언어를 분석하고 기술하는 데
필요한 기본 원리와 기준 또는 문법범주에 관한 지식 등을 제공한다.
한편 개별언어학은 일반언어학에서 설정된 명제와 가설의 타당성 여
부를 검증하는 자료를 제공한다. 그리고 각 개별언어학에서 얻은 지

식을 귀납하여 일반언어학의 이론이 설정된다고 해도 좋을 것이다. 예를 들면, 일반언어학은 모든 언어에 명사와 동사가 있다는 가설을 설정할 수 있다. 그러나 개별언어학은 어느 언어에서는 명사와 동사가 구별되지 않는다는 경험적 증거에 의해서 그 가설을 거부할 수도 있을 것이다. 그러나 그 가설을 시인하거나 혹은 부인하기 위해서는 개별언어학은 일반언어학이 제공한 명사와 동사에 관한 어떤 본질적인 개념에 입각해 있어야 한다. 이와 같이 일반언어학과 개별언어학은 상호 의존적인 관계에 있다.

3.3 공시언어학과 통시언어학

언어를 역사적인 관점에서 보는가 혹은 비역사적인 관점에서 보는가에 따라서 통시언어학(通時言語學 : diachronic linguistics)과 공시언어학(共時言語學 : synchronic linguistics)이 구별된다. 통시언어학은 언어의 역사적 변화 사실을 세밀히 조사하고 또 이에 의해서 언어변화에 관한 일반적 가설을 설정한다. 구체적으로는, 언어의 역사적 변화를 추적하고 계기적인 두 시기의 언어상태 사이에서 일어난 변화를 기록한다. 예를 들면, 15세기 국어와 20세기 국어 사이에 나타나는 역사적 변화를 연구한다. 그러나 비교언어학에 의해서 문헌이 없는 시기까지 거슬러 올라갈 수도 있다. 이러한 연구에 대해서 비역사적인 공시언어학은 어떤 한 시기의 언어상태를 기술하고 연구한다. 예를 들면 15세기의 국어문법 혹은 현대 국어에 관한 기술은 공시언어학에 속한다.

특정된 어느 한 시기의 언어상태를 공시태(共時態 : synchrony)라고 하며 언어의 변화 상태를 통시태(通時態 : diachrony)라고 한다. 그러므로 공시태는 동일한 언어의 동일한 시기에 속하는 언어상태를 말하는 것이며 통시태는 동일한 언어의 상이한 변천 시기에 속하는 상이한 언어상태를 말하는 것이다. 그러나 여기서 주의할 것은, 언어의 모든 현상은 항상 역사적 요인과 결합되어 있다. 다시 말하면, 공시적 언어현상은 항상 다음 단계로 변화하는 시발점이 되어 동요하고 있는 것이다. 그러므로 〈공시적〉/〈통시적〉이라는 용어는 그러한 언어현상 자체를 말하는 것이라기보다는 오히려 언어학자가 연구상 선택한 관점의 성격을 말하는 것이다. 엄밀하게 말한다면, 위에서 정의한 바와 같은 정적인 공시적 사실이란 존재하지 않는다. 다만 어떤 사실을 기술하고 혹은 설명할 때 어느 특정된 언어상태에 속하는 것 이외는 모두 도외시한다는 방침을 정한 것에 지나지 않는다.

3.4 이론언어학과 응용언어학

이론언어학 theoretical linguistics 은 언어의 구조와 그 기능에 관한 이론을 수립하려는 것을 목적으로 하며 어떤 실용적인 적용은 고려하지 않는다. 이에 반하여 응용언어학 applied linguistics 은 이론언어학의 이론과 그 성과를 실용적으로 응용하려고 한다. 그중에서 가장 중요한 것이 언어교수법이다. 또한 언어활동의 병리학은 실어증 失語症 과 같은 언어활동의 장애가 어떤 뇌신경의 장애와 관련이 있는가를 연구한다(11장, 12장, 13장 참조). 이 밖에 통신공학, 기계번역 machine translation, 정보이론 information theory 등 언어학의 전문적 지식을 필요로 하는 분야가 많다.

3.5 언어학의 하위분야

언어학에는 다음과 같은 연구 분야가 있다. 언어활동에서 구체적으로 나타나는 어음을 연구하는 분야가 음성학 phonetics 이다. 여기에 대해서 언어적 커뮤니케이션에 있어서의 기능이라는 관점에서 연구하는 분야가 음운론 phonology 이다. 음운론은 동일한 언어에서 의미 차이를 가져오는 음성적 특징을 연구한다. 예를 들면, 우리말에서 /ㅂ

ㅏㄹ/〈足〉과 /ㅍㅏㄹ/〈腕〉은 /ㅂ/와 /ㅍ/의 차이에 의해서 의미가 달라지는데, /ㅂ/와 /ㅍ/는 같은 양순파열음이지만 [무기/유기]라는 음성적 특징에 의해서 구별된다. 다음에 문법론(文法論 : grammar)은 크게 말해서 언어의 조직 원리를 기술하는 것이다. 전통적 문법론에 의하면, 문법론은 크게 형태론 morphology 과 통사론 syntax 으로 나뉘어진다. 형태론은 형태소 morpheme(더 이상 분석될 수 없는 최소의 의미적 단위)의 결합에 관해서 기술하는 것이고 통사론은 형태론에서 기술된 형태소의 결합체를 기초 단위로 해서 그것이 더 크게 결합되어 문장을 이루는 원리를 기술한다. 또한 양자 사이에 형태음운론 morphophonemics이 포함되기도 한다. 영어의 knife에 복수 어미를 결합시키면 knives가 되어 -f-가 -v-로 변한다. 형태음운론은 이러한 것을 다룬다. 어휘론 lexicology 은 단어의 파생, 의미, 용법 등을 다룬다. 또한 어휘를 체계화할 수 있는가도 연구한다. 전통적인 의미론 semantics 에서는 역사적, 심리적 의미 연구가 그 중심 과제였으며 의미를 어떻게 정의하는가가 중요한 논의 대상이 되었다. 방언학 dialectology 은 한 언어의 지역적인 분화와 그 차이를 연구한다. 그리고 한 개인 혹은 한 작가의 언어작품에 나타나는 표현상의 개인적 특징을 연구하는 분야가 있는데, 문체론 stylistics이라고 일컫는다. 지금까지 설명한 것은 공시적 연구 분야이다. 여기에 대해서 통시적 연구 분야는 다음과 같다.

통시언어학인 역사언어학 historical linguistics 은 각 시대의 문헌을 단계적으로 더듬어올라감으로써 그 언어의 변화 과정을 규명하고 한 언어사실의 변화 혹은 그 언어의 구조적 변화를 연구한다. 그러나 문헌이 없는 유사 이전의 변화는 비교언어학 comparative linguistics 의 방법에 의해서 연구한다. 비교언어학의 목적은 같은 계통의 여러 언어를 비교함으로써 공통조어 共通祖語를 재구하고, 여기서 여러 언어가 분화하여 변천한 과정과 역사를 밝히는 데 목적이 있다.

문법의 개념은 시대와 학파에 따라서 크고 작은 차이가 있다. 따라서 문법의 체계도 다양하다. 한 예로 변형생성문법의 목적은 언어능력의 해명에 있다. 이 문법은 일련의 구조기술을 생성하고 그 하나하나에 심층구조, 표면구조, 심층구조의 의미해석, 표면구조의 음성표시가 포함된다. 이것은 변형생성문법이 통사부와 의미부와 음운부를 통합적으로 다루는 것을 의미한다. 이와 같이 의미론이 문법에 통합된 것은 주목할 만하다. 뿐만 아니라 음운에 관한 것이나 어휘에 관한 것도 문법의 일부로 생각되고 있다. 이것은 전통적인 혹은 다른 학파의 문법과 큰 차이가 나는 특색이다.

3.6 대언어학과 소언어학

연구대상으로서 언어를 좁은 시야에서 보는가 넓은 시야에서 보는가에 따라서 대언어학 macrolinguistics 과 소언어학 microlinguistics 이 구별되는 경우도 있다. 좁은 시야에서 보는 소언어학은 언어구조 그 자체만을 연구대상으로 하는 데 대해서 대언어학은 언어와 관련이 있는 모든 것이 연구 시야에 들어온다. 언어의 습득 과정, 언어활동과 두뇌의 신경조직과의 관계, 언어활동에 포함된 생리적, 심리적 기구, 다시 말해서 언어의 체계 이외의 모든 것이 연구 대상이 된다. 그리하여 위에서 말한 분야도 모두 언어와 관련이 있기 때문에 그러한 학문과 관련이 있는 분야는 대언어학에 포함될 수 있다. 그러한 분야로서 사회언어학 sociolinguistics, 심리언어학 psycholinguistics, 민족언어학 ethnolinguistics, 신경언어학 neurolinguistics 등을 들 수 있다.

다른 학문에 있어서의 언어의 중요성을 고려할 때, 언어학도 가능한 한 넓은 시야를 가져야 한다. 그러나 사회적, 심리적, 문화적, 미적, 신경·생리적 여러 관점에서 동시에 언어를 볼 수 있는 만족할 만한 논리적 틀이 아직 없으며 또 앞으로도 있을 수 없을 것 같다. 그러므로 오늘날 대부분의 언어학자는 언어학의 핵심적 부분을 이루는 것은 이론적 소언어학이라고 보고 있다.

참고문헌

Chomsky, N., *Syntactic structure*, The Hague : Mouton, 1957.

Hocket, C. F., *A course in modern linguistics*, New York : Macmillan, 1958.

Martinet, A., *Éléments de linguistique générale*, Paris : Librairie Armand Colin, 1960. (영역) Palmes. L. R., *Elements of general linguistics*. London : Faber and Faber, 1964.

Bloch, B., and Trager, G. L., *Outline of linguistic analysis*. Baltimore : The waverly Press, 1942.

제 2 부

언어의 구조

제 3 장 음운론

1 음운론

1.1 음운론

음운론 phonology 은 말소리 혹은 어음의 기능과 체계 그리고 발음을 규제하는 규칙을 연구하는 분야이다(Phonology 라는 용어는 그리스어 phōnē〈소리〉를 따서 조어한 것이다). 음운론의 역사는 유럽에서 이미 1800 년대까지 소급한다. 이때의 주된 관심은 친근어를 비교하여 음변화를 연구하는 것이었다. 그러나 현대 음운론은 특히 과거 30 여년 동안의 발전에서 볼 수 있듯이, 먼저 발음의 기저에 있는 심리적 체계와 다음에는 말소리의 실제 조음에 중점을 두게 된다.

음운론의 과제를 이해하기 위해서 영어의 어음체계에 관한 다음 몇 가지 사항을 관찰해 보기로 하자.

(1) *fight* 의 어두음은 윗니와 아랫입술을 가까이 접근시키고 그 좁은 사이로 기류가 흘러나오면서 마찰이 일어나는 소리이다.

(2) *can't* 는 발음기관(폐, 혀, 입술 등)의 계속된 운동으로 발음된

다. 그러나 우리는 이 운동을 네 개의 분리된 어음, 즉 k-æ-n-t로 해석한다.

(3) *pea, see, me, key* 의 각 단어에 있는 모음이 다르게 철자되어 있지만 모두 같은 모음이다.

(4) *p* 와 *b* 는 양자가 두 입술로 발음되는 점에 있어서 같다. 그러나 *p* 와 *k* 는 양자가 두 입술로 발음되지 않는 점에 있어서 다르다.

(5) *cab* 와 *cad* 에 있는 모음은 *cap* 와 *cat* 에 있는 모음보다 길다.

(1)은 우리가 발음기관을 이용해서 어음을 내는 것을 말해 주고 있다. (2)는 *can't* 가 일련의 계속된 운동에 의해서 발음되지만, 심리적으로는 분절음(3장 1.3 참조)이라고 일컫는 별개의 어음 단위가 집합한 것임을 말해 주고 있다. (3)은 하나의 분절음이 다른 철자에 의해서 표시될 수도 있음을 보여주고 있다. (2)와 (3)은 한 부호를 이용해서 한 분절음을 표기할 수 있음을 시사하고 있다. (4)는 분절음은 변별적 자질이라고 일컫는 더 작은 단위로 이루어지고 있음을 보여주고 있다. (5)는 두 분절음이 한 표시 층위에서는 같으나 다른 표시 층위에서는 다름을 말해 주고 있다. 여기서 변별적 자질이니 표시 층위이니 하는 용어를 사용했는데 이 용어에 관해서는 뒤에 설명될 것이다.

위에서 본 모든 현상은 그 성격상 본질적으로 음운론적인 것이다. 즉 단어의 발음 기저에 있는 체계와 관계가 있기 때문이다. 그리하여 이들 현상은 규칙체계에 의해서 규제된다고 가정하게 된다. 이러한 견지에서 (1)-(5)에서 관찰한 것을 설명하는 데 필요한 기본 개념과 원리를 고찰해야 한다. 다음에 설명하는 것을 잘 이해하면 위에서 설명한 여러 현상이 분명해질 것이다.

1.2 발음기관

발음기관은 한 쪽은 두 입술과 콧구멍 그리고 또 다른 쪽으로는 성대가 있는 후두, 이 두 기관 사이의 통로로 이루어진다. 이 발음기관은 음운론 연구에서 다음 두 가지 이유 때문에 중요시되어야 한다. 첫째로는 인간은 이 발음기관을 이용해서 말소리를 내기 때문이고 둘째로는 더 중요한 이유가 되겠지만, 발음기관의 생리적 특징을 지칭하는 용어가 음운론의 심리적 단위를 기술하는 데 이용되기 때문이다.

먼저 다음 발음기관의 그림에서 그 하나하나의 기관을 살펴보기로 하자.

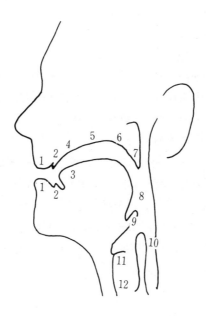

(1) 입술 lips

(2) 이 teeth

(3) 혀 tongue

(4) 치조 alveolar ridge : 윗니 뒤의 윗쪽 뼈가 일어난 부분. 잇몸.

(5) (경)구개 palate : 앞 입천장.

(6) 연구개 velum : (경)구개 바로 뒷쪽의 연한 부분.

(7) 목젖 uvular

(8) 인두 pharynx : 혀 뒤의 목구멍

(9) 후두개 epiglottis : 음식을 먹을 때는 후두를 덮고 폐로 통하는 길을 막는다.

(10) 식도 esophagus : 위로 통하는 기관.

(11) 후두 larynx : 성대 vocal cords 가 있다.

(12) 기관 trachea

폐에서 나오는 기류를 발음기관을 통해서 뿜어냄으로써 말소리가 나온다. 이때 몇몇 기관을 동시에 조정할 수 있다. 예를 들면, 어떤 어음을 발음할 때 성대가 진동하기도 하고 안하기도 하며, 연구개가 내려앉아서 기류가 비강을 통해서 흘러나가든지 혹은 연구개가 올라가서 기류가 구강을 통해서 흘러나가기도 한다. 전자를 비음(鼻音 : nasal)이라고 하고 후자를 구강음(口腔音 : oral)이라고 한다. 요컨대 발음기관이란 폐에서 나온 기류가 흘러나올 때 소리를 내는 관管이라고 하겠다. 그리고 이, 혀, 연구개, 인두, 성대를 조정하여 그 관의 모양이 달라지면 각기 다른 소리가 나오게 된다. 그러나 발음기관의 일차적 중요성은 발음기관의 생리적 특징에 의해서 음운론적 단위와 규칙을 기술하는 데 있다.

1.3 분절음

우리가 실제로 말하는 것은 연속된 소리의 흐름으로 나타난다. 그러나 조음 혹은 음향학적 견지에서 본다면 그 연속체는 하나하나의 단음으로 구분된다. 그러한 단음을 분절음(分節音 : segment)이라고 한다. 우리는 그러한 연속체와 분절음을 구별할 필요가 있다. 왜냐하면, 발음기관에 의해서 산출된 음파는 하나하나의 단음으로 정확하게 구분될 수 없는 연속체지만, 그 연속체는 이산적인 분절음으로 이루어진 것이기 때문이다(이산적이라는 것은 가령 /p/, /b/와 같은 어음 단위로 구분되는 성질을 말한다). 예를 들면, *can't* 라는 단어를 발음했을 때, 우리가 실제로 듣는 것은 시간에 따라서 점차 달라지는 소리의 연속체이다. 그러나 그것은 이산적인 분절음 *k-æ-n-t* 의 집합이다. 실제 말이 점진적으로 변화하는 소리의 연속체라는 것을 곧 이해하기 어려울지 모른다. 그러나 다음과 같은 실험을 해 보면 쉽게 이해하게 될 것이다. 정상적인 회전수로 녹음한 테이프를 대단히 느린 회전수로 돌리면 한 단음이 차차 희미해지면서 다음 어음으로 변화해 가는 것을 알 수 있다.

발음기관을 계속 움직이면서 소리를 내면 그것은 실제로 계속적인 음파의 집합체가 될 것이다. 그러나 그것은 실제로 이산적인 분절음의 집합체이다. 이러한 견지에서 음운론은 분절음을 연구하는 분야라고 하겠다.

1.4 음운부호

3장 1.1에서 본 바와 같이 관습적인 철자법 혹은 정서법 正書法 은 단어의 음운구조를 표시하기에 적당한 방법이 될 수 없다. 예를 들면, *pea*와 *key*는 동일한 모음 /i/를 가지고 있으나 *pea*에서는 모음이 *ea*로 철자되며 *key*에서는 *ey*로 철자되고 있다. 이러한 문제를 해결하기 위해 위에서 음운부호를 사용했는데 음운부호는 항상 한 부호가 한 음운을 표시하는 것으로 되어 있다. 예를 들면, 철자가 다른 *pea, see, key*의 동일한 모음을 표시하기 위해서 한 음운부호 /i/를 이용한다. (음운은 사선 / /속에 넣어서 표시한다.) 그리하여 동일한 모음 /i/를 가진 *pea, see, me, key*는 각각 /pi/, /si/, /mi/, /ki/로 표시된다.

2 모음과 자음

2.1 모음

영어에는 14개의 모음(母音 : vowel) 음운이 있다.

음운부호	예
/i/	s*ea*t
/I/	s*i*t
/e/	s*ay*
/ɛ/	s*ai*d
/æ/	s*a*d
/ʌ/ (비강세 = /ə/)	s*u*ds (sof*a*)
/a/	s*o*d
/u/	s*ui*t
/ʊ/	s*oo*t
/o/	s*ew*ed
/ɔ/	s*ough*t
/aɪ/	s*i*ght

/aʊ/   south

/ɔɪ/   soy

이들 모음은 다음과 같이 발음기관의 생리적 기준에서 기술된다.

혀의 높이 : 모음이 발음될 때는 반드시 혀의 높이와 관계가 있다. 즉 혀가 상대적으로 높은가 아니면 낮은가 또는 중간 정도인가 하는 것이다. 여기에 따라서 고모음(高母音 : high vowel) /i ɪ u ʊ/, 중모음 (中母音 : mid vowel)　/e ɛ ʌ(ə) o/, 저모음(低母音 : low vowel) /æ a ɔ/ 이 구별된다.

혀의 위치 : 모음이 발음될 때는 반드시 혀의 위치, 즉 혀의 앞 부 분 아니면 뒷 부분과 관계가 있다. 여기에 따라서 전설모음(前舌母 音 : front vowel) /i ɪ e ɛ æ/과 후설모음(後舌母音 : back vowel) /ʌ(ə) a u ʊ o ɔ/이 구별된다.

원순성 : 모음이 발음될 때는 두 입술이 앞으로 둥글게 약간 나오든 지 아니면 반대로 양쪽으로 펴진다. 여기에 따라서 원순모음(圓脣母 音 : rounded vowel)　/u ʊ o ɔ/과　평순모음(平脣母音 : spread vowel) (/i ɪ e ɛ æ ʌ(ə) a/)으로 구별된다.

긴장성 : 모음이 발음될 때는 발음기관의 근육이 긴장하는가 아니면 늦추어지는가와 관계가 있다. 여기에 따라서 긴장모음(緊張母音 : tense vowel) (/i e u o ɔ/)과 이완모음(弛緩母音 : lax vowel)　(/ɪ ɛ æ ʌ(ə) a ʊ /)으로 구별된다.

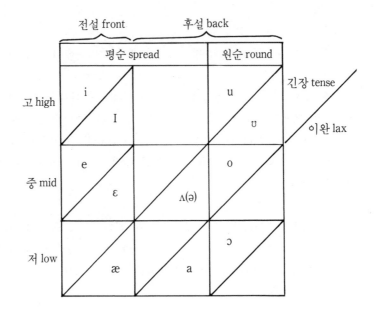

위의 도표는 영어의 모음 음운을 네 가지 생리적 기준, 즉 혀의 높이, 혀의 위치, 원순성, 긴장성에 의해서 분류한 것이다. 예를 들면, /i/는 고, 전설, 긴장, 평순모음이고 /ɔ/는 저, 후설, 긴장, 원순모음임을 보여주고 있다.

위에서 본 모음 음운은 실제로 그 이상 더 작은 단위로 분할되지 않는다. 그러나 음운론에서는 각 음운이 위에서 설명한 네 가지 기준에 의한 자질 feature 로 이루어진 것으로 본다. 그리고 어떤 자질이 있고 없음을 각각 +와 −로 표시한다. 예들 들면, /i/는 혀가 높기 때문에 [+high]이고 /ɔ/는 혀가 낮기 때문에 [+low] 혹은 [−high]이다. 이러한 자질을 변별적 자질(辨別的 資質 : distinctive feature)이라고 한다. 그리하여 위 도표의 모음들은 다음과 같은 4 가지 변별적 자질로 나누어진다.

$$[\pm high]$$
$$[\pm low]$$
$$[\pm back]$$
$$[\pm tense]$$
$$[\pm round]$$

여기서 다시 강조되어야 할 것은, /i/와 /ɔ/를 예로 들면, /i/와 /ɔ/ 는 그 자체가 단위가 아니라, 다음과 같이 여러 자질의 묶음이라는 점이다.

$$
/i/ \;=\; \begin{bmatrix} +high \\ -low \\ -back \\ +tense \\ -round \end{bmatrix} \quad /ɔ/ \;=\; \begin{bmatrix} -high \\ +low \\ +back \\ +tense \\ +round \end{bmatrix}
$$

위와 같이 /i/와 /ɔ/를 변별적 자질의 묶음으로 봄으로서 우리는 /i/와 /ɔ/가 어떻게 다른가를 가장 쉽게 설명할 수 있다. 즉 /i/와 /ɔ/ 는 tense는 같으나 high, low, back, round가 다르다는 것을 알 수 있다. 이렇게 음운을 변별적 자질의 묶음으로 보는 이유는 여러 가지 음운 현상을 가장 경제적으로 기술하고 설명하기에 편리하기 때문이다.

우리가 위의 모음을 실제로 발음할 때, 발음기관이 어떤 모양을 취하고 있는지 정확하게 규정한다는 것은 쉬운 일이 아니다. 예를 들면, /i/가 긴장모음이고 /I/가 이완모음인 것을 알기 어렵다. 그러나 이러한 것은 중요한 문제가 아니다. 여기서 유의할 것은, 음운이나 변별적 자질이라는 것은 음운론에 있어서의 이론적 구성물이라는 것이다. 음운은 추상적인 것이다. 영어를 사용하는 사람이 *seat* 와 *sit* 의 모음을 듣고 그것을 각각 다르게 지각하는 사실을 설명하기 위해서 필요한 추상적인 실체인 것이다. 이와 같이 변별적이라는 것은 분절음이 어떤 기준에 따라서 다름을 설명하기 위해서 설정된 것이다. 요약해서 말하면 음운이나 변별적 자질이 비록 생리적 용어에 의해서 기술되지만, 그것은 심리적 실체인 것이다. 우리는 실제로 생리적으로 발음하지만, 언어학자는 그것을 변별적 자질로 이루어진 음운으로 해석하는 것이다.

2.2 자음

다음 일람표는 영어의 자음표이다. 그리고 각 자음(子音 : consonant) 음운에는 세 가지 예가 있다. 첫번째는 단어의 첫 위치에서 나타나는 것, 두번째는 단어의 가운데서 나타나는 것, 세번째는 단어의 끝에서 나타나는 것이다. 빈 칸으로 되어 있는 것은 그 위치에서는 해당 음운이 나타나지 않는 것을 의미한다.

/p/	*p*at	zi*pp*er	ca*p*
/b/	*b*at	fi*bb*er	ca*b*
/t/	*t*ab	ca*tt*y	ca*t*
/d/	*d*ab	ca*dd*y	ca*d*
/k/	*c*ap	di*ck*er	ta*ck*
/g/	*g*ap	di*gg*er	ta*g*
/f/	*f*at	sa*f*er	belie*f*
/v/	*v*at	sa*v*er	belie*v*e
/θ/	*th*in	e*th*er	brea*th*
/ð/	*th*en	ei*th*er	brea*the*
/s/	*s*ue	la*c*y	pea*ce*

/z/	zoo	lazy	peas
/š/	shoe	thresher	rush
/ž/	—	treasure	rouge
/h/	ham	ahead	—
/č/	chain	sketchy	beseech
/ǰ/	Jame	edge	besiege
/m/	mitt	simmes	seem
/n/	knit	sinner	seen
/ŋ/	—	singer	sing
/l/	light	teller	coal
/r/	right	terror	core
/w/	wet	lower	—
/y/	yet	layer	—

(이 체계에서는 /w/와 /y/로 끝나는 것은 모음으로 끝나는 것으로 분석
한다. 예를 들면, cow = /kɑʋ/, sky = /skɑɪ/.)

모음의 경우와 같이 자음 음운도 몇 가지 생리적 기준에서 기술된
다.

1) 조음점 : 자음은 발음기관 중에서 다음 어느 기관에서 조음된다.
   (a) 양순음 bilabial : 두 입술이 좁혀지거나 폐쇄되면서 조음된다(/p b
   m w/).
   (b) 순치음 labiodental : 윗니와 아랫입술 사이가 좁혀지면서 조음
   된다(/f v/).
   (c) 치간음 interdental : 혀와 윗니 사이가 좁혀지면서 조음된다
   (/θ ð/).
   (d) 치조음 alveolar : 혀와 치조 사이에서 조음된다(/t d s z n l/).
   (e) 경구개음 palatal : 혀와 경구개 사이에서 조음된다(/s z č ǰ r

y/).

(f) 연구개음 velar : 혀와 연구개 사이에서 조음된다(/k g ŋ/).

(g) 성문음 glottal : 성문에서 조음된다(/h/).

2) **조음방법** : 자음은 발음기관이 다음과 같이 좁혀지거나 또는 폐쇄
되면서 조음된다.

(a) 정지음 stop : 두 입술, 혀, 이 등, 두 조음기관이 폐쇄되어
기류의 흐름이 완전히 닫혔다가 터지면서 나는 소리이다. 파
열음 또는 폐쇄음이라고도 한다(/p b t d g k/).

(b) 마찰음 fricative : 두 조음기관이 대단히 좁혀지면서 그 좁은
사이에서 기류의 흐름이 방해를 받아 마찰이 일어나면서 나
는 소리이다. 이때 두 조음기관이 완전히 폐쇄되지는 않는다
(/f v θ ð s z š ž h/).

(c) 파찰음 affricate : 정지음처럼 시작했다가 마찰음처럼 끝나는
소리이다. 그리하여 /č/를 /t š/, /ǰ/를 /d ž/로 표기하는 경
우도 있다.

(d) 비음 nasal : 연구개가 아래로 처져서 구강으로 흐르는 기류가
완전히 막히고 기류가 비강을 통해서 흘러나오면서 나는 소
리이다(/m n ŋ/).

(e) 유음 liquid 및 활음 glide : 이 두 음은 일반적으로 자음으로
분류되지만, 자음과 모음 중간의 성격으로 조음되는 소리이
다. 유음은 1-유사음과 r-유사음을 포함한다. 활음은 조음기
관이 좁혀지지만, 기류의 흐름이 방해를 받거나 막히는 정도
가 아닌 음을 가르키는 용어이다(/w y/).

3) 성(聲 : voice) : 자음을 발음할 때, 성대가 진동하기도 하고(/b d g
v ð z ž ǰ m n ŋ l r w y/) 안하기도 한다(/p t k f θ s š h č/). 정지음,
마찰음, 파찰음에는 유성 voiced 과 무성 voiceless 의 짝이 있으며

74 제2부 언어의 구조

비음, 유음, 활음은 모두 유성음이다.

다음 표는 조음점, 조음방법, 성 등 세 가지 기준으로 영어의 자음 음운을 분류한 것이다. 예를 들면, /p/는 무성, 양순 정지음이고 /v/는 유성, 순치 마찰음이며 /č/는 무성, 경구개 파찰음이다.

		1	2	3	4	5	6	7
정지음 stop	−	p			t		k	
	+	b			d		g	
마찰음 Fricative	−		f	θ	s	š		
	+		v	ð	z	ž		h
파찰음 Affricate	−					č		
	+					ǰ		
비음 Nasal	−							
	+	m			n		ŋ	
유음 Liquid	−							
	+				l r			
활음 Glide	−							
	+	w				y		

+ = 유성 voice, − = 무성 voiceless
1 = 양순음 bilabial, 2 = 순치음 labiodental, 3 = 치간음 interdental,
4 = 치조음 alveolar, 5 = 경구개음 palatal, 6 = 연구개음 velar, 7 = 성문음 glottis

모음의 경우와 같이 자음 음운도 실제로 그 이상 분할되지 않는 단위이다. 그러나 위에서 본 세 가지 기준에 따른 자질의 복합체로 본다. 그리고 그러한 자질을 변별적 자질이라고 하는 것도 모음 음운의 경우와 같다. 예를 들면, /p/와 /ŋ/은 그 자체가 한 단위가 아니라, 다음과 같은 자질의 묶음으로 본다.

$$
/p/ = \begin{bmatrix} +\text{bilabial} \\ +\text{stop} \\ -\text{voice} \end{bmatrix} \qquad /ŋ/ = \begin{bmatrix} +\text{velar} \\ +\text{nasal} \\ +\text{voice} \end{bmatrix}
$$

여기서 다시 한번 유의할 것은, 음운이니 변별적 자질이니 하는 것은 음운론에 있어서의 이론적 구성물이라는 점이다. 변별적 자질이라는 것은, 가령 *pea*와 *bee*에 있는 /p/와 /b/가 다름을 설명하기 위해서 설정된 것이다. 이 /p/와 /b/를 다음과 같은 변별적 자질의 묶음로 본다면 이 두 음운의 차이를 쉽게 설명할 수 있다.

$$
/p/ = \begin{bmatrix} +\text{bilabial} \\ +\text{stop} \\ -\text{voice} \end{bmatrix} \qquad /b/ = \begin{bmatrix} +\text{bilabial} \\ +\text{stop} \\ +\text{voice} \end{bmatrix}
$$

즉 /p/와 /b/는 stop, bilabial 자질은 같으나 다만 voice의 유무에 의해서 구별되는 것을 쉽게 알 수 있다. 여기서 또 한가지 주의할 것은 이 VOICE의 유무에 따라서, 즉 [−VOICE]이면 *pea*(= 콩)을 의미하며 [+voice]이면 *bee*(= 벌)을 의미한다. 이와 같이 변별적 자질은 의미의 차이를 가져오는 기능을 한다. 이러한 경우, /p/와 /b/의 변별적 자질 중에서 이 두 음운을 구별하는 자질은 VOICE의 유무이다. 이와 같이 두 음운을 구별하는 데 직접 관여하는 자질을 관여적 자질 relevant feature 이라고 하며 나머지 자질을 잉여적 자질 redun-

dant feature 이라고 한다. /p/와 /b/의 경우, voice 는 관여적 자질이
고 bilabial, stop 은 잉여적 자질이다.

다음에는 혼동되기 쉬운 몇 가지 주의할 점에 관해서 알아보기로
한다.

첫째, 학자에 따라서 상이한 음운표기가 사용되고 있다. 영어의 경
우, *yes* 의 어두음이 /y/로 표기되기도 하고 또 /j/로 표기되기도 한
다. 모음의 경우에도 *pea* 의 모음이 /i: / 또는 /iy/로 표기된다. 그
뿐 아니라, 몇 가지 다른 변별적 자질의 체계가 사용되고 있다. 위에
서 설명한 모음의 변별적 자질인 [±high], [±low], [±back], [±
round], [±tense]는 표준적인 것이다. 그리고 자음의 경우, [place],
[manner], [±voice]는 어느 정도 간소화된 변별적 자질 체계라고 할
수 있다. 인간의 모든 언어에서 볼 수 있는 분절음을 기술하기 위해
서 어떤 변별적 자질 체계가 가장 적합한 것인가에 대해서는 아직도
논의가 계속되고 있다.

둘째, 음운 분류에 차이가 있는 경우가 있다. 모음의 경우에 /ɔ/를
우리는 저모음으로 분류했으나 때로는 중모음으로 분류하는 경우도
있다. 그러나 이러한 차이는 이론상 크게 문제될 것이 없다. 중요한
것은 일정한 변별적 자질 체계에 의해서 각 음운을 일관성 있게 표시
하는 것이다.

셋째, 언어에 따라서 음운의 수와 종류에 차이가 있다. 예를 들면,
영어에는 있으나 다른 언어에는 없는 음운이 있고 또 그와 반대로 다
른 언어에는 있으나 영어에는 없는 음운이 있다. 영어의 /θ/와 /ð/는
다른 언어에서는 비교적 드물게 보이는 음운이다. 이 음운이 현대 그
리스어에는 있으나 프랑스어, 독일어, 페르시아어, 러시아어 등 많은
다른 언어에는 없다. 한편 영어에는 전설, 원순모음이 없으나 프랑스
어에는 있다. /y/, /ø/, /œ/ 등이 그것이다.

말소리에는 모음과 자음 같은 분절음 이외에 분절음에 얹혀서 나는

요소가 있으며 이것을 운율적 자질 prosodic feature 이라고 한다. 이 자질에는 세 가지 종류가 있다. (1) 소리의 길이 length, (2) 소리의 높이 pitch, (3) 소리의 세기 stress.

3 표시 층위

3.1 음운 층위와 음성 층위

우리는 3장 1.1에서 두 분절음이 동시에 같기도 하고 다르기도 하는 현상을 보았다. 다시 예를 보면 *cab, cad, cap, cat* 에서 모음 /a/는 모두 같다. 그러나 *cab, cad* 의 모음은 길고 *cap, cat* 의 모음은 짧다. 이러한 현상을 설명하기 위해서 언어학자는 표시 층위 levels of representation 라는 개념을 도입했다. 위의 예에서 동일한 /a/로 표시하는 층위와 장모음 아니면 단모음으로 표시하는 층위를 구별하는 것이다. 이와 같이 하나 이상의 표시 층위를 설정함으로써 두 분할음이 어느 한 표시 층위에서는 같고 또 다른 층위에서는 다르다고 설명하는 것이다. 이것을 더 상세히 알기 위해서 어떤 음운의 어떤 특징이 단어 내의 위치에 따라서 어떻게 달라지는가를 보기로 하자. 영어 *Tim, stem, hit, hit me, Betty* 에 있는 /t/는 모두 동일한 음운이다. 그러나 실제 발음에 있어서는 체계적인 차이가 있는 것을 관찰할 수 있다. 이러한 /t/의 체계적 변이를 /t/의 변이음 allophone 이라고 하며 [ ] 속에 넣어서 표시한다. 그러면 /t/의 변이음을 자세히 살펴보기로 하자.

Tim 의 /t/는 유기음이다. 즉 파열 후에도 기류가 분출한다. 이 유기음은 [tʰ]로 표시된다.

Stem 의 /t/는 파열 후에 기류의 분출이 없다. 이 무기음은 [t]로 표시된다.

Hit 의 /t/는 혀끝이 치조에 접촉했다가 떨어지기도 하고 안 떨어지기도 한다. 떨어지지 않으면 내파음이라고 하는데, [t˺]로 표시된다.

Hit me 의 /t/는 혀끝이 치조에서 떨어지지 않기도 하고 성문 정지음일 수도 있다. 성문 정지음은 [ʔ]로 표시한다.

Betty 의 /t/는 치조 탄설음(彈舌音 : flap)이다. 즉 혀끝을 치조에 한번 때려서 내는 소리로서 [ɾ]로 표시한다. 이 소리는 [t]나 [d]보다 혀끝을 더 빨리 치조에 댔다가 뗀다.

이들 변이음은 모두 예측할 수 있다. 예측할 수 있다는 것은, 그들 변이음이 단어나 구의 일정한 위치에서만 나타나기 때문에 그 위치에 의해서 어떤 변이음이 나타나는가를 미리 예측할 수 있음을 의미하는 것이다. 위의 예에서 [tʰ]는 *Tim*에서와 같이 /t/가 음절 첫 위치에 있으며 그 다음에 강세 모음이 뒤따를 때 나타난다. [t]는 *Stem*에서처럼 /t/ 다음에 모음이 있으나 음절 첫음이 아닐 때 나타난다. [ʔ]는 hit me 에서 처럼 /t/ 앞에 모음이 있고 그 다음에 자음이 있을 때 나타난다. [ɾ]는 Betty 에서처럼 /t/ 앞에 강세모음이 있고 뒤에 강세가 없는 모음이 있을 때 나타난다.

여기서 우리는 음운표시에서 두 층위를 구별해야 할 필요성을 확인할 수 있다. 하나는 음운을 표시하는 음운 층위 phonemic level 이고

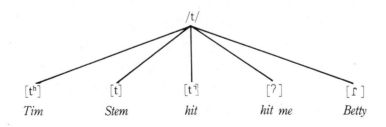

또 하나는 음운의 변이음을 표시하는 음성 층위 phonetic level 이다.
이 구별은 위와 같이 도시할 수 있다.

위의 도표가 의미하는 것은, 영어를 모국어로 사용하는 사람은
Tim, stem, hit, hit me, Betty 라는 단어를 듣고 여기 동일한 음운 /t/가
있다고 지각하지만, 음성 층위에서는 /t/가 음맥 音脈 에 따라서 각기
다르게 발음된다는 사실이다. 이와 같이 표시 층위의 개념을 이용함
으로써 어떤 두 분절음이 음운면에서는 같으나, 음성적으로는 다르다
는 사실을 이해하게 된다.

이와 관련해서 다음과 같은 문제가 제기된다. 그것은 두 분절음이
각기 다른 음운의 변이음인지 혹은 같은 음운의 변이음인지를 어떻게
알 수 있는가 하는 문제이다. 이 문제를 해결하기 위한 가장 좋은 방
법은 한 음을 다른 음과 바꾸어넣어 보는 것이다. 이렇게 대치해 보
았을 때, 어떤 단어가 다른 단어로 변한다면, 그 두 음은 대립한다고
하며 상이한 음운에 속한다. 두 음을 서로 바꾸어도 다른 단어로 변
하지 않으면, 그 두 음은 자유변이음이라고 하며 동일한 음운의 변이
음이다. 예로 *hit*[hɪt˺]를 보자. [t˺]대신에 [d˺]를 바꾸어 넣으면
hit⟨때리다⟩가 *hid*⟨(hide 의 과거) 숨겼다⟩라는 다른 단어로 변한다.
따라서 [t˺]와 [d˺]는 대립하며 이 두 음은 각각 다른 음운, 즉 /t/
와 /d/의 변이음이다. 한편 [hɪt˺]의 [t˺]를 [t]로 대치하면 그래도
동일한 단어 *hit* 임에 변함이 없다. 따라서 [t˺]와 [t]는 자유변이음
이고 동일한 음운 /t/의 변이음이다.

그러나 여기 또 다른 가능성이 있다. 두 음이 같은 환경(즉 단어
내의 위치)에서 나타나지 않기 때문에 그 두 음은 서로 대치될 수 없
는 경우이다. [tʰ]와 [ɾ]의 예를 보자. 이 두 음은 같은 환경에서
나타나지 않는다. 즉 [tʰ]는 항상 강세 모음 앞에서만 나타나며 [ɾ]
는 항상 비강세 모음 앞에서만 나타난다. 그리하여 단어 *tattter*/
tǽtər/에서 어두의 /t/는 항상 [tʰ]이고 두번째 /t/는 항상 [ɾ]이다.
만일 두 음을 서로 대치한다면, 영어에서는 발음할 수 없는 *[ɾ ǽtʰ

ər]와 같은 것이 되고 말 것이다. 동일한 환경에서 나타나지 않는 그러한 두 음은 상보적 분포(相補的 分布 : complementary distribution)에 있다고 하며 동일한 음운의 변이음이 된다. 위의 경우, [tʰ]와 [ɾ]는 /t/의 변이음이다.

위에서 설명한 것을 요약하면 다음과 같다. 두 음이 대립하면 (즉 한 음을 다른 음으로 대치할 경우 단어의 의미가 달라지면), 그 두 음은 상이한 음운의 변이음이다. 반면 두 음이 자유변이음이거나(즉 한 음을 다른 음으로 대치하여도 단어의 의미가 같거나) 또는 상보적 분포를 이루고 있다면, 그 두 음은 동일한 음운의 변이음이다.

그리고 우리는 표시 층위를 두 층위, 즉 음운 층위와 음성 층위로 구별했다. 다음에는 이러한 체계를 좀더 자세히 알기 위해서 현대 음운론에서 층위가 어떻게 구성되어 있는가를 보기로 한다.

음운론은 적어도 다음 네 가지 표시층위를 구별한다. (1) 체계적 음운표시 systematic phonemic 층위, (2) 고전적 음운표시 classical phonemic 층위, (3) 체계적 음성표시 systematic phonetic 층위, (4) 생리적 음성표시 physical phonetic 층위. (고전적 음운 층위는 위에서 〈음운적〉이라고 부른 것과 일치하며 체계적 음성 층위는 위에서 〈음성적〉이라고 부른 것과 일치한다.) 첫 세 층위(체계적 음운표시, 고전적 음운표시, 체계적 음성표시)는 변별적 자질에 의해서 결정된 분절음에 관한 것이며 또 음운규칙에 의해서 연관되며 또 변별적 자질에 의해서 기술된다. 그러나 가장 중요한 것은 이들 세 층위와 그들을 관련지우는 규칙은 화자의 심리적 체계와 관계가 있다는 점이다. 한편 네번째 층위인 생리적 층위에서는 음 산출이 생리적 차원에서 혹은 음향학적 특징에 의해서 기술된다. 그리하여 서로 관련이 있으나 서로 다른 두 부분이 있음을 알 수 있다. 그것은 심리적인 것(체계적 음운 층위, 고전적 음운 층위, 체계적 음성 층위)과 물리, 생리적인 것(생리적 음성 층위) 두 부분이다. 다음 도표는 영어 *pups*〈강아지(복수)〉와 *pubs*〈목로주점(복수)〉의 예를 들어 위에서 구별한 네 층위를 설명한 것이다.

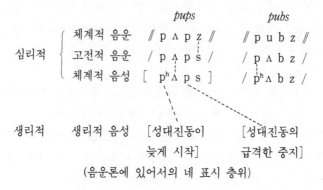

(음운론에 있어서의 네 표시 층위)

체계적 음운 층위 : 이 층위에서 *pups* 와 *pubs* 의 어말 분절음을 //z// 로 표기한 것은 영어의 화자 같으면 이 두 분절음을 동일한 형태소, 즉 복수 형태소로 생각한다는 것을 설명한 것이다. 따라서 이 표시 층위에서는 동일하게 표시되어 있다. 이중 사선(// //)은 체계적 음운을 표시하기 위해서 사용된다.

고전적 음운 표시 : 같은 두 분절음(*pups* 와 *pubs* 의 어말 분절음)을 /s/와 /z/로 표기한 것은 이 두 분절음이 대립한다는 것을 말해 주고 있다. 예를 들면, *sue*[su]〈고소하다〉의 [s]를 [z]로 바꾸면, 다른 단어 *zoo*[zu]〈동물원〉가 된다. 그리하여 [s]와 [z]는 상이한 고전적 음운, 즉 /s/와 /z/의 변이음이다. 이러한 음운을 사선(/ /)에 넣어서 표시한다.

체계적 음성 층위 : *pups* 의 고전적 음운 /p/를 [pʰ]와 [p]로 표시한 것은 /p/가 환경에 따라서 달라지는 사실을 보여주고 있다. 즉 *pups* 의 첫 /p/는 유기음화([pʰ])하고 두번째 /p/는 유기음화하지 않음([p])을 말해 주고 있다. 괄호 [ ]는 체계적 음성을 표시한다.

생리적 음성 층위 : *pups* 의 두 [p]를 각각 다른 생리적 용어로 기술하는 것이 필요한 것은, 심리적 단위(분절음과 변별적 자질)와 음산출의 생리적 특징 사이에 일대일의 대응이 없기 때문이다.

지금까지 고찰한 중요한 점을 간추려서 요약하면 다음과 같다. 첫째, 음운론 연구는 두 부분으로 나누어지는데 심리적 현상에 관한 연구와 생리, 물리적 현상에 관한 연구이다. 양자 사이에는 복잡한 관계가 있으나 적어도 이론면에서 구별되어야 한다. 심리적 부문은 생리적 음 산출에 대한 입력이 되는 규칙의 집합이라고 할 수 있다. 물리적, 생리적 부문은 음 산출 그 자체의 체계이다. 둘째, 음운학자는 네 표시 층위를 구별하는데, 음운 현상을 설명하기 위해서 어떤 층위에서는 두 분절음을 동일한 것으로 다루고 또 다른 층위에서는 상이한 것으로 다루는 것이 필요하기 때문이다.

특히 체계적 음운 층위에서는 어떤 한 형태소의 모든 실제형이 동일한 체계적 음운으로 표시된다. 예를 들면, *pups* 와 *pubs* 의 두 어말음은 한 형태소 {pl}의 실현이지만(즉 /s/와 /z/) 양자는 //z//로 동일하게 표시한다({ }는 형태소, pl 은 〈복수〉를 표시한다). 여기서 주의할 것은 형태소 {pl}를 //z//로 표시해도 좋고 //s//로 표시해도 상관없다. 중요한 것은 두 분절음이 한 부호로 표시되어야 한다는 점이다.

위에서 층위에 관해서 설명한 것은 음운론을 전반적으로 고찰할 때 필요하지만, 우리들이 가장 관심을 두는 것은 고전적 음운과 체계적 음성이다. 그리하여 다음 설명에서는 이 두 층위에 한정해서 보기로 하고 전자를 〈음운(적)〉이라고 하고, 후자를 〈음성(적)〉이라고 부르기로 한다. 그러나 여기서 다시 한번 유의해야 할 것은, 그 두 층위와 그들 층위의 단위(음운과 음성)는 심리적인 것이지 생리적인 것이 아니라는 점이다.

4 음운 규칙

4.1 음운규칙

음운표시의 각 층위는 서로 동일한 것이 아니기 때문에, 음운론은 본질적으로 어떤 한 층위의 분절음을 다른 층위의 분절음으로 변환하는 규칙을 필요로 한다. 다음에 영어의 예를 들어 몇 가지 공통적 음운규칙 phonological rule 을 고찰하기로 한다.

4.2 유기음화

이미 설명한 바 있는 유기음화 aspiration 부터 보기로 하고 먼저 다음 영어 단어의 음운표시와 음성표시를 잘 관찰해 보기로 하자.

sip〈(마실것의)한 모금〉	/síp/	[síp]
appear〈나타나다〉	/əpír/	[əpʰír]
pepper〈후추〉	/pépər/	[pʰépər]
space〈공간〉	/spéis/	[spéis]
papaya〈파파야(나무)〉	/pəpáɪyə/	[pəpʰáɪyə]

이 자료에서 음운 /p/에 두 변이음 [pʰ]와 [p]가 있는 것을 알 수 있다. 그렇다면 우리들의 과제는 /p/가 어떤 조건(즉 어떤 환경) 아래에서 [pʰ]가 되는가를 결정하는 것이다. 그러기 위해서는 [pʰ]가 나타나는 모든 경우 어떤 공통점이 있는가를 찾아보아야 한다. 그 결과 우리는 다음과 같은 규칙을 가정하게 된다. /p/가 강세모음 앞에 있으면 [pʰ]가 된다. 그러나 이 규칙에 의해서는 *space*[spés]에서 /p/가 비록 강세모음 앞에 있지만 유기음화하지 않는 사실을 설명할 수 없다. 그러므로 우리는 가정을 수정할 수밖에 없다. *space* 의 [p]가 *appear*[əpʰír], *pepper*[pʰépər], *papaya*[pəpʰáɪyə]의 [pʰ]와 어떻게 다른가를 보아야 한다. 여기서 주목되는 것은 *appear, pepper, papaya* 의 [pʰ]는 강세모음 앞에 있는 것 이외에 또한 음절이 시작하는 곳에서 나타나는 점이다. 그러나 *space* 에서는 그렇지 않다(여기서는 음절이 s-

로 시작한다). 그리하여 앞에서 가정한 규칙을 다음과 같이 수정하게
된다. 즉 /p/가 강세모음 앞에 있으며 또한 음절 처음에 있으면 [pʰ]
가 된다. 이 규칙에 의해서 우리는 /p/가 [pʰ]가 되는 경우를 정확하
게 예측할 수 있게 된다. 이 규칙은 또한 /p/가 [p]가 되는 것도 예
측하게 한다.

이 유기음화 규칙을 위에서와 같이 〈/p/가 강세모음 앞에 있으며
또한 음절 처음에 있으면 [pʰ]가 된다〉고 진술할 수 있다. 그러나 이
러한 진술에는 뜻하지 않게 애매한 점이 개입하기 쉽다. 그리하여 음
운론자들은 진술 대신에 형식적인 기호에 의해서 규칙을 표시한다.
음운규칙의 표준적인 표시는 다음과 같다.

$$W \longrightarrow X/Y \underline{\quad} Z$$

이 규칙은 W가 Y 뒤에 있고 Z 앞에 있으면 X가 된다는 것을 의
미한다. 이때 화살표는 〈~이 된다〉 그리고 사선은 〈다음 환경에서〉
로 읽는다. 따라서 위의 공식은 W가 Y 뒤에 있고 그 뒤에 Z가 있
는 환경에서는 X가 된다고 읽는다.

다음에는 위와 같은 형식을 이용해서 유기음화 규칙을 공식화해야
한다. 그러나 여기에 또 한가지 필요한 조건이 있다. 그것은 음절 경
계를 표시하는 방법이다. 음절 경계를 표시하기 위해서 자주 사용되
는 부호는 $이다. 그리하여 우리는 유기음화 규칙을 다음과 같이 공
식화할 수 있다.

$$/p/ \longrightarrow [+\text{aspirated}]/\$ \underline{\quad} V[+\text{stress}]$$

이 규칙이 의미하는 것은, 음운 /p/가 음절 처음에 있으며(음절 경
계를 표시하는 $가 있는 것은 앞 음절이 끝나고 /p/로 음절이 시작하는
것을 의미한다) 다음에 강세모음 V[+stress]이 있으면 유기음화[+

aspiration]한다는 것이다. 그러나 이러한 내용을 다음과 같이 표시할
수도 있다. 이 두 표시가 모두 같은 내용을 의미하는 것임은 말할 필
요도 없을 것이다.

$$/p/ \longrightarrow [p^h] / \$ \underline{\quad} \acute{V}$$

여기서 흥미있는 것은 /p/ 이외에 같은 무성 정지음 /t/와 /k/도
동일한 환경에서 유기음화가 일어나는 것이다. 그렇다면 /t/와 /k/
가 /p/와 같이 유기음화하는 것을 공식화해야 한다. 그런데 영어에
는 무성 정지음으로 /p/, /t/, /k/ 세 음운만이 있다. 따라서 이 세
음운을 하나하나 개별적으로 설명하는 것보다 이 세 음운을 모두 포
함한 한 부호로 표시한다면 그만큼 설명이 간단해질 것이다. 여기서
우리는 음운을 변별적 자질의 묶음으로 보는 것을 기억할 필요가 있
다. /p/, /t/, /k/는 모두 정지음이고 또 무성음이다. 따라서 영어에
서 무성 정지음이라고 하면 /p/, /t/, /k/만이 있기 때문에 변별적
자질 [+stop]이면 세 음운을 포함하는 것이 되며 또 그 세 음운은
무성음이기 때문에 이것을 [-voice]로 표시한다면 다음과 같은 규
칙으로 공식화할 수 있다. (즉 영어에서 [+stop][-voice]이면 /p/, /t/,
/k/를 표시하는 것이 된다.)

$$\begin{bmatrix} +\text{stop} \\ -\text{voice} \end{bmatrix} \longrightarrow [+\text{aspirated}] / \$ \underline{\quad} \begin{array}{c} \vee \\ [+\text{stress}] \end{array}$$

4.3 모음 장음화

다음 영어 단어를 세밀하게 조사해 보자. 먼저 음운표시와 음성표
시를 비교하면서 어떤 현상이 일어나고 있는지 보기로 한다.

heat〈더위〉	/hit/	[hit]
seize〈잡다〉	/siz/	[si:z]
keel〈용골龍骨〉	/kil/	[kʰi:l]
leaf〈잎〉	/lif/	[lif]
heed〈주의하다〉	/hid/	[hi:d]
cease〈그만두다〉	/sis/	[sis]
leave〈남기다〉	[liv]	[li:v]

이 자료를 살펴보면, 음운 /i/에 대해서 두 변이음 [i]와 [i:]가 있는 것을 알 수 있다. 전자는 단모음이고 후자는 장모음이다. 여기에서도 /i/가 어떤 환경에서 장모음 [i:]가 되는가를 결정하는 것이 우리의 첫 과제이다. 먼저 그 모음 앞에 있는 자음의 어떤 특징이 장모음을 일으키는 요인이 되지 않는가 가정할 수 있다. 그러나 이 가정이 옳지 않음을 곧 알 수 있게 된다. 위의 자료에서 *seize*[si:z]와 *cease*[sis]를 보면, 전자는 장모음이고 후자는 단모음인데 모두 동일한 자음 [s]가 앞에 있다. 따라서 우리는 모음 앞에 있는 자음이 모음 장음화 vowel lengthening 를 일으키는 요인이 아님을 알 수 있다.

다음에는 반대로 모음 뒤에 있는 자음의 어떤 특징이 그 모음을 장음화시키는 요인이 아닌가 가정해 볼 수 있다. 위의 자료를 보면, *heat, leaf, cease* 의 모음은 모두 짧고 그 뒤에 무성자음이 있는 것을 알 수 있다. 그런데 *heed, leave, seize, keel* 의 모음은 모두 길게 발음되며 그 뒤에 유성자음이 있는 것을 확인할 수 있다([d, v, z, l]의 특징은 [+voice]). 여기서 우리는 다음과 같은 규칙을 가정할 수 있게 된다. 즉 /i/가 유성자음 앞에 있으면 장음화한다. 이 규칙은 위의 자료를 정확하게 설명해 주고 있다. 그리고 /i/가 [i:] 아니면 [i]로 나타나는 것을 그 환경에 의해서 정확하게 예측할 수 있다. 그리하여 위의 규칙을 다음과 같이 공식화할 수 있다.

$$/i/ \longrightarrow [+\text{long}] / \underline{\quad} \begin{array}{c} C \\ [+\text{voice}] \end{array}$$

이 규칙은 /i/가 유성자음 앞에서는 장음화하는 것을 말해 주고 있다. 앞에서 본 유기음화 규칙에서와 같이 모음 장음화 규칙도 다음과 같이 약간 다르게 표시할 수 있다.

$$/i/ \longrightarrow [i\text{:}] / \underline{\quad} \begin{array}{c} C \\ [+\text{voice}] \end{array}$$

그런데 위와 같은 모음 장음화 현상은 비단 /i/에서만 일어나는 것이 아니라 모든 모음이 같은 환경에서 장음화한다. 따라서 모든 모음을 부호 V 하나로 표시한다면 다음과 같이 규칙화할 수 있다.

$$V \longrightarrow [+\text{long}] / \underline{\quad} \begin{array}{c} C \\ [+\text{voice}] \end{array}$$

4.4 모음 비음화

다음 영어 단어를 세밀히 조사해 보자. 먼저 음운표시와 음성표시를 비교하면서 어떤 현상이 일어나고 있는가를 보기로 한다.

map〈지도〉	/mæp/	[mæp]
pan〈남비〉	/pæn/	[pæ̃n]
pad〈베개〉	/pæd/	[pæd]
pam〈= *pamphlet*〉	/pæm/	[pæ̃m]
gnat〈모기〉	/næt/	[næt]
pang〈고통〉	/pæŋ/	[pæ̃ŋ]

이 자료에 의하면 음운 /æ/에는 두 변이음 [æ]와 [æ̃]가 있는 것을 쉽게 알 수 있다(모음부호 위의 ~는 비음화를 표시한다). 여기서도 어떤 조건 아래에서 /æ/가 [æ̃]이 되었는가를 결정해야 한다. 여기서 한가지 유의할 것은 *pan, pad, pam, pang*에 있는 모음은 그 뒤에 유성자음이 있기 때문에 장음화된다는 것이다. 그러나 이것은 음성표시에 표시되어 있지 않다. 그 이유는 음운론에서는 어떤 특별한 분석에 직접 관련이 없는 음성적 특징은 도외시하는 것이 보통이기 때문이다. 위의 경우도 모음 장음화는 모음 비음화 vowel nasalization와 아무런 관련이 없기 때문에 도외시된 것이다. 마찬가지로 위의 자료에서 유기음화도 표시되어 있지 않다. 이것도 유기음화가 모음 비음화와 아무런 관련이 없기 때문이다.

다음에는 어떤 조건 아래에서 /æ/가 [æ̃]로 되는가를 보기로 하자. 우리는 영어에는 프랑스어와 같은 비모음 음운이 없는 것을 알고 있기 때문에 영어에서 음성적으로 비음화한 모음은 인접해 있는 비자음 (/m n ŋ/)의 영향에 의한 것이라고 가정할 수 있다. 이 가정은 옳다. 다만 모음의 앞과 뒤 어느 곳에 있는 비자음이 모음의 비음화를 일으키는가 하는 문제가 남아 있다. *map*[mæp]과 *gnat*[næt]에서는 모두 앞에 비자음이 있지만 모음의 비음화가 일어나지 않는다. 그러므로 앞에 있는 비자음은 모음 비음화를 일으키는 요인이 되지 않음을 알 수 있다. 한편 *pan*[pæ̃n], *pam*[pæ̃m], *pang*[pæ̃ŋ]을 보면, 비음화된 모음 뒤에 모두 비자음이 있는 것을 알 수 있다. 따라서 모음의 비음화는 후속하는 비자음의 영향에 의해서 일어난다는 결론을 얻게 된다. 그러므로 /æ/가 비자음 앞에 있을 때 [æ̃]으로 비음화하는 규칙을 설정하게 된다. 그리고 이 규칙에 의해서 /æ/가 [æ̃]로 되는 것을 정확하게 예측할 수 있다. 그리하여 다음과 같은 규칙으로 형식화할 수 있다.

$$/æ/ \longrightarrow [+\text{nasal}]/\underline{\quad} \underset{[+\text{nasal}]}{C}$$

이 규칙은 또 다음과 같이 표기할 수도 있다.

$$/æ/ \longrightarrow [\tilde{æ}]/\underline{\quad} \underset{[+\text{nasal}]}{C}$$

그런데 비자음 앞에서 비음화하는 모음은 비단 /i/만이 아니라 다른 모든 모음도 비음화한다. 따라서 영어의 비모음화 규칙을 다음과 같이 형식화하게 된다.

$$V \longrightarrow [+\text{nasal}]/\underline{\quad} \underset{[+\text{nasal}]}{C}$$

4.5 탄설음화

다음 영어 단어의 음운표시와 음성표시를 잘 살펴보면 음운 /t/와 /d/에 변이음 [ɾ]가 있는 것을 발견하게 될 것이다.

ride〈(말을)타다〉	/ráɪd/	[ráɪd]
dire〈무서운〉	/dáir/	[dáɪr]
rider〈타는 사람〉	/rádət/	[ráɪɾər]
write〈쓰다〉	/ráɪt/	[ráit]
tire〈피로한〉	/táɪr/	[ráir]
writer〈저자〉	/ráɪtər/	[ráɪɾər]
lender〈빌려주는 사람〉	/lɛ́ndər/	[lɛ́ndər]
Easter〈부활절〉	/ístər/	[ístər]
attack〈공격하다〉	/ətǽk/	[ətǽk]

adobe〈(햇볕에 말려 만든)벽돌〉 /ədóubi/ [ədóubi]

이 자료에 의하면, /t/과 /d/가 어떤 환경에서 [ɾ]가 되는가를 알 수 있다. 그러므로 우리의 첫 과제는 /t/와 /d/가 [ɾ]가 되는 조건을 결정하는 것이다. 그런데 위의 자료를 잘 조사해 보면 /t/와 /d/가 단어의 어두와 어말에서는 [ɾ]가 되지 않고 단어의 가운데서만 [ɾ]로 나타나는 것을 알 수 있다. 그러므로 위의 예 중에서 /t/와 /d/가 어중에 있는 *rider, writer, lender, Easter, attack, adobe* 로 조사 대상이 좁혀진다. 그런데 이들 단어 중에서 *rider* 와 *writer* 에서만 [ɾ]가 나타난다. 따라서 *rider* 와 *writer* 에서 /t/와 /d/가 어떤 환경에 있는가를 조사해 보아야 한다. 첫째 주목되는 것은 [ɾ]가 모음 사이에서 나타나는 것이다. 다음에 주목되는 것은 앞에 강세모음이 있고 뒤에는 비강세모음이 있는 점이다. 그리하여 우리는 다음과 같은 규칙을 세우게 된다. 즉 /t/와 /d/가 두 모음 사이에 있으며 앞의 모음이 강세모음이고 뒤의 모음이 비강세모음이면 [ɾ]가 된다. 이 규칙은 위의 자료에 있는 모든 [ɾ]를 정확하게 설명하고 있다. 또한 이 규칙에 의해서 /t/와 /d/가 [ɾ]가 되는 것을 예측할 수 있다. 따라서 탄설음화 flapping 규칙을 다음과 같이 형식화할 수 있다.

$$\begin{bmatrix} +\text{stop} \\ +\text{alveolar} \end{bmatrix} \longrightarrow [\,\mathfrak{r}\,]/\underset{[+\text{stress}]}{V} \underline{\quad} \underset{[-\text{stress}]}{V}$$

이 규칙은 다음과 같이 표시되어도 무방하다(V는 비강세, V̂ 는 강세를 표시한다).

$$\begin{matrix} /\text{t}/ \\ /\text{d}/ \end{matrix} \longrightarrow [\,\mathfrak{r}\,]/\hat{V}\underline{\quad}V$$

4.6 비음 삭제

다음 영어 단어의 음운표시와 음성표시를 잘 관찰해 보자.

can⟨~할 수 있다⟩	/kæn/	[kæ̃n]
cad⟨악당⟩	/kæd/	[kæd]
canned⟨통조림한⟩	/kænnd/	[kæ̃nd]
cat⟨고양이⟩	/kæt/	[kæt]
can't⟨= *cannot*⟩	/kænt/	[kæ̃t]

이 자료에 두 음운 규칙이 적용된다. 첫째는 *can*[kæ̃n], *canned* [kæ̃nd], *can't*[kæ̃t]에서 모음 비음화 규칙이 적용되고 두번째는 비음을 삭제하는 규칙이 적용되어서 *can't*/kænt/가 [kæ̃t]가 되었다. 비음삭제 nasal deletion 규칙이란 [kænt]에서 /n/가 떨어져서 [kæ̃t]가 되는 것을 말한다. 그러면 여기서 우리가 결정해야 할 것은, (1) 비음삭제 규칙이 어떤 조건 아래에서 일어나며, (2) 모음 비음화 규칙과 비음 삭제 규칙이 어떤 순서로 적용되어야 하는가 하는 문제이다.

먼저 비음 삭제 규칙을 보자. *can't*의 /n/는 삭제되지만 *can*과 *canned*에서는 삭제되지 않는다. 그렇다면 *can't*의 /n/와 *can, canned*의 /n/를 어떻게 구별할 수 있는가? 한 차이는 *can't*의 /n/는 그 뒤에 /t/가 있는데 *can*과 *canned* 뒤에는 /t/가 없는 점이다. 그리하여 다음과 같은 규칙을 세울 수 있다. 즉 /n/가 /t/ 앞에 있으면 삭제된다. 이것을 다음과 같이 형식화할 수 있다. (∅는 ⟨영⟩을 표시한다.)

$$/n/ \longrightarrow \emptyset / \underline{\quad} /t/$$

이 규칙은 ⟨/n/가 /t/ 앞에서는 삭제된다⟩고 읽는다. /n/가 ∅(= 0)

이 된다는 것은 삭제되어서 없어진다는 것을 말한다. 그런데 이와 같은 현상은 모든 비음(/m n ŋ/)이 모든 무성 정지음(/p t k/) 앞에서도 일어난다. 따라서 다음과 같은 비음 삭제 규칙을 세울 수 있다.

$$\begin{bmatrix} C \\ +nasal \end{bmatrix} \longrightarrow \phi / \underline{\quad} \begin{bmatrix} +stop \\ -voice \end{bmatrix}$$

다음 문제는 *can't*/kænt/와 같은 음운형을 음성형 [kæ̃t]로 전환하기 위해 비음 삭제 규칙과 모음 비음화 규칙 중 어느 규칙을 먼저 적용해야 하는가 하는 문제이다. 그러기 위해서는 먼저 두 순서로 적용시켜 보아야 한다. 그렇게 해서 음운표시를 음성표시로 정확하게 전환할 수 있는 순서를 결정하게 된다. 비음 삭제 규칙을 먼저 적용시켜 보고 다음에 모음 비음화 규칙을 적용시켜 본다. 그 결과는 다음과 같다.

음운형	/kænt/
비음 삭제	kæt
모음 비음화	적용되지 않음
음성형	[kæt]

이 순서의 결과는 분명히 옳지 않다. 그것은 음성형으로 [kæ̃t]가 아닌 [kæt]가 나타나기 때문이다. [kæt]는 *can't*가 아닌 *cat*의 음성 표시가 된다. 문제는 모음 비음화 규칙이 적용될 때 /n/가 있어야 하는데 그것이 없다는 데 있다. (앞 단계의 비음 삭제 규칙에 의해서 이미 /n/가 삭제되었기 때문이다.) 따라서 모음 비음화 규칙이 적용될 수 없다. 그리하여 다음에는 모음 비음화 규칙을 먼저 적용시키고 다음에 비음 삭제 규칙을 적용시켜 본다. 그 결과는 다음과 같다.

음운형	/kænt/
모음 비음화	kæ̃nt
비음 삭제	kæ̃t
음성형	[kæ̃t]

이 적용 순서가 옳음을 알 수 있는 것은, 그 순서대로의 적용 결과 *can't*의 음성표시인 [kæ̃t]가 정확하게 나타나기 때문이다. 즉 모음 비음화 규칙을 적용한 결과 kæ̃nt가 되고 여기에 다시 비음 삭제 규칙이 적용되어서 [n]가 삭제된 음성형 [kæ̃t]가 나타난다. 이렇게 해서 두 규칙의 적용 순서가 결정된다.

우리는 위에서 음운표시 층위를 음성표시 층위로 해석하는 데 있어서 음운규칙이 필요함을 보았다. 그리고 하나 이상의 규칙이 필요할 때는 일정한 적용 순서가 있다는 것도 보았다. 우리는 다음 음운표시와 음성표시 두 층위의 관계를 설명하기 위해서 모음 비음화와, 비음 삭제라는 두 규칙이 필요했던 것이다.

음운표시	/kænt/
음성표시	[kæ̃t]

여기서 다음과 같은 문제가 제기될 수 있는 것이다. *can't*[kænt]의 비음 /n/가 음성적으로 삭제되었다고 가정하는 데는 어떤 증거가 있는가? 삭제되었다고 본다면, [kæ̃t]에는 음성적 비음 분절음이 없다. 이 문제에 대한 해결 방법의 하나로 언어학자가 물리적, 생리적 어음 그 자체는 고려하지 않는 것이다. 물리적으로 고려한다면 *can't*를 발음한 것을 녹음하고 그것을 음향 분석장치인 스펙트로그라프 spectrograph를 통해서 조사할 수 있을 것이다. 스펙트로그라프는 본질적으로 음향학적 특징을 보여주는 것이다. 그리하여 비음은 전형적

인 어떤 음향적 특징이 있기 때문에 스펙트로그라프의 조사 결과를 보고 그러한 음향학적 특징이 있는지를 결정하려고 할 것이다. 만일 그러한 특징이 있다면, 비음 분절음이 삭제되지 않았다고 결론지우게 될 것이다. 반대로 그러한 특징이 없다면, 비음 분절음이 삭제되었다고 결론지우게 될 것이다. 그러나 여러 학자들이 이러한 방법을 시도했지만 일치된 결론에 도달하지 못했다. 어느 경우에는 비음 분절음의 물리적 특징이 발견되기도 하고 또 어느 때는 전혀 발견되지 않았기 때문이다. 그러나 이러한 결과는 그다지 놀랄 만한 것이 못된다. 이미 위에서 지적한 바와 같이 분절음이라는 것은 화자가 언어기호에 부과한 심리적 단위인 것이다. 물리적 언어기호 그 자체가 아니다.

한편 언어학자는 전혀 다른 각도에서 이 문제에 접근한다. 다음 영어 단어를 보자.

caddy〈캐디〉	/kǽdi/	[kǽɾi]
catty〈심술궂은〉	/kǽti/	[kǽɾi]
candy〈사탕〉	/kǽndi/	[kǽndi]
canty〈쾌활한〉	/kǽnti/	[kǽɾi]

여기서 먼저 주목되는 것은 *caddy* 와 *catty* 의 /d/와 /t/가 각각 [ɾ]로 되는 점이다. 이것은 물론 위에서 설명한 탄설음화 규칙에 의해서 예측되는 것이다. 다음에 주목되는 것은 *candy* 의 /d/는 [ɾ]가 되지 않는다. 이것은 물론 탄설음화 규칙에 의해서 예측된다. 여기까지는 아무런 문제가 없다.

그러나 canty 의 /t/가 [ɾ]가 되는 경우가 있어서 주목된다. 이것은 canty 의 /t/가 탄설음으로 발음되어야 함을 의미하는 것이 아니라, 탄설음으로도 발음될 수 있음을 말하는 것이다. 이러한 사실은 위에서 설정한 탄설음화 규칙에 의해서는 분명하게 설명되지 않는다. 즉 canty 의 /t/가 음운표시 층위에서는 비음 /n/와 모음 /i/ 사이에서 나타난다. 그리하여 탄설음화 규칙이 /kǽnti/에 적용될 수 없다. *candy* 의 /d/는 [ɾ]가 되지 않는데 *canty* 의 /t/는 [ɾ]가 되는 예외를 어떻게 설명해야 하는가?

이 모순을 해결하는 한 방법은 다음과 같이 가정하는 것이다. 즉 영어 음운론에는 무성 정지음 앞에서 비음을 삭제하는 비음 삭제 규칙이 있다고 가정하는 것이다. 이렇게 가정한다면, *canty* 에서는 [ɾ]가 나타나고 *candy* 에서는 [ɾ]가 나타나지 않는 것을 쉽게 설명할 수 있게 된다. 이 두 단어의 음운표시와 음성표시는 다음과 같다.

	canty	candy
음운형	/kǽnti/	/kǽndi/
모음 비음화	kǽnti	kǽndi
비음 삭제	kǽti	적용되지 않음
탄설음화	kǽɾi	적용되지 않음
음성형	[kǽɾi]	[kǽndi]

candy 에는 비음 삭제 규칙이 적용되지 않기 때문에 탄설음화 규칙도 적용될 수 없다. *candy* 와 *canty* 의 이러한 차이는 다른 여러 단어에서도 나타난다.

candor [kǽndər] 〈공정 公正〉   *canter* [kǽɾər] 〈느린 구보〉
plunder [plʌ́ndər] 〈약탈〉   *punter* [pʌ́ɾər] 〈삿대로 젓는 사람〉
bandy [bǽndi] 〈서로치다〉   *panty* [pǽɾi] 〈팬티〉

참고문헌

Chomsky, N., and Halle, M., *The sound pattern of English*, New York : Harper and Row, 1968.

Jakobson, R., Fant, G., and Halle, M., *Preliminaries to speech analysis,* Cambridge, MA : MIT Press, 1963.

Hyman, L., *Phonology : Theory and analysis,* New York : Holt, Rinehart and Wiston, 1975.

Schane, S., *Generative phonology,* Englewood Cliffs, NJ : Prentice-Hall, 1973.

Schane, S., and Bendixen, B., *Workbook in generative phonology,* Englewood, NJ : Prentice-Hall, 1978.

Sommerstein, A., *Modern phonology,* London : Edward Arnold, 1977.

Wolfram, W., and Johnson, R., *Phonological analysis : Focus on American English,* Washington, D. C : Center for Applied Linguistics, 1982.

Fischer-Jorgensen, E., *Trends in phonological theory,* Copenhagen : Akademick Forlag, 1975.

제 4 장 형태론

1 형태론과 형태소

1.1 형태론적 현상

형태론 morphology 은 단어의 형성에 관한 연구분야이다(morpholo-
gy 라는 용어는 그리스어의 〈형태〉를 의미하는 단어 morphē 를 따서 조어
한 것이다). 형태론과 단어의 관계는 통사론과 문장의 관계와 같다.
현대 언어학에서 형태론에 관한 연구는 음운론과 통사론의 활발한 연
구에 밀려서 다소 활기를 잃게 된 경향이 있으나, 단어의 내적 구조
에 관해서 우리는 흥미있는 여러 가지 사실을 관찰할 수 있다. 다음
몇몇 영어 단어의 구조에 관해서 보기로 하자.

(1) *boldest*〈가장 대담한〉. 이 단어는 *bold*〈대담한〉와 *est*(최상급 어
미)로 구분할 수 있으며 양자는 각자 의미를 가지고 있다. 그러나
bold 는 그 이상 분석되지 않는다. 그 이상 더 분해한다면, 독립된
한 단어로서의 자격을 잃게 되기 때문이다.

(2) 단어 *boy*〈소년〉에는 그 자체의 고유한 의미가 있다. 그러나 전

치사 *at*에는 그러한 뜻이 없고 다만 두 형태소 morpheme 의 관계를 표시할 따름이다. 가령 *the man at the door*⟨문에 있는 사람⟩에서 *at* 는 두 구성 *the man*과 *the door*의 관계를 표시할 따름이다. 이때 주 의할 것은, *at*에는 ⟨의미가 없다⟩는 것을 말하는 것이 아니라 *boy*와 같은 성격의 의미가 없다는 뜻이다. 말하자면, *at*에도 두 구성 사이 의 관계를 표시하는 문법적 의미가 있다고 보아야 한다.

(3) 영어 단어 *serve*⟨봉사하다⟩는 한 단어로서 독립해서 나타날 수 있다. 그러나 *preserve*⟨보전하다⟩의 *pre*는 다른 형태소, 여기서는 *serve*에 붙어서만 나타날 뿐, 홀로 독립해서는 나타나지 않는다.

(4) 영어 *friendliest*(←*friend*+*li*-*est*)⟨가장 친한⟩은 한 단어이지만 *friendestly*(←*friend*+*est*+*ly*)는 영어에서 단어가 아니다.

(1)은 단어가 유의적 有意的 단위, 즉 형태소로 이루어지는 것을 말 해 주고 있다. (2)는 어떤 형태소에는 그 자체의 의미가 있으나 또 어떤 형태소는 두 형태소의 문법적 관계만을 한정하는 것을 보여주고 있다. 전자를 어휘형태소 lexical morpheme 라고 하고 후자를 문법형 태소 grammatical morpheme 라고 한다. (3)은 어떤 단어는 한 단위로 서 자립할 수 있으나 또 어떤 형태소는 그렇지 못하고 다른 형태소에 붙어서만 나타나는 것을 보여주고 있다. 전자를 자립형태소 free morpheme 라고 하며 후자를 의존형태소 bound morpheme 라고 한다. (4)에서 보면, *friendliest*에서 -*li*-(<-*ly*)는 명사에서 형용사를 파생 시키는 파생형태소 derivational morpheme 이고 -*est*는 형용사의 최상 급형을 형성하는 굴절형태소 inflectional morpheme 이다. 굴절(屈折 : inflection)이라고 함은 명사변화, 동사변화와 같이 문법기능을 수행하 기 위해서 어형이 변화하는 것을 말한다. 가령 현재형 *walk*⟨걷다⟩는 과거형 *walked*로 어형이 변화하고 단수형 *boy*는 복수형 *boys*로 어형 이 변화한다.

위의 모든 현상은 본질적으로 형태론적 현상이다. 즉 단어의 내적 구성과 관계가 있다. 그리고 *friendestly* 를 보면 형용사가 아닌 명사에 최상급을 형성하는 형태소 *-est* 가 붙어 있고 여기에 다시 부사를 형성하는 -ly 가 첨가되어 있다. 그런데 *friendestly* 라는 단어는 영어에 있을 수 없다. 이것을 보면, 단어의 형성에는 어떤 규칙, 즉 조어(造語 : word formation)에 관한 규칙이 있다는 것을 알 수 있다. 그리하여 형태론적 현상들은 규칙체계에 의해서 지배된다고 가정하게 된다. 따라서 언어학자의 과제는 위와 같은 현상을 설명하는 데 필요한 기본 개념과 원리를 수립하는 데 있다고 하겠다. 즉 조어법에 관한 이론을 수립하는 일이다.

1.2 형태소

우리는 위의 4 장 1.1 의 (1)에서 단어는 〈유의적 단위인 형태소〉로 이루어진다고 하여 형태소를 유의적 단위로 보았다. 그러나 이것은 극히 불완전한 형태소 개념이다. 그리하여 우리는 뒤에 더 확실해지겠지만, 형태소를 일단 다음과 같이 정의하고 설명해 나가기로 한다. 형태소는 〈다소〉 일정한 의미와 〈다소〉 일정한 형태를 가진 최소 단위이다(이 정의에서 〈다소〉라는 표현에 주의할 필요가 있다. 여기에 관해서는 뒤에 그 뜻이 확실해질 것이다). 다음의 간단한 예를 보기로 하자. 단어 *buyers*〈사는 사람들(구매인들)〉는 세 형태소, {buy}+{er}+{s}로 이루어지고 있다(괄호 { }는 형태소 표시). 그런데 이 세 형태소에는 각기 의미가 있다. 즉 *buy* 는 〈사다〉를 의미하는 형태소이고 {er}는 〈어떤 행동을 하는 사람〉을 의미하며 {s}는 〈하나보다 많음〉을 의미한다. 이렇게 세 형태소가 합해서 〈물건을 사는 한 사람 이상〉 즉 〈구매인들〉을 의미한다. 이들 세 부분이 각기 형태소인 증거는 다음과 같다. 즉 이들 부분은 각기 그 의미가 변하지 않고 다른 형태소와 더불어서 나타날 수 있기 때문이다. 예를 들면, {buy}는 *buying*〈사는 것〉, *buys*〈(동사 *buy* 의 3 인칭 단수 현재형)〉 등에서, {er}

는 *farmer*〈농부〉(←*farm*〈경작하다〉+*er*), *driver*〈운전사〉(←*drive*〈운전하다〉+*er*), *mover*〈움직이는 사람〉(←*move*〈움직이다〉+*er*) 등에서, {s}는 *boys, girls, dogs* 등에서도 나타난다. 따라서 이들 세 부분은 각기 독립된 형태소이다.

형태소에 관해서 몇 가지 주의할 점이 있다. 첫째, 형태소는 일정한 형태와 의미를 가지고 있다는 점에서 단순한 의미 성분인 의미자질과 다르다(의미자질이란 어떤 의미를 이루는 성분이다. 예를 들면, {소녀}라는 형태소의 의미를 이루는 의미 성분은, 〈인간〉, 〈여성〉, 〈성인이 아님〉 등이다. 이러한 의미 성분을 의미자질이라고 한다). 예를 들면, *man*〈남자〉, *boy*〈소년〉, *stallion*〈종마種馬〉, *colt*〈망아지〉에는 모두 의미자질의 하나인 〈남성〉이 포함되어 있다. 그러나 이들 네 단어는 각기 다른 형태소이다. 그것은 각기 다른 형태를 가지고 있기 때문이다. 또 다른 예를 들면, *conceal*〈숨기다〉와 *hide*〈숨기다〉는 동일한 의미자질을 가지고 있지만, 서로 형태가 다르므로 각기 다른 형태소이다.

둘째, 앞에서 형태소는 〈다소〉 일정한 형태와 의미를 가진 최소 단위라고 정의한 바 있다. 그러나 이 정의는 엄격한 기준이라기보다는 대체적인 일반 기준으로 생각해야 한다. 예를 들면, *boys*는 {boy}와 {s}로 또 *girls*는 {girl}과 {s}로 분석되며 {s}는 동일한 복수 형태소이다. 그러나 단어 *men*〈*man*의 복수〉은 이 이상 더 작은 형태소로 분석되지 않는다. 그리고 여기서는 -*s*를 첨가해서 복수형을 형성하는 것이 아니라, 모음이 바뀐 것이다(*a* → *e*). 이러한 경우에는 어떻게 해야 하는가? *men*은 *boys* 및 *girls*와 형태상 일관성이 없기 때문에, 즉 men은 복수형 형성에 있어서 -s가 첨가되어 있지 않기 때문에, men은 boy 및 girl과 공통성이 없다고 보아야 하는가? 이렇게 본다면, 그것은 man과 men의 의미 관계가 boy와 boys, girl과 girls의 의미 관계와 동일하다는 분명한 사실을 간과한 것이 된다. 그러한 분명한 의미 관계를 포착하기 위해서 어떤 언어학자는 men을 {man}+

{pl}와 같은 형태 구조로 표시하기도 한다(여기서 복수 형태소를 {s}가 아니라 {pl}(←plural〈복수〉)로 기호화한 것은, *boy's* 와 같은 소유 형태소 *s* 와 구별하기 위해서이다. 앞으로 이러한 기호화가 자주 사용될 것이다). 다른 예를 들면, *went* 의 *go* 에 대한 관계는 *walked* 의 *walk* 에 대한 관계와 같다. 그리하여 *went* 를 형태론적으로 {go}+{past}로 표시하게 된다. 이 표시는 *walked* 를 {walk}+{past}로 표시하는 것과 같다 ({past}는 〈과거〉를 표시). 요는 과거형이나 복수형에 있어서 규칙적인 것(*boys* 및 *walked*)과 불규칙적인 것(*men* 및 *went*)을 모두 동일하게 다룰 수 있다는 점이다.

셋째, 형태가 같다고 해서 반드시 동일한 형태소라고 할 수 없다. *buyer* 와 *shorter* 에는 모두 -*er* 가 있다. 그러나 *buyer* 의 -*er* 는 〈~을 하는 사람〉과 같은 것을 의미하며 *shorter* 는 〈더 짧은 (비교급)〉을 의미한다. 또 유의할 것은 〈~을 하는 사람〉을 의미하는 -*er* 는 항상 동사에만 붙고(여기서는 buy) 또 〈(비교급)〉의 -*er* 는 항상 형용사에만 붙을 수 있다는 점이다. 이와 같이 형태는 같으나 의미가 다른 두 형태소는 각각 다른 형태소로 보아야 한다.

2 형태소의 종류

2.1 어휘형태소와 문법형태소

형태소는 그 기능과 형태에 따라서 몇 가지 종류로 분류된다. 먼저 어휘형태소와 문법형태소로 구별된다. 이 구별은 편리한 것으로 생각되고 있지만 그다지 잘 정의되어 있지 않다. 어휘형태소는 그 자체의 의미를 가지고 있다고 보는 것이다. 여기서 의미라고 한 것은 이른바 사전적 의미이다. 명사, 동사, 형용사 등이 대표적인 어휘형태소이다. 예를 들면, 〈그 소년은 그 소녀를 사랑한다〉와 〈그 소녀는 그 소년을 사랑한다〉에서 〈소년〉이 전자에서는 주어이고 후자에서는 목적어라는 점에서 문법적 의미는 다르지만 어휘적 의미는 같다.

한편 문법형태소는 그 자체의 의미는 가지고 있지 않으나 다만 어휘형태소 사이의 어떤 문법적 관계를 표시한다. 전치사, 후치사, 관사, 접속사 등이 대표적인 문법형태소이다.

2.2 자립형태소와 의존형태소

어휘형태소와 문법형태소의 구별과는 달리 더 분명한 것은 자립형태소와 의존형태소의 구별이다. 자립형태소는 한 단어로서 단독으로 나타날 수 있는 형태소이다. 자립형태소는 어휘적인 것({go}, {man})일 수도 있고 문법적인 것({at}, {and})일 수도 있다. 여기 대해서 의존형태소는 단독으로는 나타날 수 없고 다만 다른 형태소와 더불어 나타날 수 있는 형태소이다. 의존형태소도 어휘적인 것 (*exclude*〈제외하다〉, *include*〈포함하다〉, *preclude*〈제외하다〉의 {clude})일 수도 있고 문법적인 것(*boys, girls* 와 같은 복수{pl})일 수도 있다. 〈모든 길은 로마로 통한다〉에서 {모든}, {길}, {로마}는 자립형태소이고 {은}, {로}, {통하-}, {-ㄴ다}는 의존형태소이다. 같은 의미의 영어 문장 *All roads lead to Rome* 에서 {all}, {road}, {lead}, {Rome}은 자립형태소이고 {-s}(복수형), {ϕ}(*lead* 의 현재형태소, 즉 영), {to} 등은 의존형태소이다.

2.3 굴절형태소와 파생형태소

굴절형태소와 파생형태소는 모두 접사 affix 이다. 그러나 굴절형태소는 의존-문법형태소에 속하고 파생형태소는 의존-어휘형태소에 속한다. 접사는 그것이 어휘형태소의 앞에 부가되는가 뒤에 부가되는가에 따라서 접두사 prefix 와 접미사 suffix 로 나누어진다. 지금까지의 분류를 모두 종합하면 형태소의 종류는 다음과 같다.

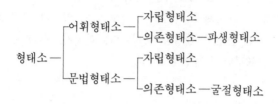

2.4 굴절접사

굴절접사 inflectional affix 는 이른바 굴절어(9장 2.2 참조)에서 볼 수 있다. 그러므로 굴절어에 속하는 영어에서 예를 보기로 한다. 영어에는 여덟의 굴절접사가 있으며 다른 접사는 모두 파생접사이다.

1) 복수접사

복수접사는 {pl}로 표기된다. 영어의 모든 복수명사는, 그 복수형태소가 어떻게 철자되고 발음되는가에 관계없이 형태론적으로 어근＋{pl}로 이루어진 것으로 표시할 수 있다. 예를 들면, *boys* 는 {boy}＋{pl}로 표시하는 것과 같다. 또 단수 *man* 의 복수 *men* 은 다음과 같이 표시된다 : (*men* ＝) {man}＋{pl}, {*man*}＋{pl}는 자동적으로 *men* 이 되기 때문이다. 단수와 복수형이 같은 *sheep*〈양〉도 이런 식으로 표시된다 : (*sheep*(복수) ＝) {sheep}＋{pl}

이러한 형태론적 표시는 처음에는 좀 이상하게 여겨질 것이다. 그러나 복수접사나 다음에 설명하는 모든 굴절접사를 형태론적으로 이렇게 표시하는 것에 관해서는 제5장 통사론에서 그 이유가 스스로 밝혀질 것이다.

2) 소유접사

소유접사는 {poss}(= possessive)로 표기된다. 영어의 모든 소유명사는 형태론적으로 어근+{poss}로 이루어진 것으로 표시한다. 예를 들면, *boy's* 는 {boy}+{poss}로, *man's* 는 {man}+{poss}로 표시한다. {pl}와 {poss} 양자가 현대 영어에서 일반적으로 -s 로 철자되는 것은 역사적 변화의 우연한 결과이다. 복수의 -s 는 고대 영어의 남성 주격-목적격 복수접미사 -as 에서 변화한 것이고 소유격 접사 -s 는 고대 영어의 남성 소유격 단수 접미사 -es 에서 변화한 것이다.

3) 비교급과 최상급접사

비교급접사는 {comp}(= comparative)로, 최상급접사는 {sup}(= superlative)로 표기한다. 영어의 모든 비교급과 최상급 형용사는 형태론적으로 어근+{comp} 혹은 {sup}로 이루어진 것으로 표시한다. 예를 들면, *happy*⟨행복한⟩의 비교급 *happier* 는 {happy}+{comp}로 또 최상급 *happiest* 는 {happy}+{sup}로 표시된다. *good — better — best* 조차도 같은 방식으로 표시된다. *better* 는 {good}+{comp}로, *best* 는 {good}+{sup}로 표시한다. 그러나 *more* 혹은 *most beautiful* 과 같이 부사에 의한 비교급과 최상급 표현은 어떻게 다루는 것이 가장 좋은지 분명하지 않다. 어떤 경우에는 이것 역시 어근+접사와 같이 다루기도 한다. *most beautiful* 은 {beautiful}+{sup}와 같다. 그러나 *most* 는 -est 와 같은 접사처럼 분명하지가 않다. 그것은 오히려 자립문법 형태소일 수도 있다. 이러한 문제들은 앞으로 더 연구되어야 할 것이다.

4) 현재접사

현재접사는 {pres}(=present)로 표기된다. 영어의 모든 현재형 동사는 형태론적으로 어근+{pres}로 표시된다. 주어가 삼인칭 단수일 경우 그 술어동사, 가령 *loves* 는 {love}+{pres}로 표시한다. 그러나 그것은 주어가 삼인칭 단수일 경우에만 한정되는 것은 물론이다. 주어가 삼인칭 단수 이외의 경우에도 이러한 방식으로 표시되는 것은 물론이다. 가령 *John and Mary love each other*〈존과 메리는 서로 사랑한다〉의 *love* 도 {love}+{pres}로 표시한다.

5) 과거접사

과거접사는 {past}로 표기되며 영어의 모든 과거형 동사는 형태론적으로 어근+{past}로 이루어진 것으로 표시한다. 예를 들면, *walked* 는 {walk}+{past}로 표시한다. *drive*〈운전하다〉의 과거형 drove 도 {drive}+{past}로 표시하는데 {drive}+{past}는 자동적으로 *drove* 가 되기 때문이다. 그런데 I have thought 와 같은 완료형을 형성할 때는 *have* 가 {have}+{pres}와 같이 굴절한다. 또 *I am looking*에서는 *am*이 {be}+{pres}와 같이 굴절한다.

6) 과거분사접사

과거분사접사는 {past part}(= past participle)로 표기되며 영어의 모든 과거분사는 형태론적으로 어근+{past part}로 이루어진 것으로 표시한다. 예를 들면, *drive*의 과거분사 *driven*은 {drive}+{past part}로 표시한다. 영어의 과거분사에는 몇몇 다른 형태가 있다. 가령 *walk*의 과거분사형은 *walked*인데 비해서 *go*의 과거분사는 *gone*이고 *come*의 과거분사는 동일한 *come*이다. 그러나 이들은 모두 어근+{past part}로 표시된다. *gone*은 {go}+{past part}로, *come*(과거분사)은 {come}+{past part}로 표시된다. 이러한 불규칙적 형태가 있으나 능동 단문에서는 그 식별이 어렵지 않다. 즉 조동사 *have* 뒤에 있으면 과거분사이고 그 앞에 조동사가 없으면 과거분사가 아님을 우리는 이미 잘 알고 있다.

7) 현재분사접사

현재분사접사는 {pres part}(= present participle)로 표기되며 영어의

모든 현재분사는 형태론적으로 어근+{pres part}로 이루어진 것으로 표시한다. 예를 들면, *drinking* 은 {drink}+{pres part}로 표시된다.

2.5 파생접사

위에서 본 바와 같이 영어에서 굴절접사는 그 수가 8개에 지나지 않는다. 그러나 파생접사는 그 수가 대단히 많다. 그 수는 잠재적으로 거의 무한에 가깝다. 여기서 영어의 파생접사를 빠짐없이 모두 열거한다는 것은 불가능하기 때문에 몇 가지 대표적인 예를 보기로 한다. 접미사 {ize}는 명사에 부가되어 동사를 형성한다 : *criticize*⟨비평하다⟩, *simonize*⟨자동차를 왁스로 닦다⟩, *rubberize*⟨고무로 처리하다⟩, *vulcanize*⟨유화硫化하다⟩. 이 예들에서 *criticize*를 제외하고는 비교적 새로이 나타난 단어들이다. 이와 같이 {ize}는 생산적으로 새로운 동사를 탄생시킨다. 이 접미사는 형용사에도 부가될 수 있다 : *normalize*⟨정상화하다⟩, *finalize*⟨끝손질하다⟩, *equalize*⟨평등하게 하다⟩. 또 접사{ful}은 명사에 부가되어 형용사로 변환시킨다 : *helpful*⟨도움이 되는⟩, *thoughtful*⟨생각이 깊은⟩, *careful*⟨주의 깊은⟩. 또 하나의 예를 보면, 접사 {ly}를 형용사에 부가하여 부사를 형성한다 : *quickly*⟨빠르게⟩, *mightily*⟨힘차게⟩, 같은 파생접사 {ly}이지만 명사에 부가되어 형용사를 형성하는 것도 있다 : *friendly*⟨친한⟩, *manly*⟨남자다운⟩.

위와 같은 파생접미사 이외에 영어에는 파생접두사가 있다. 다음에 드는 예는 모두 부정의 뜻을 표현한다. 먼저 {un}의 예는 *unwary*⟨조심없는⟩, *unhappy*⟨불행한⟩와 같다. 또 {dis}도 *displeasure*⟨불쾌⟩, *dislike*⟨싫어하다⟩에서와 같다. 접두사 {a}도 같다 : *asymmetrical*⟨불균형의⟩, *asexual*⟨무성無性의⟩.

2.6 접사의 역사적 배경

우리는 접사의 분포에 관한 문제를 고찰하기에 앞서 접사의 역사적 배경에 관해서 간단히 살펴볼 필요가 있다. 모든 굴절접사는 고대 영어부터 사용되어 온 영어의 고유한 언어요소이다. 그러나 파생접사는 전부는 아니라도 많은 수가 다른 언어, 특히 라틴어와 그리스어에서 차용된 것이다. 예를 들면, {ize}는 그리스어에서 또 {dis}, {de}, {re} 등은 라틴어에서 차용된 파생접사이다. 또 {a}는 그리스어에서 라틴어를 거쳐서 영어에 차용되었다. 한편 파생접사 중에는 차용된 것이 많으나 영어에 고유한 것도 상당히 있다. 예를 들면, {ful}과 {ly}는 모두 고대 영어로부터 유래한 것이다. 그리하여 일반적으로 접사가 차용되었다면 그것은 파생접사라고 생각하면 된다. 다시 말하면, 차용된 모든 접사는 파생접사이다.

2.7 접사의 분포

모든 굴절접사는 접미사이고 파생접사는 접두사이거나 접미사이다. 즉 {pl}, {poss}, {comp}, {sup}와 동사의 굴절접사는 보통의 경우 모두 접미사로 나타난다. 이때 예외적인 경우에도 규칙적인 경우와 같이 분석되는 점에 다시 한번 유의해야 한다(예 : *sang* = {sing}+{past}). 한편 파생접사는 접두사이거나 접미사인데 예를 들면, *unfriendly*〈불친절한〉은 자립-어휘형태소 {friend}와 파생접두사 {un} 그리고 파생접미사 {ly}로 이루어지고 있다. 요컨대 접사가 접두사이면 그것은 파생접사이다.
다음에는 접사의 적용범위에 관해서 보기로 하자. 굴절접사는 그 적용범위가 비교적 광범위하다. 그러나 파생접사는 그 적용범위가 좁다. 적용범위가 넓다는 것은, 접사가 어느 특정 형태소 범주(즉 품사)와 결합할 수 있다면, 그것은 그 범주에 속하는 거의 모든 형태소에도 결합될 수 있음을 의미한다. 굴절접사는 이러한 특징을 가지고 있다. 예컨대, 굴절접사 {pl}는 거의 모든 명사에 결합될 수 있다. 영어에서는 복수를 형성할 수 없는 명사는 대단히 드물다는 점에 유의해야 한다. 고유명사조차도 복수가 될 수 있다(예 : *There are two Kims in my office*〈내 사무실에는 두 사람의 김씨가 있다〉). 한편 파생접사는 적용범위가 다양하다. 많은 파생접사, 특히 접두사는 그 적용범위가 상당히 좁다. 예를 들면, 파생접두사 {a}는 한정된 수의 어휘형태소에만 결합된다(예 : *asexual*〈무성의〉, *asymmetrical*〈불균형의〉, *amoral*〈도덕과는 관계가 없는〉, *apolitical*〈정치에 관심이 없는〉 등). 그러나 같은 파생접두사일지라도 {un}은 그 적용범위가 어느 정도 넓다. 이 접두사는 위에서 본 바와 같이 형용사에 부가되어 부정의 뜻을 표현한다(*unhappy*). 그러나 모든 형용사에 이 접두사가 부가되지는 않는다. 다른 파생접사, 특히 파생접미사는 그 적용범위가 넓다. 예를 들면, 접사{er}(= agent 동작주를 나타내는 접미사 : *builder*〈건축자〉, thinker〈사상가〉)는 상당히 많은 동사에 결합될 수 있다. 한편 어떤 파생접미사는 그 적용범위가 대단히 한정되어 있다. 예를 들면, *motherhood*〈(집단적) 어머니〉, *fatherhood*〈(집단적) 아버지〉와 같은 친족명칭에 나타나는 {hood}와 같은 것이다. 요약해서 말하면, 접사가 그 적용범위가 좁으면 그것은 파생접사이다. 다음에는 접사의 결합 순서에 관해서 알아 보기로 한다. 한 단어에 파생접미사와 굴절접미사 양자가 있으면 굴절접미사는 파생접미사 뒤에 온다. 가령 단어 *friendliest*와 *lovers*는 다음과 같이 분석된다(R(= root)어근. D(= derivational)파생접사, I(= inflectional)굴절접사).

{friend} + {ly} + {sup}
  R   D   I

{Love} + {er} + {pl}
  R   D   I

위의 연결 순서 원리에는 약간의 문제가 있다. *spoonful*〈한 숟갈 가득〉의 복수형은 *spoonsful* 인가 *spoonfuls* 인가? 학교문법에서는 *spoonsful* 이 옳고 *spoonfuls* 는 틀린다고 할 것이다. 그러나 영어를 모국어로 사용하는 사람은 그 대부분이 무의식적으로 *spoonfuls* 라고 한다. 이러한 현상을 어떻게 설명해야 하는가? 역사적으로 *spoon* 과 *ful* (< *full*)〈가득찬〉은 원래 두 개의 어휘형태소였다. 그리하여 *spoon* 이 명사이고 명사는 복수접사를 취할 수 있기 때문에 *spoon* 에 -s 가 부가되었던 것이다. 그러나 두 어휘형태소 *spoon* 과 *full* 이 *spoonful* 이 되면서 어휘형태소(*spoon*)+파생접미사(*ful*)로 생각되기에 이른다. 이와 같이 *ful* 이 명사 *spoon* 에 부가된 파생접미사로 생각되기에 이르자 파생접사 *ful* 뒤에 복수형태소를 부가하여 *spoonfuls* 가 탄생하게 되었다.

$$\{spoon\} + \{ful\} + \{pl\}$$
$$R \qquad D \qquad I$$

이렇게 해서 영어의 일반적 원리에 맞는 *spoonfuls* 가 *spoonsful* 을 밀어내고 일반화하기에 이른다. 또 하나의 예를 보기로 하자.

〈법무장관〉을 의미하는 *attorney general* 의 복수형은 *attorneys general* 인가 *attorney generals* 인가? 학교문법에서는 attorneys general 이 옳다고 할는지 모른다. 그것은 general 이 형용사이고 attorney 가 명사인데 명사가 복수접미사를 취할 수 있기 때문이다. 그러나 영어를 모국어로 사용하는 대부분의 사람은 무의식적으로 attorney generals 라고 한다. 그 까닭은 무엇인가? 이것도 위에서 본 예와 같이 역사적 변천의 결과이다. 영어는 프랑스어에서 attorney general 을 차용했다. 그런데 프랑스어에서는 형용사가 일반적으로 수식하는 명사 뒤에 온다. 그리하여 복수접사는 명사 뒤에 결합되기 때문에 프랑스어에서는 attorneys general 과 같았을 것이다. 그런데 영어에서는 형용사가 일반적으로 수식하는 명사 앞에 온다. 그리하여 attorney general 이 일단 차용되자 영어의 구조에 맞게 재분석하기에 이른다. 그리하여 영어의 화자들은 attorney general 의 복수형은 attorney generals 로 생각하게 된 것이다.

참고문헌

Aronoff, M., *Word formation in generative grammar*, Cambridge, MA : MIT Press, 1976.

Marchand, H., *The categories and types of present-day English word -formation*(2nd ed.), Munich : Beck, 1969.

Mathews, P. H., *Morphology : An introduction to the theory of word -structure*, Cambridge, England : Cambridge University Press, 1974.

Selkirk, E. O., *The syntax of words*, Cambridge, MA : MIT Press, 1982.

제 5 장 통사론

1 문장의 구조

1.1 생성문법이란?

통사론은 구, 절, 문장의 구조, 다시 말하면 구, 절, 문장을 구성하는 여러 요소들의 배열 양식에 관한 연구분야라고 하겠다. 통사론은 근래 언어학에서 가장 활발하게 연구되고 있으며 또 가장 잘 이해되고 있는 분야의 하나이다. 과거 30여 년 동안 통사론에 관한 연구는 언어학의 어느 다른 분야에서보다 많은 업적을 거두었다. 통사론에 대한 이러한 관심은 주로 촘스키의 선구적인 연구에서 비롯된다. 촘스키는 1957년 『통사구조 *Syntactic structure*』라는 작은 책자를 발표하고 여기서 최초로 그의 혁신적이고 독창적인 견해가 발표되었는데 이것은 통사론에 관한 새로운 그리고 활발한 연구의 도화선이 되었던 것이다. 그리고 그가 구상한 통사론 이론을 생성문법(生成文法 : generative grammar)이라고 부른다. 그 이후 촘스키의 이름은 생성문법의 대명사처럼 널리 알려지게 되었다. 그의 생성문법 이론은 30여 년 동안 급격하게 발전하면서 현대 언어학에 지대한 영향을 미치고 있다. 생성 이론은 비단 문법 분야뿐만 아니라 언어학의 다른 분야에도 많은 영향을 미치고 있다. 그리하여 독자들은 앞에서 촘스키의 견해가 인용되고 또 뒤에서도 그의 이론이 때때로 인용되는 것을 보게 될 것이다. 그러므로 이 책에서도 생성문법에 입각해서 통사론을 살펴보기로 한다. 본론에 들어가기에 앞서 한 가지 미리 주의할 것이 있다. 생성문법 이론은 그 동안 급격한 발전을 거듭했지만 여러 면에서 학자에 따라서 상당한 이견이 노출되고 있다. 그리하여 모든 학자들이 인정하는 단일 생성문법이 없다고 해도 과언이 아닐 정도이다. 그러나 대부분의 학자들이 일반적으로 받아들이고 있는 여러 개념들이 있다. 다음에는 이러한 여러 개념 가운데서 가장 본질적인 몇 가지 면만을 보기로 한다.

생성문법 학자들은 토박이 화자들의 말에서 수집된 문장 자료 중에서 직접 발견되는 것만을 기술하는 데 만족하지 않는다. 그들은 어느 한 언어의 모든 문장을 산출할 수 있는 문법을 기술하려고 한다. 그리하여 그들은 실제로 발화된 문장뿐 아니라 실제로 발화되지는 않았으나 가능한 모든 문장에 대해서도 관심을 갖는다. 한 언어의 가능한 문장이란 그 수가 무한하기 때문에 그것을 모두 들 수 없는 것은 당연하다. 그러면서도 새 문장을 들으면 곧 이해할 수 있다. 토박이 화자들은 날마다 새로운 문장을 듣고 쓰고 말하고 있다. 그러한 새 문장은 너무도 일상적이어서 이전에는 사용된 일이 없다는 것을 의식하지 못할 정도이다. 그러므로 문법은 화자로 하여금 과거에 산출한 문장만이 아니라 앞으로도 산출되고 이해될 수 있는 모든 문장을 산출할 수 있게 하는 것이어야 한다. 그리고 문법은 토박이 화자가 거부하는 잘못된 문장은 산출하지 않는 것이어야 한다.

생성문법은 일정한 시점에서 발화된 개인의 실제 말보다는 언어의 기저에 있는 체계에 관심을 집중시킨다. 화자는 때로는 더듬으며 말하는가 하면 또 어느 때는 단어를 잘못 사용하기도 하고 또 말하는 동안에 단어의 순서 혹은 구문을 바꾸기도 한다. 그뿐만 아니라, 실제 말은 환경, 감정, 기억의 한계, 주의 산만 등 여러 가지 요인에 의해서 영향을 받기 마련이다. 그러므로 생성문법의 일차적 연구대상은 그러한 가변적인 실제 발화가 아니라 기저 체계이다. 이러한 점에서 언어의 실제 사용인 〈언어수행〉이 아니라 언어에 관한 지식인 〈언어능력〉을 연구대상으로 한다. 언어수행과 언어능력에 관해서는 2 장 1.5 및 13 장 1.4 참조.

위에서 생성문법을 혁신적인 것이라고 했다. 그러나 어느 면에서는 전통문법과 유사한 면도 있다. 생성문법은 모든 문장에는 그 기저에 심층구조 deep structure 라고 부르는 구조가 있다고 본다. 어떤 전통문법은 그와 유사한 개념을 사용한다. 예를 들면, *Tom is taller than I* 〈톰은 나보다 크다〉라는 문장의 기저에 *Tom is taller than I am tall* 과 같은 기저형이 있다고 설명하는 것과 같다. 또 *come here*〈이리 오너라〉와 같은 명령문의 기저에는 주어 *you* 가 있다고 보는 것과 같다. 그러나 생성문법에서는 기저구조의 개념을 모든 문장에 적용하고 전통문법에서 보다 더 추상적으로 표현한다.

생성문법 학자들은 심층구조의 연구부터 시작하기 때문에 그들은 표면적으로는 대단히 다른 언어이면서 그 심층구조에 있어서는 때로는 많은 유사한 특징이 있는 것에 주목하게 되었다. 그리하여 모든 언어의 기저에 보편적인 심층구조가 있을 수 있는 가능성이 연구되고 있다. 이 보편적 심층구조는 다음에 설명하는 변형이라는 과정을 통해서 각 개별 언어의 문장으로 전환된다. 그러나 통사론에 관한 다음 설명에서는 심층구조라는 용어를 보편적인 것으로 사용하지 않고 각 개별 언어에 잠재하는 것으로 사용하기로 한다.

1.2 범주

단어를 범주 category 혹은 품사로 구별하는 것은 멀리 그리스의 플라톤에서부터 시작한다. 오늘날도 학교문법에서는 이른바 8 품사라는 것을 배운다. 그러나 범주가 이렇게 오랫동안 우리에게 친숙한 것이어서 오히려 오해되기 쉬운 면이 있다. 그것은 범주가 마치 언어의 관찰할 수 있는 한 면으로 생각하기 쉬운 점이다. 그렇게 보는 것은 사실과 다르다. 범주라는 것은 이론적 구성물이며 직접 관찰할 수 없는 통사론 이론의 구성물인 것이다. 언어학에서 역사적으로 단어를 범주로 분류하는 것은 다만 그러한 범주를 가정함으로써 그렇게 하지 않으면 설명할 수 없는 어떤 언어현상을 설명하는 데 도움이 되기 때문이다. 예를 들면, 어떤 단어는 복수형을 형성하고 (*table — tables, boy — boys*) 또 다른 단어는 복수형을 형성하지 못하는 것(*quick — *quicks, the—*thes*)도 그러한 현상의 하나이다. 이러한 현상을 설명할 수 있는 한 방법은 영어의 단어를 두 부류로 분류하는 것이다. 즉 복수가 될 수 있는 명사와 복수가 될 수 없는 다른 단어들이다. 그리하여 우리는 다음과 같이 말할 수 있게 된다. 즉 영어에서 명사는 복수형을 형성할 수 있으나 다른 품사는 복수형을 형성할 수 없다고. 이때 만일 명사와 같은 범주를 설정하지 않는다면, 그 수많은 각 단어마다 복수형이 될 수 있는 것과 될 수 없는 것을 하나하나 개별적으로 지적해야 할 것이다.

여기서 주의할 두 가지 점이 있다. 첫째, 명사라는 용어 그 자체에는 별다른 의의가 없다. 따라서 우리는 원한다면 명사라는 명칭 대신 범주1 또는 범주2라고 불러도 무방할 것이다. 문제는 인간 언어의 단어는 그 〈행동〉에 따라서 범주화된다는 점이다. 둘째, 복수형을 만들 수 있는가 없는가는 그 단어가 명사인가 아닌가를 결정하는 한 테스트에 지나지 않는다는 점이다. 명사를 구별할 수 있는 다른 테스트로는 어떤 단어 앞에 관사가 올 수 있는가 없는가를 조사하는 것이다. 일반적으로 관사는 명사 앞에 올 수 있다. 이와 같이 단어를 범주로 분류할 때는 몇 가지 테스트가 필요하다. 예를 들면, 명사 *honesty*〈정직〉에서는 복수형 형성이 불가능하지만, 관사는 그 앞에 올 수 있다.

다른 예를 보기로 하자. 학교문법에서는 관사를 형용사의 한 유형이라고 가르친다. 그러나 이 말은 옳지 않다. 형용사와 관사는 다르게 행동하기 때문이다. 즉 각자는 각각 다른 특징을 가지고 있기 때문이다. 첫째, 형용사는 비교급과 최상급(*tall — taller — tallest*)을 만들 수 있지만, 관사는 불가능하다. 둘째, 형용사와 관사가 모두 명사를 수식한다고 하지만, 관사는 형용사 앞에 온다. 즉 *the tall man*〈키큰 남자〉는 가능하지만 **tall the man*은 불가능하다. 끝으로 하나 이상의 형용사가 명사를 수식할 수 있지만(*a short, fat, bald man* 〈작은, 뚱뚱한, (머리가)벗어진 남자〉), 한 명사 앞에 두 관사는 올 수 없다(**the a fat man, *a the fat man*). 이렇게 해서 형용사와 관사가 구별되는데 관사는 다시 한정사 determiner 라는 다른 범주에 속한다. 한정사에는 다시 지시사(demonstrative, 지시대명사와 지시형용사의 총칭)와 소유대명사가 포함된다.

여기서 문법 기술에서 필요한 약어 또는 기호에 관해서 간단히 설명해 둘 필요가 있다. 거의 모든 연구분야에서 반복해서 자주 사용되는 용어는 그것을 약어 또는 기호로 표시하는 것이 편리하다. 문법 기술도 예외는 아니다. 가령 sentence(문장)를 여러 번 반복해서 쓰는 것보다는 이것을 S로 표시한다면 대단히 편리할 것이다. 이런 경우 한 용어의 첫문자를 따서 그것을 대문자로 표시하는 것이 보통이다. 위에서 어휘범주와 구범주에 관한 몇 가지 용어가 소개되었는데 이들 용어는 다음과 같이 약어 또는 기호로 표시된다. 이 밖에도 많은 용어와 기호가 있는데 이들은 뒤에 개별적으로 설명될 것이다. 독자들은 이러한 기호 표시에 익숙해져야 한다.

〈어휘범주〉		〈구범주〉	
nominal(명사류)	→ N	sentence(문장)	→ S
determiner(한정사)	→ Det	noun phrase(명사구)	→ NP

adjective(형용사)	→ Adj	verb phrase(동사구)	→ VP
verb(동사)	→ V	adjective phrase(형용사구)	→ AP
auxiliary(조동사)	→Aux	prepositional phrase(전치사구)	→ PP

1.3 계층적 구조

구, 절, 문장은 단순한 단어의 집합도 아니며 또한 단순하게 좌측
에서 우측으로 배열된 범주의 집합도 아니다. 그것은 계층적 구조
hierarchical structure 를 구성하는 범주의 집합이다. 계층적 구조는
이 개념 없이는 설명할 수 없는 현상을 설명하기 위해서 요구되는 것
이다. 〈계층적〉이라고 함은 몇몇 단어가 결합하여 한 어군을 이루고
그것은 다음에 더 큰 어군의 일부가 되는 것을 의미한다. 다시 말하
면, 단어가 결합하여 차례차례로 더 큰 어군 속에 포함되어 가는 것
을 의미한다. 이와 같이 구나 문장의 구조는 단어 또는 범주가 일직
선상에 단순하게 배열된 것이 아니다. 단어의 결합은 층을 이루면서
차례차례 더 큰 층의 구조로 통합되어 가는 것이다. 다시 말하면, 단
어의 결합이 층층이 쌓여서 더 큰 구조체가 되는 것이다. 구나 절이
나 문장은 이러한 계층적인 구조인 것이다.

American history teacher 와 같은 구를 생각해 보자. 영어를 모국어
로 하는 사람은 이 구의 의미가 애매함을 곧 알 수 있다. 이 구는
〈미국 역사를 가르치는 교사〉를 의미할 수도 있고 또 〈미국 사람인
역사 교사〉를 의미할 수도 있기 때문이다. 이러한 애매성은 어디에
기인하는 것인가? 먼저 이 구를 구성하고 있는 세 단어 *American,
history, teacher* 를 보면 각각 〈미국의(형용사)〉, 〈역사〉, 〈교사〉의 의
미 이외에는 다른 의미가 없다. 그러므로 그 애매성은 이들 단어에서
비롯된 것이 아님을 쉽게 알 수 있다. 그렇다면 그 애매성을 어떻게

설명해야 하는가?

이것을 설명할 수 있는 한 방법은 그 구가 계층적 구조로 구성되어 있다고 가정하고 그 구에 두 가지 구조가 있다고 보는 것이다. 첫째는 *American* 이 *history* 를 수식하고 있다고 보는 것이다. 다시 말하면, *American history* 가 한 구성성분 constituent 이 되는 것이다. 구성성분이란, 알기 쉽게 말하면, 큰 구조체를 구성하는 요소이다. 그리고 구조체를 직접 구성하는 요소를 직접구성성분(直接構成成分 : immediate constituent)이라고 한다. 이 경우, *American history teacher* 가 하나의 구조체인데 이것의 직접구성성분은 *American history* 와 *teacher* 이다. 즉 *American teacher* 라는 직접구성성분이 다음에는 *teacher* 와 결합하여 *American history teacher* 라는 더 큰 구조체로 구조화되었다고 본다(*American history* 자체는 다시 *American* 과 history 로 분석되는 것은 물론이다). 이것을 도시하면 다음과 같다.

American	history	teacher
American history		
American history teacher		

이 관계는 다시 다음과 같이 표시된다.

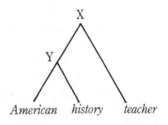

구성성분 구조를 표시하는 이러한 그림을 수형도(樹型圖 : tree
-diagram)라고 한다. 이 그림에서 점 Y에서 *American*과 *history*가
갈라져 나온다. 이러한 점을 교점(交點 : node)이라고 한다. 교점은
수형도에서 가지가 갈라져 나오는 것을 보여준다. 이때 교점 Y는
*American*과 *history*를 지배한다고 한다. 이와 같이 수형도에서 교점
이 하나 있으면, 그것은 두 개 혹은 그 이상의 단어(이 경우,
American과 history)가 구성성분(이 경우, *American history*)을 형성하
는 것을 의미한다. 이와 같이 *American history*가 한 구성성분이기
때문에 〈미국 역사〉를 의미하며 이것이 다시 *teacher*와 결합하여 〈미
국 역사(를 가르치는) 교사〉를 의미하게 된다.

또 다른 구조는 *history teacher*가 구성성분을 이루며 이것을
*American*이 수식하고 있다고 보는 것이다. 이 계층적 관계는 다음과
같이 도시할 수 있다.

American	*history*	*teacher*
	history teacher	
American history teacher		

이 관계를 다시 수형도로 표시하면 다음과 같다.

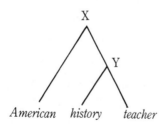

여기서 보면 Y가 *history*와 *teacher*를 지배하며 *history teacher*가

구성성분임을 알 수 있다. 따라서 〈역사(를 가르치는) 교사〉를 의미한다. 다음에 *American history teacher* 는 〈미국(사람인) 역사 교사〉를 의미하게 된다.

우리는 위의 예를 통해서 몇 가지 중요한 사실을 알게 되었다. 첫째, 위에서 설명한 구조에 관한 개념들은 그것이 이론적 구성물이라는 점이다. 가령 *American history teacher* 에 두 가지 뜻이 있고 따라서 두 가지 해석이 가능한 사실을 설명하기 위해서 언어학자가 가정한 이론적 구성물인 것이다. 둘째, 계층적 구조를 가정하지 않고서는 *American history teacher* 의 애매성을 명백하게 설명할 수 없다는 점이다. 이 예를 통해서 우리는 구구조, 더 나아가서 문장구조는 계층적 구조임을 알 수 있게 된다.

1.4 구절구조와 구절구조 규칙

생성문법에 의하면, 문법이란 옳은 문장을 산출하는 규칙의 집합이라고 할 수 있다. 다시 말하면, 일련의 규칙에 의해서 문법적으로 옳은 문장을 산출하는 기능을 가진 문법을 생성문법이라고 할 수 있다. 여기서 말하는 규칙이란 전통문법 또는 특히 학교문법에서와 같은 규범적 뜻이 아니다. 언어체계의 구성을 될 수 있는 한, 체계화해서 표시하는 간결한 표현 양식이라는 뜻으로 생각하면 될 것이다. 그리하여 생성문법에서는 구조에 관한 기술의 내용이 규칙으로 표현된다. 다음 설명에서 규칙이라는 용어는 이러한 뜻으로 해석되어야 한다.

다음 문장을 보자. *Yes, my neighbor has seen the dog*〈그렇다, 내 이웃 사람은 개를 보았다〉. 이 문장은 단어가 일정한 순서로 배열되어 있을 뿐 아니라 문장 내에서 단어가 일정한 어군을 이루고 있는 것도 알 수 있다. *My neighbor* 는 *the dog* 과 같이 한 어군을 이루고 있다. 그러나 *seen the* 는 문법적으로 뜻이 있는 어군을 이루고 있지 않다.

이 문장을 자연 어군으로 나누면, 먼저 *yes* 와 *my neighbor has seen the dog* 으로 분석된다. 다음에는 *my neighbor has seen the dog* 이 다시 *my neighbor* 와 *has seen the dog* 으로 분석된다. 또 그 다음에 *my neighbor* 는 *my* 와 *neighbor* 로 또 *has seen the dog* 은 *has seen* 과 *the dog* 으로 분석될 것이다. 이와 같이 문장은 일정한 순서로 배열되어 있는 단어로 이루어질 뿐만 아니라 어군이 계층적으로 쌓여 이루어져 있는 것을 알 수 있다. 이 문장의 구조는 다음과 같은 규칙에 의해서 표현된다.

S → (SM) Nuc
Nuc → NP + VP

SM은 문장 수식어 sentence modifier, Nuc는 핵 Nucleus 에 대한 기호이다. 핵은 문법상의 구조체에서 가장 중요한 중추적 성분을 말한다. 위의 규칙에서 화살표(→)는 〈왼편의 기호를 오른편의 기호로 바꾸어쓰라〉는 것을 나타낸다. 그리하여 위 규칙은 위의 문장이 하나의 문장수식어와 핵으로 이루어지며 다음에 핵은 명사구와 동사구로 이루어지는 것을 말한다. SM을 괄호 속에 넣은 것은 이 성분이 수의적 optional 이라는 것을 표시한다. 수의적이라고 함은 그 문장이 그 성분을 포함할 수도 있고 포함하지 않을 수도 있음을 의미한다. Nuc 에는 괄호가 없기 때문에 모든 문장은 핵을 포함해야 한다. 괄호에 넣은 (SM)과 다음 성분 사이에는 +표시가 없는 것에 유의할 필요가 있다. NP와 VP에 괄호가 없는 것은 모든 문장에는 NP와 VP가 반드시 필요함을 표시할 뿐만 아니라 또한 NP와 VP의 배열 순서를 표시하기도 한다. 즉 문장수식어는 문장 첫머리에 오고 다음에 핵이 오는데 핵에는 NP가 먼저 오고 그 다음에 VP가 온다. 위의 규칙에서 Nuc는 S로 생각해도 된다.

영어 문장 *That man drinks coffee* 〈그 남자는 커피를 마신다〉에서 S

는 이 문장 전체이고 NP는 *that man*, VP는 *drinks coffee*이다. 위에
서도 본 바와 같이 명사구는 한 문장의 완전한 주어로 기능하는 구조
이며 동사구는 완전한 술어로 기능하는 구조이다. 여기서 말하는 구
조와 기능의 구별은 전통문법의 그것과 같다. 전통문법에서 구조적으
로는 명사니 대명사니 하며 기능적으로는 주어 혹은 직접목적어라고
부르는 것과 같다. *John snores*〈존은 코를 곤다〉에서는 NP가 *John*이
고 VP는 *snores*임을 알 수 있는데, 이때는 NP가 한 단어이고 또
VP도 한 단어이다. 이와 같이 명사구와 동사구는 한 단어일 수도
있고 몇 개 단어의 결합일 수도 있다는 점에 유의할 필요가 있다.

문장 *That man drinks coffee*를 이루는 구성성분의 관계는 다음과
같은 수형도로 표시할 수 있다.

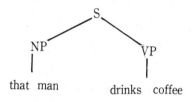

S가 NP와 VP로 갈라지고 그 다음에는 다시 NP와 VP가 더 하
위 구성성분으로 갈라지는 것을 파생 derivation이라고 한다. 이러한
관계는 다음 규칙으로 표현된다.

P₁   S ──→NP+VP

여기서 P는 구절구조 (句節構造 : phrase structure)에 대한 기호이
다. P1, P2와 같이 번호가 붙어 있는 것은 영어의 문장은 이 순서로
규칙이 적용되는 것을 의미하며 다음 설명에서 P1에서 P6으로 순서
가 뛰는 것은 이 경우에는 그 사이에 있는 P2-P5 규칙이 아직 적용

되지 않는 것을 의미한다.

명사구에는 항상 명사류가 포함되어 있음은 위에서 설명한 바와 같은데 명사구에는 대명사, 고유명사 그리고 보통명사가 포함된다. 다음에는 NP 가 다음 규칙에 따라서 다시 파생된다.

P6   NP→(Det) N(pl)

위에서 이미 설명한 바와 같이 괄호는 수의적인 것을 표시한다. 따라서 명사류 앞에 한정사가 올 수도 있고 또 그 명사류가 복수(pl)일 수도 있음을 표시한다. 복수형은 *book*+pl, *egg*+pl, *child*+pl 과 같이 표시되며 파생의 더 뒷단계에서 이들은 각각 *books, eggs, children* 이 된다.

위의 예가 시사하는 바와 같이 〈바꿔쓰기 규칙〉을 계속해서 적용해 가면 최후 단계에서 구체적인 문장이 산출되는데 수형도는 바꿔쓰기 규칙의 모든 정보를 포함하고 있다. 다른 문장 *Those apples look green*〈이 사과들은 푸르다〉를 보기로 하자. 여기에는 Det 와 pl 이 포함되어 있다.

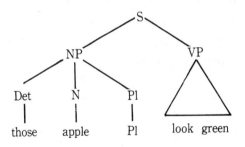

이 수형도에서 VP 밑에 삼각형이 있는데(즉 *look green*) 이것은 *look green* 을 더 이상 분석하지 않고 그대로 둔다는 것을 표시한다.

이 수형도는 S에서 문장이 생성되는 과정과 바꿔쓰기 규칙(이 경우 NP→(Det)N(PL))의 모든 정보를 포함하고 있음을 보여주고 있다.

생성문법에서는 전통문법에서와 같은 용어를 사용하지만(*subject, article, sentence* 등), 또 *determiner*와 *noun phrase*와 같은 새로운 용어도 있다. 한편 어떤 용어는 전통문법의 그것과 같으나 생성문법에서는 다른 의미로 사용되는 것도 있다. *verb phrase*가 그 한 예이다. 예를 들면, *The man must have found the note*〈그 남자는 문서를 찾아야 했다〉에서 전통문법의 동사구는 *must have found* 이지만 생성문법에서는 *must have found the note*가 동사구이다. 이와 같이 동일한 용어의 개념이 다른 경우가 있는 것에 유의해야 한다. 다음에는 동사구의 구성성분을 보기로 하자.

P2　　VP→Aux+MV(manner) (place) (time) (reason)

이 규칙은 동사구가 조동사와 주동사(main verb = MV)로 이루어지며 그 다음에 수의적 부사구인 양식 manner, 장소 place, 시간 time, 이유 reason 등이 오는 것을 의미한다. *The man will drive carefully in town today because of the ice*〈오늘은 얼음 때문에 시내에서 주의해서 운전할 것이다〉에서 조동사는 *will*, 주동사는 *drive*, 양식은 *carefully*, 장소는 *in town*, 시간은 *today*, 이유는 *because of the ice* 이다. 조동사에 관해서는 더 구별해야 할 것이 많으나 여기서는 한 성분만을 들어 설명하기로 한다.

P3　　Aux→tense

P4　　tense→ $\begin{cases} \text{present} \\ \text{past} \end{cases}$

P3은 모든 조동사에는 시제 tense가 있어야 하는 것을 의미하며

P4는 시제는 현재 present 가 아니면 과거 past 임을 의미한다. 여기서 주의할 것은 시제는 독립된 한 단어가 아니라는 점이다. 그리고 과거형 *gave*는 past+*give*(즉 *give*의 과거형)로 표시하는데 이것은 앞에서 *book*의 복수형을 *book*+*pl*로 표시하는 것과 같은 원리인 것이다. 모든 동사 앞에는 반드시 시제가 선행해야 한다.

영어의 생성문법에서는 *be*동사와 다른 동사를 구별해야 한다. 그 이유는 다음과 같다. *He was my friend*〈그는 내 친구였다〉의 부정문은 *He was not my friend*와 같이 *be*동사인 *was* 뒤에 *not*가 온다. 그런데 *He saw my friend*〈그는 내 친구를 보았다〉와 같이 *be*가 아닌 다른 동사가 사용되는 문장의 부정문 *He did not see my friend*에서는 *do*를 부가하고 그 뒤에 *not*가 온다. 또한 *He was my friend*의 의문문 *Was he my friend?*에서는 주어와 *be*동사의 위치가 바뀐다. 그러나 *He saw my friend*의 의문문 *Did he see my friend?*에서는 역시 *do*를 부가하고 이것이 주어 앞에 온다. 이러한 차이 때문에 *be*와 다른 동사를 구별한다. P4 다음에는 다시 MV 의 바꿔쓰기 규칙이 온다.

$$\text{P5} \qquad \text{MV} \rightarrow \left\{ \begin{array}{l} \text{be} \left\{ \begin{array}{l} \text{NP} \\ \text{Place} \\ \text{AP} \end{array} \right\} \\ \text{V(NP)} \end{array} \right\}$$

이 규칙은 주동사가 *be*동사 아니면 다른 동사이고 *be*동사 뒤에는 NP, place, AP 가 올 수 있고 V 뒤에는 수의적 NP 가 올 수 있음을 의미한다. 따라서 이 MV 는 다음과 같은 다섯 가지 구조가 될 수 있다.

(1) be+NP (This book *is a text*〈이 책은 교과서이다〉)
(2) be+place (Betty *was in the car*〈베티는 차 속에 있다〉)

(3) be+AP (She *was very rude*〈그녀는 대단히 버릇없다〉)

(4) V   (*John ran*〈존은 달려갔다〉)

(5) V+NP(Bill *sold the tickets*〈빌은 표를 팔았다 〉

AP(형용사구)는 *very, extremely* 같은 수의적 강조사 *intensifier* 와 형용사로 이루어지는데 이것은 다음 규칙으로 표현된다. 강조사는 *Intens* 로 표시한다.

　P7　 AP→(Intens)Adj

완전한 영어 문법을 쓰려면 더 많은 규칙이 필요하다. 그러나 이 책의 목적은 완전한 영문법을 쓰려는 것이 아니라 생성문법의 중요한 원리를 간단히 설명하려는 것이기 때문에 영어 문장의 구조를 서술하는 데 필요한 기본적 규칙 몇 가지만을 드는 데 그쳤다. 다음에는 위에서 든 여섯 가지 규칙이 어떻게 적용되어 가는가를 보기로 한다.

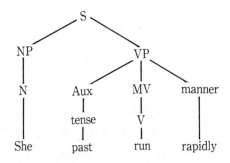

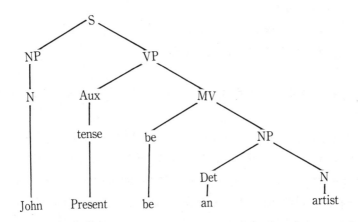

이 수형도는 문장 *She ran rapidly*〈그녀는 빨리 뛰었다〉와 *John is an artist*〈존은 예술가이다〉의 구조를 보여주고 있다. *John* 은 N 이다. 그것은 N 이 John 을 지배하고 있기 때문이다. 이와 같이 *an* 은 Det, *be an artist* 는 MV, present *be an artist* 는 VP 이다. 그러나 *John* present *be* 는 어느 한 교점에 의해서 〈직접〉 지배되고 있지 않기 때문에 구조적 단위가 될 수 없음을 알 수 있을 것이다.

1.5 어휘삽입 규칙

문장 *A secretary mailed the letter*〈비서가 편지를 우송했다〉에 5 장 1.4 에서 설명한 규칙을 P1 에서 순서대로 적용시켜 가면(수의적 요소를 선택하거나 거부하면서), S 는 다음과 같이 파생된다. 다음 표에서 이탤릭체로 된 곳은 각 단계에서 규칙의 적용을 받는 부분을 표시한다.

(1) *NP + VP*
(2) NP + *Aux* + MV
(3) NP + *tense* + MV
(4) NP + *past* + MV
(5) NP + past + *V* + NP

(6) $Det+N+past+V+NP$

(7) $Det+N+past+V+Det+N$

(이 이상 규칙이 적용되지 않음)

규칙을 적용시켜 가면 (7)부터는 이 이상 바꿔쓸 수 있는 기호가 없다.

이와 같이 구절구조 규칙에 의해서 바꿔쓸 수 없는 단계에 이른 Det, N, past, V, Det, N 과 같은 기호를 구절종단 기호(句節終端記號, phrase terminal symbol)라고 하며 P-terminal symbol 이라고도 한다. 그리고 그러한 기호의 연속체를 구절종단 기호열(句節終端記號列 : phrase terminal string)이라고 하며 P-terminal string 이라고도 한다. 위의 (7) Det+N+present+V+Det+N 은 구절종단 기호열이다. 이 구절종단 기호열은 문장 *A secretary mailed the letter* 의 기저 구조를 기술한 것이며 이것은 결코 문장 그 자체는 아니다. 그것은 단지 구성 성분의 연결체에 지나지 않는다. 그리고 구절종단 기호열의 각 성분들이 서로 어떤 관계에 있는가를 보여주는 것이다. 다음 수형도를 보면 그것을 알 수 있을 것이다.

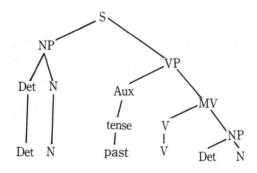

위에서 본 바와 같이 구절구조 규칙은 완전한 문장을 생성하지는

않는다. 그 규칙은 문장의 기저에 있는 소수의 기본적 구조를 보여 줄 뿐이다. 그리하여 구절종단 기호열은 문장의 구조만을 보여줄 뿐 문장의 의미에 관한 정보는 포함하고 있지 않다. 그리하여 다음 단계에서는 문법의 의미부-semantic component에 들어서게 된다(여기에 대해서 5장의 1.4에서 설명한 구절구조 규칙을 다루는 부분을 통사부 syntactic component 라고 한다). 의미부에서는 구절종단 기호열이 보여주는 구조에 의미를 부여한다. 그러기 위해서는 구절종단 기호에 적절한 단어와 형태소를 삽입해 주어야 한다. 그리고 각 성분의 의미가 어떻게 결합하여 문장 전체의 의미를 이루는가를 본다. 그런데 적절한 단어를 삽입시키기 위해서는 여러 가지 제약이 따르게 된다. 그리하여 어휘삽입 규칙이 필요하게 되는 것이다. 다음에 자동사와 타동사의 예를 들어 제약이 어떠한 것인가를 보기로 하자.

구절종단 기호의 V에 삽입되는 동사는 먼저 그 동사 뒤에 NP가 올 수 있는지 없는지를 보아야 한다. *occur*⟨일어나다⟩, *vanish*⟨사라지다⟩는 그 뒤에 NP가 올 수 없고 그 V는 자질 [− ___ NP]를 가진 동사이다. 한편 *bring*⟨가져오다⟩, *give*⟨주다⟩는 그 뒤에 NP가 올 수 있어서 자질 [+ ___ NP]를 가진 동사이다. 자질표시에서 밑줄은 NP 앞의 그 자리에 동사가 올 수 있는 것을 표시한다. +는 동사가 올 수 있는 것을 또 −는 올 수 없음을 의미한다. 우리는 [+ ___ NP]의 자질을 가진 동사를 타동사 그리고 [− ___ NP]의 자질을 가진 동사를 자동사라고 한다. 바꾸어 말하면, 동사 뒤에 목적어가 있으면 타동사 또 없으면 자동사라는 뜻이다.

자질 [+ ___ NP]를 가진 동사라도 때로는 NP가 생략되는 경우가 있음은 물론이다. *The student wrote[something]*⟨학생이 [무엇인가를] 썼다⟩ 이런 경우라도 V는 [+ ___ NP]의 자질을 가진 동사로 보는 것은 당연하다.

자동사 중에는 그 뒤에 반드시 부사구가 뒤따라야 하는 것이 있다. 예를 들면, *He lurked outside*⟨그는 밖에 숨었다⟩에서 *lurk*는 자동사인데 그 뒤에 부사구가 있어야 한다. 이와 같이 자동사 중에는 그 뒤에 장소의 부사구가 와야 하는 것이 있다. 이러한 동사는 [+ ___ place]라는 자질을 가진 것이다. 또 *He handed the paper to me*〈그는 내게 신문을 건네주었다〉에서 보면 동사 *hand* 는 타동사인데 NP 뒤에 장소의 부사구가 뒤따라야 한다. 이 동사는 [+ ___ NP place]의 자질을 가지고 있다. 지금까지 설명한 [+ ___ NP], [- ___ NP], [+ ___ place], [+ ___ NP place]와 같은 자질에 의해서 구절종단 기호에 삽입할 수 있는 동사를 제약한다. 이러한 제약규칙을 하위범주화 규칙 strict subcategorization rule 이라고 한다.

그러나 문제는 여기서 그치는 것이 아니다. 문제는 어휘를 삽입할 때 하위범주화 규칙을 충족시킨다 할지라도 다음 예와 같이 이상한 문장이 생성될 수 있기 때문이다.

(1) *That woman drank coffee.* 〈그 여자는 커피를 마셨다〉
(2) **That woman drank the house.* 〈*그 여자는 집을 마셨다〉

위의 문장 (1), (2)를 비교해 보면, 양자의 *drank* 는 [+ ___ NP]의 자질을 가지고 있는 타동사이고 그 뒤에 직접목적어인 NP 가 있다. 따라서 구조상으로 보자면, (1)과 (2)에는 아무런 하자가 없다. 그러나 (1)은 옳은 문장임을 직관적으로 알 수 있는 반면 (2)는 의미상 이상한 문장임을 곧 알 수 있다. 그러면 이러한 차이는 어디에 기인하는 것인가?

먼저 다음 (1) a, b 와 (2) a, b 의 문장을 비교해 보자.

(1) a. **The coffee prayed.* 〈*커피는 기도했다〉
    b. **My umbrella coughed.* 〈*내 우산이 기침했다〉
(2) a. *The woman prayed.* 〈그 여자는 기도했다〉
    b. *My uncle caughed.* 〈내 아저씨는 기침했다〉

(1) a, b 와 (2) a, b 는 모두 Det+N+V 의 동일한 구조이고 또 동사도 모두 [– ___ NP]의 자질을 가지고 있다. 그러면서도 (2) a, b 는 옳은 문장임을 곧 알 수 있지만 (1) a, b 는 의미상 이상한 문장이다. 우리는 (1) 과 (2) 를 잘 비교해 보면 왜 (1) a, b 가 이상한 문장인가를 쉽게 알 수 있다. (2) a, b 에서는 주어인 N 이 〈사람〉인데 반하여 (1) a, b 에서는 〈사람〉이 아니다. 다시 말하면, 정상적인 문장에서는 위 동사들은 주어로 〈사람〉을 요구한다. 그런데 (1) a, b 에서는 주어가 모두 사람이 아니다. (1) a, b 가 비정상적인 문장이 되는 이유가 바로 여기에 있다. 〈사람〉이라는 자질을 [+human]으로 또 〈사람〉이 아닌 특징을 [–human]으로 표시하면 동사 *pray, cough* 는 [+human]의 자질을 가진 주어 N 을 요구하는데 (1) a, b 에서는 주어인 N 이 [–human]라는 자질을 가지고 있기 때문에 이상한 문장이 된 것이다.

만일 동사 *bite*〈물다〉, *run*〈달리다〉, taste〈맛을 보다〉의 주어에 자질 [+human]의 제약을 가하면, 다음 문장을 산출할 수 없을 것이다.

(3) a. *The horse bit me.* 〈말이 나를 물었다〉

　　b. *A dog ran rapidly into the street.* 〈개가 빨리 거리로 뛰어 들었다〉

　　c. *The cat tasted the soup.* 〈고양이가 스프를 맛보았다〉

인간만이 아니라 동물도 물고, 뛰고, 맛보고 할 수 있기 때문에 이 들 동사의 주어를 [+human]으로 제약하는 것은 옳지 않음을 알 수 있다. 따라서 인간과 동물을 포함하는 다른 명사분류가 필요하게 된 다. 말, 고양이, 개와 같은 동물과 소년, 남자, 여자와 같은 인간은 크게 〈생물〉에 포함할 수 있다. 그리하여 〈생물〉이라는 자질이 필요 하게 되며 이런 자질을 [+animate]로 표시한다. 한편 바위, 연필,

종이 등은 생물이 아니기 때문에 [−animate]의 자질을 가지고 있다. 따라서 ⑶ a, b, c 의 동사는 [+animate]의 특징을 가진 주어를 요구하는 것을 알 수 있다.

동사와 주어 사이의 다른 제약을 보기로 하자.

⑴ a. *His coat lay on the bed.* 〈그의 코트가 침대에 있었다〉
   b. **His curiosity lay on the bed.* 〈*그의 호기심이 침대에 있었다〉
⑵ a. *The cake tasted good.* 〈과자는 맛이 좋았다〉
   b. **Unhappiness tasted good.* 〈*불행은 맛이 좋았다〉
⑶ a. *An accident occurred.* 〈사고가 발생했다〉
   b. **A snake occurred.* 〈*뱀이 발생했다〉
⑷ a. *Six hours elapsed.* 〈여섯 시간이 경과했다〉
   b. **Six dogs elapsed.* 〈*여섯 마리 개가 경과했다〉

위의 문장 ⑴ b 와 ⑵ b 는 구체명사의 주어를 요구하는 동사에 추상명사의 주어가 있다. 또 ⑶ b 와 ⑷ b 는 추상명사를 요구하는 동사에 구체명사의 주어가 있다. ⑴ b, ⑵ b, ⑶ b, ⑷ b 가 이상한 문장이 된 이유가 여기에 있다. 또 구체명사를 자질 [+concrete]로 표시하고 추상명사를 자질 [−concrete]로 표시하면, 추상명사의 주어를 허용하지 않는 동사(⑴ a, ⑵ a)는 자질 [−[−concrete] ___]로 또 구체명사의 주어를 허용하지 않는 동사(⑶ a, ⑷ a)는 자질 [−[+concrete] ___]로 표시할 수 있다.

명사는 또한 보통명사와 고유명사로 분류되며 보통명사는 자질 [+common]으로 그리고 고유명사는 자질 [−common]으로 표시된다. 또 어떤 명사는 셀 수 있는 대상물(book, boy)과 셀 수 없는 대상물(*water, air*)을 지칭하기도 한다. 셀 수 있는 대상물을 표시하는 명사를 가산명사라고 하고 자질 [+count]로 표시한다. 셀 수 없는 특징은 [−count]로 표시한다.

우리는 위에서 명사에 관한 다섯 가지 자질을 보았다. 명사의 이들 특징은 다음과 같은 행렬(行列 : matrix)로 표시할 수 있다.

	woman	*Mary*	*dog*	*truth*
N	+	+	+	+
common	+	−	+	−
count	+	−	+	−
concrete	+	+	+	−
animate	+	+	+	−
human	+	+	−	−

이 행렬을 잘 보면 불필요한, 즉 잉여적 정보를 포함하고 있는 것을 알 수 있다. *woman* 의 경우를 보자. 모든 human 은 필연적으로 concrete, animate 이다. 따라서 이러한 잉여적 자질은 생략해도 무방하다. 생략하는 편이 오히려 편리하다. 이러한 잉여적 정보를 생략하면, 위의 행렬은 다음과 같이 더 간단하고 더 편리한 것이 된다. 어떤 자질에 의해서 자동적으로 예측되는 자질은 행렬에서 +−로 한정하지 않고 그대로 둔다.

	woman	*Mary*	*dog*	*truth*
N	+	+	+	+
common	+	−	+	+
count	+	−		−
concrete				−
animate			+	
human	+	+	−	

이들 특징은 각 단어마다 다음과 같이 표시된다.

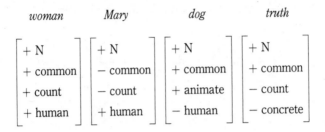

	woman	Mary	dog	truth
woman	+ N	+ N	+ N	+ N
	+ common	− common	+ common	+ common
	+ count	− count	+ animate	− count
	+ human	+ human	− human	− concrete

위에서 개관한 바와 같이 여러 가지 자질에 의해서 삽입되는 가장
적절한 단어를 결정하게 된다.

2 변형

2.1 변형이란 무엇인가

(1) *A letter was written by the manager.*

(2) *Because the manager wrote a letter……*

(3) *The letter that was written by the manager……*

(4) *The letter written by the manager……*

(5) *For the manager to write a letter.*

위의 문장 (1)-(5)는 *The manager wrote a letter*〈지배인이 편지를 썼
다〉와 어딘지 관계가 있어 보인다. 사실상 이들 문장에는 동일한 관
계가 있다. 즉 지배인은 쓰는 행동을 하는 사람이고 편지는 그 행동
의 결과인데 이 양자의 관계가 위의 문장에서 모두 같다. 이와 같이
형태상의 차이에도 불구하고 의미가 모두 같다. 이것은 같은 의미를

여러 가지 형태의 문장으로 표현할 수 있음을 의미하는 것이다. 지배인과 편지의 관계를 (1)에서는 수동문으로, (2)에서는 종속문으로, (3)에서는 관계대명사로, (4)에서는 과거분사로, (5)에서는 부정사 구문으로 표현한 것이다. 이런 경우, 그 여러 가지 문장을 모두 구절구조 규칙과 어휘삽입 규칙에 의해서 생성한다면 각 문장에 따라서 많은 종류의 구절구조 규칙이 필요하게 되어 대단히 복잡해질 것이 틀림없다. 그러므로 동일한 의미를 나타내는 여러 형태의 문장이 어떤 기본적인 한 구조에서 파생했다고 생각한다면 대단히 간편해질 것이다. 그리하여 어떤 기본형을 설정하고 여기서 (1)-(5)와 같은 여러 문장이 파생했다고 보고 그 기본형에서 실제 여러 형태의 문장으로 바뀌어지는 것을 규칙으로 표현한다면 대단히 간편해질 것이다. 이때 그 기본형에서 여러 형태의 문장으로 바꾸는 것을 변형transformation 이라고 하며 그때 적용되는 규칙을 변형규칙이라고 한다. 여기서 변형(생성)문법 transformational (generative) grammar 이라는 명칭이 탄생한다. (위에서 〈기본형〉이라고 했는데 그것은 편의상의 표현이고 그것은 다음에 설명하는 〈심층구조〉를 의미한다.)

처음에는 변형이라는 개념이 좀 이상하게 생각될지 모르나 다음 긍정문과 부정문의 예를 잘 비교해 보면 그 개념을 이해하게 될 것이다.

(6) a. *John could sing well*〈존은 잘 노래할 수 있었다〉
b. *John could not sing well*〈존은 잘 노래할 수 없었다〉

이들 두 문장은 통사론적으로 대단히 유사하다. 다만 차이가 있다면 (6) b에 *not*이 있다는 점뿐이다. 이와 같이 그 현저한 통사론적 유사성에도 불구하고 두 문장은 긍정과 부정이라는 면에서 의미가 다르다. 이러한 차이를 표시할 수 있는 한 방법은 다음 수형도에서와 같이 부정 요소 Neg(= negation)라는 가정적 성분을 설정하고 그것을 긍정문 첫머리에 두는 것이다. Neg는 다음에 있는 문장 *John could sing well*을 부정 해석하라는 것을 표시한다.

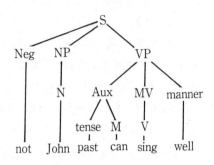

부정 해석하라는 것은 Neg를 not으로 고치고 not을 Aux 뒤에 둔다는 것을 의미한다. 즉 이렇게 변형하여 *John could not sing well*을 생성하는 것이다. 긍정문과 부정문의 관계가 이렇게 설명된다.

구절구조 규칙과 어휘삽입 규칙이 적용되어 생성된 구조, 위의 경우 not John could sing well을 심층구조 deep structure 라고 하며 여기서 변형규칙에 의해서 도출된 *John could not sing well*을 표층구조 surface structure 라고 한다. 그런데 심층구조에는 의미에 관한 모든 정보가 포함되어 있다. 다시 말하면 심층구조는 의미해석을 위한 통사구조라고 할 수 있다. 여기 대해서 표층구조는 현실적 문장에 가장 가까운 형태가 되어 음운해석을 받게 된다.

이와 같이 문장의 심층구조는 문장의 의미를 결정하는 데 필요한 모든 정보를 포함하고 있기 때문에 심층구조도 문장의 의미를 부여하는 것이 된다. 그런데 여기서 다시 강조되어야 할 것은 심층구조가 어떻게 표층구조와 연결되는가 하는 문제이다. 심층구조는 변형 규칙을 통해서 표층구조가 된다. 그 관계를 다음과 같이 도시할 수 있다.

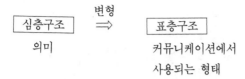

심층구조 변형 ⟹ 표층구조
의미   커뮤니케이션에서
                       사용되는 형태

언어를 이해한다는 것은 말소리를 듣고 그 의미를 아는 것이다. 그러므로 문장의 의미에 관한 모든 정보가 포함된 심층구조를 가정하는 것이 필요하다. 다시 말하면 문장의 의미는 심층구조에 의해서 전해지고 문장의 형태는 표층구조에 의해서 부여된다. 심층구조와 표층구조의 구별을 강조하기 위해서 또 하나의 예를 보기로 하자.

　간호하는 여자

　이 구절은 두 가지 의미해석이 가능하다. 하나는 ⑴ 여자가 의미상의 주어로서 〈여자가 [누군가를] 간호하다〉라는 뜻이고 다른 하나는 ⑵ 여자가 의미상의 목적어로서 〈[누군가가] 여자를 간호하다〉의 뜻이다. 그러므로 〈간호하는 여자〉라는 구절에는 두 가지 심층구조가 있다는 말이 된다. 이 차이를 다음과 같이 간략하게 표시할 수 있다.

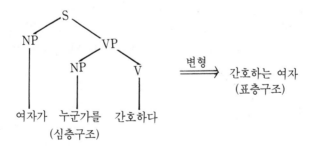

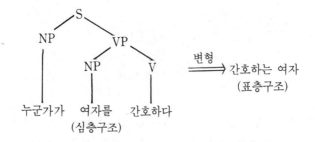

심층구조의 개념을 더 확실히 하기 위해 또 다른 예를 보기로 하자.

A new idea is often valuable. 〈새로운 견해는 때로는 귀중하다〉

이 문장의 구성성분 *a new idea* 의 의미는 무엇인가? 그 의미는 *The idea is new* 임이 틀림없다. 이렇게 보면 *a new idea* 는 *The idea is new* 라는 문장을 포함하고 있다고 볼 수 있다. *The idea which is new* 와 같은 관계대명사 구문을 보면 알 수 있을 것이다. 그렇다면 또 *which is new* 의 상태는 어떤 것인가? 이것은 실제로 문장 *The idea is new* 의 변종이다. 그리하여 *a new idea* 의 심층구조에는 *The idea is new* 라는 문장이 존재한다고 볼 수 있다. 여기서 중요한 것은 문장 또는 구성성분의 심층구조는 그 문장 또는 구성성분의 의미를 명시적으로 보여주는 점이다. 여기 대해서 표층구조는 의미를 명시적으로 보여주지 않는 경우가 있다(위의 예 〈간호하는 여자〉). 우리가 *a new idea* 라고 들으면 그것은 *The idea is new* 라는 것을 안다. 그러나 *a new idea* 라는 표층구조 그 자체는 문장 *The idea is new* 를 명시적으로 포함하고 있지 않다.

2.2 변형과정(1) : 부정변형

5.1 에서는 Aux 에 잠정적으로 past 와 present 만을 포함시켰다. 그러나 Aux 에는 진행형과 완료형 등도 포함되어야 한다. 진행형은

be + ing 로 표시하고 완료형은 have + en 으로 표시한다. ing 는 현재 분사 그리고 en 은 과거분사를 표시한다. 이 관계를 수형도로 표시하면 다음과 같다.

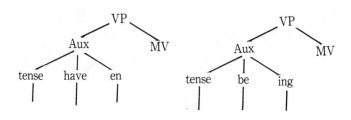

위에서 본 Neg 에 의해서 다음 왼쪽과 같은 여러 심층구조를 생성할 수 있다.

(1) *not Jerry could hear me.* *Jerry could not hear me.*
　　　　　　　　　〈제리는 내 말을 들을 수 없었다〉

(2) *not Bill has received it.* *Bill has not received it.*
　　　　　　　　　〈빌은 그것을 받지 않았다〉

(3) *not they are going with us.* *They are not going with us.*
　　　　　　　　　〈그들은 우리와 같이 가지 않는다〉

(4) *not they have been doing it.* *They have not been doing it.*
　　　　　　　　　〈그들은 그것을 하고 있지 않다〉

다음에는 왼쪽의 심층구조를 오른쪽의 표층구조로 변형하는 규칙을 세울 필요가 있다. 얼른 보기에 〈*not* 를 조동사 뒤로 이동해라〉라는 규칙을 세우면 될 것 같다. 사실상 이 규칙이 문장 (1)에는 그대로 적용된다. 그러나 이 규칙을 문장 (3)에 적용시키면, *They are ing not go with us* 가 된다(조동사 be 와 ing 는 Aux 의 일부임에 유의). 따라서 이 규칙이 문장 (3)에는 적용될 수 없음을 알 수 있다. 표층구조에서 보면 부정요소 not가 Aux 전체(즉 tense+be+ing)에 후속하는 것이 아니라 그 일부인 tense+be 뒤에 오기 때문이다. 다시 말하면, tense 뒤의 첫 Aux에 후속한다. 이때 tense 뒤에 있는 첫 Aux를 Aux¹로 표시하기로 한다. 그러면 not의 정확한 위치에 대한 변형 규칙은 다음과 같은 것이 될 것이다. 즉 not를 tense 뒤의 첫 Aux(= Aux¹) 뒤로 이동하라. 그런데 다른 변형 규칙이 많이 있기 때문에 다음과 같이 간략한 형식으로 표시하는 것이 편리하다.

$$not+X+tense+Aux^1+Y \Longrightarrow X+tense+Aux^1+not+Y$$

화살표 왼쪽은 규칙이 적용되는 구조이고 오른쪽은 변형된 후의 구조이다. 그리고 이중 화살표는 변형 규칙을 의미한다. 또 기호 X는 not와 tense 사이에 올 수 있는 요소(NP 등)를 표시하고 기호 Y는 Aux¹ 뒤에 올 수 있는 요소(조동사, 동사, 동사 뒤에 오는 요소)를 표시한다. 한 예로 X, Y의 자리에 올 수 있는 요소를 정하면, 심층구조 not they present can hear you에 적용되는 규칙을 다음과 같이 설명할 수 있다.

not	X	tense	Aux¹	Y		X	tense	Aux¹	not	Y
	they	present	can	hear you	$\Longrightarrow$	they	present	can	not	hear you

우리는 여기서 중요한 사실을 보게 된다. 구절구조 규칙은 S→NP+VP, NP→Det+N 와 같이 다만 요소들을 차례로 확장해 가면 되었다. 그러나 변형 규칙은 요소를 삭제하거나, 첨가하거나(위의 Neg), 대치하거나(Neg를 not로) 또는 나타나는 순서를 바꾸어가면서(not의 위치) 심층구조를 표층구조로 변형한다.

영어의 부정변형 negative transformation 은 위에서 설명한 것 이외

에 다른 종류가 있다. 따라서 완전한 영어문법을 기술하려면 모든 부
정변형 규칙이 망라되어야 할 것이다. 그러나 우리들의 목적은 다만
변형이 무엇이고 또 그것이 어떻게 행해지는지를 보려는 것이기 때문
에 몇몇 예만을 들어 살펴보았다.

2.3 변형과정(2) : 수동변형

(1) a. *Walter saw me.* 〈월터는 나를 보았다〉
  b. *I was seen by walter.*

(1) a 와 b 의 표면구조를 보면 분명하게 다르다. 그러나 영어를 사
용하는 토박이는 이들 두 문장이 동일한 것을 의미한다고 이해할 것
이다. 따라서 이들 두 문장은 심층구조는 같으나 표층구조가 다르다
고 할 수 있다. 그러면 이러한 관계를 어떻게 설명해야 하는가? 우
리는 먼저 두 문장의 NP가 서로 뒤바뀌져 있는 것을 주목하게 될
것이다.

Walter	saw	me
I	was seen	by Walter

다음에는 조동사의 확장에 주목하게 된다.

(1) a.　　past　　　　　see
  b.　　past+be+en+see

여기서 보면, b 에는 past 와 see 사이에 be+en 이 있는 것을 보게
된다. 그리고 en 은 과거분사를 표시하는 기호임에 유의해야 한다.
따라서 수동문에는 be 뒤에 과거분사가 포함되어 있는 것을 알 수 있

다. 그리하여 능동문에서 수동문으로의 변형 규칙은 다음과 같이 된다.

$$NP^1 + Aux + V + NP^2 + X \Longrightarrow NP^2 + Aux + be + en + V + by + NP^1 + X$$

한편 능동문 *Walter saw me* 와 수동문 *I was seen by Walter* 의 심층 구조는 다음과 같다.

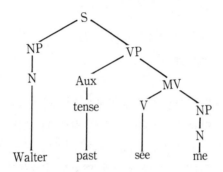

수동의 변형은 수의적이기 때문에 수동변형 passive transformation 을 적용시키지 않으면 위의 심층구조는 음운규칙에 의해서 *Walter saw me* 가 된다. 그리고 수동변형을 가하면 다음과 같이 된다.

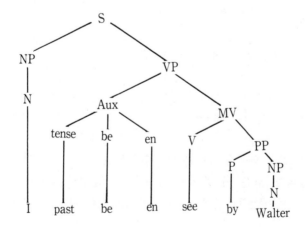

이 구절종단 기호열은 음운규칙에 의해서 *I was seen by Walter* 가 된다.

수동문과 여기에 대응하는 능동문 사이에는 의미상의 차이가 없다. 따라서 이 변형은 의미의 차이가 없는 문체론적 변종을 생성하는 것이라고 하겠다. 수동은 능동보다 간접적이고 또 대상물을 강조하고자 하거나 또는 동작주가 중요하지 않거나 불명일 때 사용되는 경향이 있다.

종래 전통문법에서는 주어니 목적어니 하는 용어의 의미에 구애되는 경우가 있었다. *Her husband washed the dishes*〈그녀의 남편은 접시를 닦았다〉에서는 문제될 것이 없다. 행동주가 주어의 위치에 있고 그 행동을 받는 목적어가 동사 뒤에 있기 때문이다. 그러나 수동문 *The dishes were washed by her husband* 에는 문제가 있다. 그것은 행동주가 주어의 위치에 없고 또 행동을 받는 것이 목적어의 위치에 없기 때문이다. 그리하여 *the dishes* 는 문법상 주어이지만 의미적(혹은 논리적)으로는 목적어라고 설명한다. 그런데 변형문법에서는 그러한 것이 문제가 되지 않는다. 주어와 목적어의 기능은 단지 어느 한정된 층위에서만 의의가 있다. 그리하여 심층구조에서는 *her husband* 가 주어이고 *the dishes* 는 목적어다. 그러나 표층구조에서는 *the dishes* 가 주어이고 *her husband* 는 전치사의 목적어다. 의미는 심층구조에 반영되고 문장의 형태는 표층구조에 반영되는 것이기 때문에 의미상의 주어니 또는 문법상의 주어니 하는 것은 문제가 되지 않는다.

2.4 변형생성문법의 구성

변형생성문법은 통사론, 의미론, 음운론의 세 부문으로 이루어지고 있다. 먼저 통사부문 syntactic component 에서는 5장 1에서 설명한 바와 같이 구절구조 규칙에 의해서 다음과 같은 심층구조를 생성한다.

Det＋N＋past＋be＋ing＋V＋N＋pl

이렇게 요소열에 대한 구조적 기술을 하며 Det＋N 는 명사구, past＋be＋ing 는 조동사 등임을 말해 준다. 또한 요소 N 와 V 에 ［＋common］, ［＋human］, ［＋＿＿ NP］ 등과 같은 자질을 부여하여 삽입되는 어휘항목과 일치시킨다. 그러면 다음과 같이 된다.

the＋woman＋past＋be＋ing＋sell＋apple＋pl

문법의 두번째 부문인 의미부문 semantic component 에서는 심층구조에 의미해석을 가한다. 가령 Neg 는 심층구조에 〈부정〉의 의미를 포함시키며 긍정문과 다른 의미를 부여한다. 의미부문은 어휘항목의 의미가 어떻게 결합하여 문장의 의미를 이루는가를 고찰하는 분야라고 생각하면 된다.
　다음에는 심층구조에 수의적 변형 규칙을 적용시키면(예를 들어 부정변형), 다음과 같이 된다.

Neg＋the＋woman＋past＋be＋ing＋sell＋apple＋pl

여기서 변형할 때는 첨가된 Neg 를 부정요소 not 로 바꾸고 그것을 past＋be 뒤로 이동시킨다. 이렇게 해서 표층구조가 도출된다.
　문법의 세번째 부문은 음운부문 phonological component 이다. 여기서는 past＋be 가 was 가 되고, ing＋sell 이 selling 이 되고, apple＋pl 이 apples 가 되는 것을 결정한다. 이와 같이 음운부문은 표층구조에 작용하여 문장을 최종 형태로 이끌어간다.
　위에서 변형생성문법의 구성에 관해서 간단히 설명했는데 이것을 종합하여 다음과 같이 도시할 수 있다.

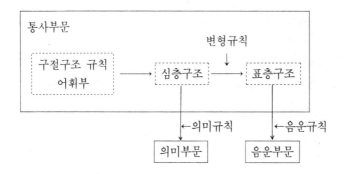

이 그림에서와 같이 변형생성문법은 구절구조 규칙과 어휘 삽입에
의해 심층구조가 생성되고, 이것이 변형규칙에 의해서 표층구조로 변
형된다. 여기까지가 통사부문에 속하고, 심층구조에 의미규칙을 적
용하여 의미해석을 하는 의미부문과, 표층구조에 음운규칙을 적용하
여 음성해석을 하는 음운부문이 있다.

참고문헌

Akmajian, A., and Heny, F. W., *An introduction to the principles of
transformational syntax,* Combridge, MA : MIT Press, 1975.

Leiber, J., *Noam chomsky : A philosophic overview,* New York : St.
Martin's Press, 1975.

Leightfoot, D., *The language lottery : Toward a biology of grammars,*
Cambridge, MA : MIT Press, 1982.

Lyons, J., *Noam Chomsky,* New York : Penguin, 1977.

Newmeyer, F. J., *Linguistic theory in America : The first quarter-cen-
tury of transformational generative grammar,* New York : Academic Press,
1980.

Newmeyer, F. J., *Grammatical theory : Its limits and its possibilities,* chicago : University of Chicago Press, 1983.

Radford, A., *Transformational syntax : A student's guide to extended standard theory,* Cambridge, England : Cambridge University Press, 1981.

제6장 의미론

1 의미의 본질

1.1 의미와 의미론

의미란 무엇인가? 의미의 의미는 무엇인가? 이러한 질문에 대해서 명쾌한 대답을 할 수 있는 사람은 아마 없을 것이다. 또 단어 〈사랑〉의 뜻이 무엇인가? 이러한 질문을 받았을 때 우리는 무어라고 대답할 수 있을까? 이렇듯 의미는 애매모호한 것이다. 그러나 일단 의미를 연구하는 언어학의 분야를 의미론 semantics 이라고 하고 의미론은 언어의 의미, 즉 단어, 구절, 문장의 의미를 연구하는 분야라고 보자. 그런데 언어는 의미 없이는 존립할 수 없다. 따라서 의미론은 언어의 내적 구조를 연구하는 문법의 한 부분이라고 해도 좋을 것이다. 우리는 제5장에서 이미 통사론이 의미와 밀접한 관계에 있음을 엿볼 수 있었다.

그러나 의미론은 언어학에서 연구하기 가장 어려운 분야이며 따라서 그 연구도 가장 뒤늦은 상태에 있다. 언어의 의미에 관한 포괄적인 이론을 수립한 학자가 아직 없다고 해도 과언이 아닐 것이다. 그러나 의미론에 포함될 수 있다고 생각되는 현상과 그것을 설명하기 위해서 발전된 몇 가지 이론을 살펴볼 수 있다. 따라서 오늘날 의미에 관해서 설명되는 것도 잠성적이고 또 많은 논의가 뒤따를 수 있다는 점에 유의할 필요가 있다.

1.2 의미란 무엇인가

우리가 일반적으로 의미라고 하는 것에는 여러 가지 종류가 포함되어 있으며 또 그 개념 자체가 대단히 애매한 면이 있다. 그리하여 종래 의미의 본질을 규정하려는 여러 시도가 있었다. 그러나 크게 심리주의적 관점과 물리주의적 관점 두 흐름으로 구별할 수 있다. 먼저 심리주의적 관점에서는 의미를 심적 영상 mental image 또는 사고나 개념으로 파악하려고 한다. 심적영상이란 대상이 되는 사물이 눈 앞에 없을 때 마음에 떠오르는 사물의 감각적 형상을 말한다. 따라서 심적영상의 경우, [tʃɛk]이라는 말소리를 듣거나 또는 〈책〉이라는 문자를 볼 때 사람들의 마음에 떠오르는 이미지를 책의 의미라고 보는 것이다. 그러나 이러한 관점에는 이미지에 관한 개인적인 차이를 어떻게 처리하고 또 이미지를 동반하지 않는 단어(관사, 전치사, 접미사 등)의 의미를 어떻게 처리하는가에 문제가 있다. 또 실증적 성격이 약하다는 데도 큰 문제가 있다.

이러한 심리주의에 대해서 물리주의는 보다 객관적이고 과학적인 규정을 시도한다. 여기서는 단어가 지시하는 대상물, 단어가 사용되는 장면과 분포 등 언어적 환경이 문제가 된다. 그러나 지시물에 관해서 볼 때, 〈나를 구해 준 사람〉과 〈나를 궁지에 몰아넣은 사람〉에는 같은 〈사람〉이 있으나 양자의 뜻은 반드시 꼭 같다고 할 수 없다. 전자는 〈구원자〉, 후자는 〈가해자〉의 의미가 포함되어 있다. 그밖에 언어적 환경에 관해서도 의미를 규정하는 데 있어서 관여적인 것과 비관여적인 것을 어떻게 구별하는가 하는 문제가 있다. 이와 같이 종

래 발표된 심리주의와 물리주의의 입장에는 어느 쪽에도 큰 문제가
있다.

1.3 의미 삼각도

의미의 본질을 규명하려는 고전적인 또 하나의 예는 영국의 심리학
자 오그덴 C. K. Ogden과 문예평론가 리차즈 I. A. Richards가 제안한
의미 삼각도 semantic triangle에 의한 설명이다. 이들의 이론은 그후
의미의 본질을 논할 때 자주 인용되고 있기 때문에 그들의 설명을 간
단히 살펴볼 필요가 있다.

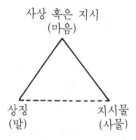

이 삼각도는 〈말〉과 〈마음〉과 〈사물〉의 관계를 표시하기 위해서 고
안된 그림이다. 그들에 의하면 말은 상징 symbol의 일종이며 의미란
상징인 말이 사물인 지시물 referent을 지시하는 작용 reference이다.
상징과 지시물 사이에는 다시 말하면 말과 현실의 사물 사이에는 직
접적인 관계가 없다. 즉 단어 〈개〉와 우리 주위에서 볼 수 있는 개
사이에는 직접적 관계가 없다는 뜻이다. 이런 관계를 위의 삼각도에
서 점선으로 표시하고 있다. 요컨대 이 삼각도는 말은 사람의 마음,
즉 사상을 통해서만 현실의 사물과 관계를 맺는다는 것을 말하고 있
다.

이 이론에는 의미에 관한 두 가지 중요한 원리가 포함되어 있다.

그 하나는 말, 예를 들면 단어는 현실의 사물과는 직접적 관계가 없음을 말하고 있다. 둘째로 언어, 예를 들면 단어는 지시 작용을 매개로 해서 현실의 사물과 관계를 갖게 된다는 것이다. 이 이론에 의하면 그 지시성이 바로 의미인 것이다. 그렇다면 지시물이 없는 것, 가령 용龍은 현실적으로 존재하지 않는 것이기 때문에 〈용〉이라는 단어에는 의미가 없다는 말이 된다. 이 견해에는 이러한 문제가 있다.

1.4 의미자질

우리는 위에서 든 몇 가지 견해를 통해서 의미의 본질을 파악하는 것이 대단히 어렵다는 것을 엿볼 수 있었다. 그러한 견해에 대해서 근래 새로운 각도에서 의미 문제에 접근하려는 연구가 활발하게 전개되고 있다. 이 새로운 연구경향을 간단히 살펴보기로 하자.

단어의 의미를 기술한다는 것은 단어가 지시하는 대상의 모든 속성을 모조리 기술하는 것이 아니라는 점에 먼저 주의할 필요가 있다. 의미의 기술은 어떤 단어가 그것과 관련이 있는 다른 단어와 의미상 어떻게 대립하는가를 규정하는 것이라고 해도 좋을 것이다. 그러므로 언어학에 있어서 의미론이 목표로 하는 의미기술의 대상은 단어와 단어를 구별하는 변별적 기능을 가진 자질이며 이것을 의미자질 semantic feature 이라고 한다. 이것은 또 의미소 sememe 라고도 일컬어지고 있다. 예를 들면, 단어 〈노총각〉의 의미는 〈남성〉, 〈성인〉, 〈미혼〉, 〈인간〉의 네 가지 속성으로 정의된다고 보고 이와 같은 변별적인 특징적 자질, 즉 의미자질로 단어의 의미를 분석하는 것을 성분분석 componential analysis 이라고 한다. 이와 같이 단어의 의미를 규정하는 의미자질은 성분분석에 의해서 표시되는 것이 보통이다. 그 이유는 그러한 기준을 설정하지 않으면 의미가 거의 무한하게 세분되기 때문이다. 다음에는 이러한 원리를 예를 통해서 알아보기로 하자.

단어 〈남자〉, 〈여자〉, 〈소년〉, 〈소녀〉의 의미를 어떻게 규정해야

하는가? 그러기 위해서는 먼저 이들 각 단어를 구별할 수 있는 의미
상의 특징을 규정할 필요가 있다. 〈남자〉와 〈여자〉를 〈소년〉과 〈소
녀〉와 구별하기 위해서는 〈성인〉이라는 특징이 필요하다. 이때 〈성
인〉은 의미자질 [+adult]로 표시하고 〈미성인〉은 의미자질 [−adult]
로 표시한다. 다음에는 〈남자〉와 〈소년〉에 대해서 〈남성〉([+male]로
표시) 그리고 〈여자〉와 〈소녀〉에 대해서는 〈여성〉([−male]로 표시)의
자질을 규정한다. 이와 같이 의미자질 [adult]와 [male]을 설정하고
그것을 +와 −로 한정함으로써 위의 네 단어의 의미를 다음과 같이
부분적으로 특징지울 수 있다.

	남자	여자	소년	소녀
[adult]	+	+	−	−
[male]	+	−	+	−

　단어의 의미를 특징지우는 방법으로서 위와 같은 성분분석에는 몇
가지 이점이 있다. 첫째 〈남자〉와 〈소년〉의 의미는 〈남자〉와 〈소녀〉
의 의미보다 더 밀접한 관계에 있다는 우리들의 직관을 설명해 줄 수
있다. 〈남자〉와 〈소년〉에는 의미자질 [+male]을 공유하고 있기 때문
이다. 그러나 〈남자〉와 〈소녀〉에는 의미자질 [adult]와 [male] 어느
쪽에도 동일한 것이 없다. 둘째, 의미자질의 종류를 더 늘려 가면 많
은 단어의 의미를 특징지울 수 있다. 예를 들면 위의 네 단어와 〈종
마種馬〉, 〈암말〉, 〈망아지〉, 〈암망아지〉의 의미를 자질 [adult],
[male], [human]에 의해서 설명할 수 있다.

	남자	여자	소년	소녀	종마	암말	수망아지	암망아지
[adult]	+	+	−	−	+	+	−	−
[male]	+	−	+	−	+	−	+	−
[human]	+	+	+	+	−	−	−	−

여기서는 〈인간〉인가 아닌가를 구별하기 위해서 의미자질 [human]을 설정했다. 인간의 경우에는 [+human], 동물의 경우에는 [-human]으로 표시된다. 끝으로 이 방법에 의하면, 적어도 원리적으로는 무한하게 세분될 수 있는 의미를 일정한 수의 의미자질에 의해서 특징지을 수 있다. 가령 위의 예를 보자. 8개의 단어의 의미를 단지 3가지 자질에 의해서 구별할 수 있는 것을 알 수 있다. 일반적으로 이론상 요구되는 진술의 수가 적을수록 그 이론은 높은 가치를 가지게 된다.

성분분석에는 위와 같은 이점이 있으나 또한 한계가 있다. 첫째 의미자질에 관한 것이다. 정확하게 어떤 의미자질에 의해서 또 얼마나 많은 의미자질에 의해서 보편적 의미성분을 결정할 수 있는가에 대한 일치된 견해가 없다. 둘째, 명사의 경우, 특히 구체명사는 성분분석이 보다 쉽지만 다른 품사의 경우에는 그렇지 않다. 예를 들면, 관사, 전치사와 같은 것은 말할 것도 없고 〈주의해서〉 또는 〈교전중의〉와 같은 단어의 의미는 어떤 자질로 특징지어야 하는가? 이러한 난점이 있다. 그러나 어떤 제한을 가한다면, 의미자질에 의한 성분분석은 유효한 것으로 생각되고 있다. 그리고 현재 이러한 방향으로 의미연구가 진행되고 있다.

2 의미에 관한 연구

2.1 언어학적 접근과 철학적 접근

의미는 본질적으로 언어학과 철학 두 방향에서 연구되었다. 언어학에서는 일차적으로 개별적 단어의 의미연구에 집중되었고 철학자들은 일차적으로 문장의 의미연구에 공헌했다. 언어학자들의 의미연구는 그 몇 가지 예를 통해서 개관했다. 그런데 철학자의 입장에서는 문장의 의미를 직접 특징지우려는 것이 아니라 두 가지 다른 방향에서 접근하려고 한다. 하나는 지시개념에 관한 연구이고 다른 하나는 6 장 2.4 에서 설명하는 진리조건에 관한 연구이다. 지시개념이란 본질적으로 언어표현(단어, 구절, 문장 등)이 지시하는 대상이 무엇인가에 관한 연구라고 하겠다. 예를 들면, ⟨이박사는 초대 대통령이다⟩라는 문장에서 표현 ⟨이박사⟩와 ⟨초대 대통령⟩은 동일한 대상, 즉 ⟨이승만 박사⟩를 지시하고 있다. 한편 진리조건 의미론은 본질적으로 어떤 진술이 참이고 거짓인가를 판단할 수 있는 조건에 관한 연구라고 하겠다. 이러한 연구에서는 실제로 문장들 사이의 진리의 관계가 다루어지고 있다. 예를 들면, 문장 ⟨그 사람은 80 살이다⟩가 참이라면 ⟨그 사람은 50 살이 넘었다⟩도 참이다. 이와 같이 언어적 표현을 일반적으로 다루려는 것이 아니라 언어적 표현의 지시와 언어적 표현의 참과 거짓에 관한 조건을 연구하려고 한다. 이러한 연구에는 물론 결함이 있다. 그것은 의미의 영역에 속하는 많은 것들이 도외시되는 경향이 있기 때문이다. 그러나 지금까지 설명한 것을 요약하면, 의미론은 세 분야, 즉 의미와 지시와 진리조건으로 구분해서 고찰할 수 있다.

2.2 의미

의미연구는 화자-의미와 언어적 의미 두 분야로 구분할 수 있다. 화자-의미란, 어떤 언어표현을 발화할 때에 있어서 화자의 의도라고 할 수 있다. 가령 비꼬아서 ⟨철수는 참 천재야⟩라는 문장을 발화했다면, 이 문장의 화자-의미는 ⟨철수는 지능이 수준 이하야⟩가 될 것이다. 그러나 화자-의미는 말 그대로의 의미가 아니기 때문에 의미론의 영역 밖에 있다고 하겠다. 오히려 화용론(6 장 2.5 참조)에 속하는 문제가 된다. 한편 언어적 의미는 언어표현 그대로의 의미로서 의미론에서 다루어져야 할 분야에 속한다. 예를 들면, 문장 ⟨철수는 참 천재야〉는 문자 그대로 〈철수는 지능이 뛰어나다〉를 의미한다. 이와 같이 언어적 의미는 화자, 청자 또는 환경과 관계없이 말 그대로의 의미이기 때문에 이것이 의미론의 대상이 되는 것이다. 그러나 이 예에서 문장의 언어적 의미는 그것을 알기 쉽게 다른 말로 바꿔서 설명하지 않고서는 그 의미를 정확하게 표시할 수 있는 더 좋은 방법이 없다는 점에 유의해야 한다.

다음에는 의미론에서 설명되어야 할 몇 가지 의미 특징과 그 관계에 관해서 알아보기로 하자.

1) 어휘적 애매성 lexical ambiguity

한 단어가 하나 이상의 의미를 가지고 있으면 그 단어는 어휘적으로 애매하다고 한다. 가령 영어의 명사 *fly* 에는 하나 이상의 의미가 있기 때문에 애매하다. *fly* 에는 〈파리〉, 〈(낚시용의) 제물낚시〉, 〈(피아노의) 건반 덮는 뚜껑〉 등 여러 가지 의미가 있다. 그리하여 문장 *John saw a fly* 는 여러 모로 애매하다. 이러한 사실을 설명할 수 있는 한 방법은 영어사전에서 fly 를 각 의미에 따라서 독립된 표제어로 제시한다.

그러나 주의할 것은 모든 애매성이 어휘에서만 비롯되는 것이 아니라는 점이다. 우리는 5 장 1.3 에서 *American history teacher* 의 예를 본 바 있다. 이 구절에는 〈미국사를 가르치는 교사〉와 〈미국인인 역사 교사〉의 두 가지 뜻이 있어서 애매하다. 그런데 이 애매성은 어떤 특정 단어의 애매성에서 비롯된 것이 아니다. *American, history, teacher* 어느 것에도 한 의미밖에는 없다. 이 애매성은 실은 통사적인 것이다. 이 구절에는 두 개의 다른 심층구조가 있는 것을 보았다. 하나는 [[*American history*] *teacher*] (미국사를 가르치는 교사)이고 하나는 [American [history teacher]] (미국인인 역사 교사)이다. 따라서 이러한 애매성을 통사적 애매성이라고 한다.

2) 동의성 synonymy

두 단어가 동일한 의미를 가지고 있으면, 즉 모든 의미자질에 대해서 동일한 가치 즉 +/-의 관계가 동일하면 그들 단어는 동의어 *synonym* 라고 한다. 예를 들어 영어 *conceal*〈숨기다〉과 *hide*〈숨기다〉, *stubborn*〈완고한〉과 *obstinate*〈완고한〉, *big*〈큰〉과 *large*〈큰〉는 동의어이다. 이들 짝은 동일한 가치로 표기되는 동일한 의미자질의 집합을 가지고 있다. 그러나 이미 위에서도 지적한 바와 같이 의미연구에서 가장 큰 어려움의 하나는 보편적인 의미자질을 정확하게 결정하는 것이라고 하겠다. 또한 어느 언어에도 절대적 동의어, 즉 모든 문맥에서 적확하게 동일한 것을 의미하는 두 단어는 없다는 점에 유의할 필요가 있다. 따라서 〈동의어 同意語〉 대신 〈유의어 類意語〉라고 부르는 사람도 있다. 예를 들면, 영어 *big* 과 *large* 는 거의 동의어지만, *my big sister* 와 *my large sister* 에서는 분명히 동일한 의미가 아니다. 전자의 big sister 는 〈(손윗) 누이〉를 의미한다.

3) 상하관계 hyponymy

단어 A 의 의미가 다른 단어 B 의 의미 전체를 포함할 때 단어 A 를 하위어(下位語 : hyponym)라고 하고 단어 B 를 상위어(上位語 : superordinate)라고 한다. 예를 들면, 〈사과〉, 〈배〉, 〈감〉 등의 의미는 모두 〈과일〉의 의미에 포함된다. 다시 말하면, 사과, 배, 감의 의미는 단어 과일의 전체 의미를 포함하고 있다. 따라서 사과, 배, 감은 하위어이고 과일은 상위어이다. 하위어의 개념은 상위어의 개념에 포함되는데 하위어는 상위어의 의미자질을 모두 포함하며 또 적어도 하나의 변별적 자질을 더 가지고 있다. 이것에 의해서 같은 상위어에 속하면서도 다른 하위어와 스스로를 구별한다. 즉 사과는 과일이지만 배나 감과는 다르다. 이 관계를 다음과 같이 도시할 수 있다.

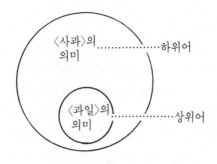

이 관계는 또 다음과 같이도 도식할 수 있다.

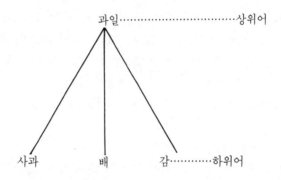

　또 다음과 같은 경우를 생각해 보자. 바구니 속에 사과가 들어 있다고 하자. 이때 〈바구니에____가 있다〉라는 문장의 ____ 위치에는 상위어인 과일과 하위어인 사과, 배, 감 등이 모두 올 수 있다. 그러나 현실적으로 바구니에 사과가 들어 있기 때문에 〈바구니에 사과가 있다〉고도 할 수 있으나 〈바구니에 배가 있다〉고는 할 수 없다. 그렇게 말하면 모순이 된다. 즉 사과는 이 경우, 과일의 하위어 중에서 사과 이외의 것은 모두 배제하고 있다. 즉 사과는 배나 감과 양립할 수 없다. 이러한 관계를 비양립성 incompatibility 이라고 한다. 상하관계와 비양립성의 관계는 어휘의 구조를 생각할 때 중요한 개념이 된다.

4) 중복 overlap

두 단어의 의미가 그들의 의미를 구성하는 의미자질 중에서 몇 개 (전부가 아님)에 대해서 동일한 값을 가지고 있을 때 그들의 의미가 중복한다고 한다. 예를 들면, 〈자매〉, 〈질녀〉, 〈아주머니〉, 〈어머니〉의 의미는 중복한다. 이들 단어의 의미가 같은 의미자질 [+human], [−male], [+kin]으로 특징지어지기 때문이다. [+kin]은 〈친족〉의 의미자질을 표시한다. 이 관계를 다음과 같이 도시할 수 있다.

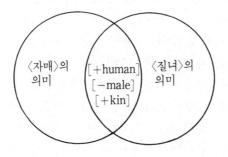

만일 이 네 단어에 〈수녀〉, 〈여주인〉을 합쳐서 생각한다면, 이들 단어의 의미자질은 [+human]과 [−male]이 중복된다. 또 여기에 〈암말〉과 〈암퇘지〉를 추가하면 그들의 의미자질 [−male]이 중복된다. 이들 관계는 다음과 같이 표시된다.

	자매	질녀	아주머니	어머니	수녀	여주인	암말	암퇘지
[human]	+	+	+	+	+	+	−	−
[male]	−	−	−	−	−	−	−	−
[kin]	+	+	+	+	−	−	−	−

이 관계는 위에서 본 상하관계와 구별되어야 한다. 상하관계는 어

느 단어의 의미가 다른 단어의 의미에 모두 포함되는 것이다. 그리하여 모든 〈암돼지〉는 〈돼지〉지만 모든 〈돼지〉는 〈암돼지〉가 아니다. 한편 중복의 경우는 두 단어의 의미가 교차한다. 따라서 두 단어의 의미 중 어느 하나가 다른 하나를 포함하지 않는다. 자매와 질녀의 의미는 서로 교차한다. 따라서 모든 〈자매〉가 〈질녀〉가 아니고 또 모든 〈질녀〉가 〈자매〉도 아니다.

5) 반의성 antonymy

의미상 반대관계에 있는 두 단어를 반의어反意語라고 한다. 의미자질면에서 볼 때 두 단어의 의미에서 어느 한 의미자질에 대한 값이 다를 때 그 두 단어를 반의어라고 한다. 〈죽은〉과 〈살아 있는〉, 〈위〉와 〈아래〉, 〈뜨거운〉과 〈찬〉 등은 반의어이다. 이들 각 쌍의 각 단어의 의미는 어떤 의미자질에 대한 반대 값을 제외하고는 동일하다. 가령 〈죽은〉과 〈살아 있는〉의 의미자질을 보면, 〈죽은〉이 의미자질 [−living]으로 그리고 〈살아 있는〉이 의미자질 [+living]으로 표시되는 것과 같다. 그러나 여기서도 각 쌍의 각 단어를 구별하는 관여적 의미자질을 결정하기가 어렵다는 점에 유의할 필요가 있다.

반의성은 크게 세 가지 유형으로 구별할 수 있다. 첫째는 〈남자〉와 〈여자〉, 〈속〉과 〈겉〉과 같이 A가 아니면 B의 관계로서 비양립관계라고 한다. 둘째로, 동작 등이 반대방향에 있는 관계로서 〈사다〉와 〈팔다〉, 〈가다〉와 〈오다〉 등과 같다. 세번째는, 가장 일반적인 반의관계로서 많은 반의어가 이 유형에 속한다. 〈크다〉와 〈작다〉, 〈강하다〉와 〈약하다〉 등과 같이 A와 B 사이에 중간단계가 있다. 첫째 유형을 이분적 반의어 혹은 양극적 반의어라고 한다면 두번째 유형을 상대적 반의어라고 하며, 세번째 유형은 단계적 반의어라고 할 수 있다. 예를 들면, 〈뜨겁다〉와 〈차다〉 사이에는 〈따뜻하다〉 또는 〈미지근하다〉의 단계가 있다 : 뜨겁다…… (따뜻하다)…… (미지근하다)…… 차다.

2.3 지시

지시에 관한 연구도 6장 2.2에서 본 의미에 관한 연구에서처럼 화자-지시 speaker-reference 와 언어-지시 linguistic-reference 로 구별할 수 있다. 화자-지시란, 화자가 어떤 언어표현을 사용해서 지시하려는 것이다. 예를 들어 자기의 귀여운 아들을 지시하기 위해서 〈대장이 온다〉라고 말했다면, 대장이라는 화자-지시는 자기 아들이다. 이와 같이 화자-지시는 화자와 환경에 따라서 변하는 것이기 때문에 의미론의 영역에서 벗어나는 것이다. 이것은 뒤에 설명하는 화용론에 속하는 문제가 될 것이다. 한편 언어-지시란, 어떤 언어적 표현 그대로의 체계적인 언어표현이라고 하겠다. 예를 들면, 문장 〈대장이 온다〉에 있는 언어적 표현 〈대장〉은 대장의 계급에 있는 군인을 지시한다. 이와 같이 언어-지시는 화자-지시와는 반대로 의미론의 영역에 속한다. 그 이유는 언어-지시에 관한 연구는 화자나 환경이 아니라 언어 그 자체의 체계적 기능인 지시를 다루는 것이기 때문이다.

다음에는 지시에 관해서 생각하고 논의할 때 필요한 몇 가지 중요한 개념에 관해서 알아보기로 한다.

1) 지시물 referent

예를 들어, 내가 저쪽에 있는 진도개를 가르키면서 〈저 개는 사나워보인다〉와 같이 말했을 때, 〈저 개〉라는 지시표현에 대한 지시물은 바로 내가 가르키고 있는 특정 진도개이다. 이처럼 명사나 명사구와 같은 지시표현에 의해서 인지되는 실체를 그 표현의 지시물이라고 한다. 다시 말하면 지시물이란, 언어표현 또는 언어기호가 지시하는 현실 세계의 대상이다.

2) 외연 denotation

예를 들어, 〈나무〉라는 개념은 〈나무〉라는 단어에 의해서 지시되는 소나무, 매화나무, 버드나무 등 모든 나무를 포괄한다. 이처럼 한 개념에 의해서 포괄되는 대상의 범위를 외연이라고 한다. 내포 connotation에 대한 반대 개념으로 확대 extension 라고도 한다. 한편 한 개념에 의해서 포괄되는 범위 내의 대상에 공통되는 성질을 내포라고 한다. 양자의 관계는 다음과 같다. 외연이 적어지면 그 범위의 대상에 공통된 성질(=내포)은 증가한다. 반대로 외연이 크면 내포는 적어진다. 예를 들면, 나무는 침엽수보다 외연이 크지만, 잎이 〈바늘 모양으로 된〉이라는 성질이 없어도 되기 때문에 내포는 적다. 이런 종류의 내포는 의미자질에 해당하는 것이다. 반대로 소나무는 나무보다 외연은 적지만, 내포는 크다. 침엽, 상록 등 나무에는 없는 내포가 소나무에는 있다.

3) 원형 prototype

지시표현의 외연 중에서 가장 대표적인 것을 원형原形이라고 한다. 예를 들면 참새와 제비는 새의 원형이다. 그러나 타조나 펠리칸은 원형이라고 할 수 없다. 그것은 타조와 펠리칸을 새의 대표적인 것으로 보기 어렵기 때문이다.

다음에는 언어지시의 몇 가지 다른 형을 보기로 하자.

4) 조응 anaphora

어떤 언어표현이 다른 언어표현을 지시할 때 그 언어표현을 조응照應 또는 조응적이라고 한다. 구체적으로 말하면, 앞에서 이미 말한 표현에 언급하는 대명사나 정관사 등의 사용을 말한다. 〈철수가 순희를 보았을 때 그는 그녀에게 손을 흔들었다〉에서 〈그는〉은 앞의 〈철수〉를 또 〈그녀〉는 앞의 〈순희〉를 가르킨다. *He kept a cat and took very good care of the cat*〈그는 고양이를 길렀는데 그 고양이를 대단히 잘 돌보아 주었다〉에서 *the cat*의 정관사 *the*는 앞의 *a cat*을 가르키는 것이다. 이런 용법을 전방前方 조응이라고 한다. 여기 대해서 뒤에 말하는 표현을 미리 지시하기 위해서 사용되는 대명사나 정관사를 후방後方 조응 cataphoric 이라고 한다. *Although she lost her mother in the accident, the poor girl never cried in public*〈그 불쌍한 소녀는 사고로 어머니를 잃었지만, 사람들 앞에서 울지 않았다〉에서 *she* 는 뒤에 나오는 *poor girl* 을 가르킨다.

5) 직시 deixis

한 의미를 가지고 있으나 말할 때의 환경의 변화에 따라서 다른 것을 지시하는 언어표현을 직시라고 한다. 〈어제〉, 〈오늘〉, 〈내일〉과 같은 표현은 직시直示의 좋은 예가 된다. 가령 1962년 12월 15일에 A가 B에게 〈내일 다시 보자〉라고 했다면, 이때 〈내일〉의 지시물은 같은 해 같은 달의 16일이 된다. 그런데 1991년 8월 22일에 A가 B에게 〈내일 다시 보자〉라고 했다면, 이때의 〈내일〉의 지시물은 같은 해의 8월 23일이 된다. 이러한 직시적 표현 가운데서 더 흥미있는 것은 대명사이다. 다음과 같은 경우를 생각해 보자. 철수가 순희에게 〈나는 너를 사랑해〉라고 말했을 때, 이때의 〈나〉는 철수이고 〈너〉는 순희이다. 그런데 꼭 같은 말을 이도령이 춘향에게 말했다고 가정하자. 그러면 이때의 〈나〉는 이도령이고 〈너〉는 춘향이다. 이와 같이 직시표현에는 무엇인가를 직접 가르키는 기능이 있다고 하겠다. 다시 말하면, 직시는 발화의 환경 내에서 어떤 것을 가르킨다. 그런데 직시는 조응과 교차하는 점에 주의해야 한다. *Mr. Kim believes that he is a genius in language*〈김씨는 그가 어학의 천재라고 믿고 있다〉에 있는 *he* 의 경우를 잘 살펴보자. 이때 *he* 는 *Mr. Kim* 을 지시할 수도 있고 또 *X* 라는 다른 사람을 지시할 수도 있다. 전자의 경우에는 *he* 가 다른 언어표현인 *Mr. Kim* 을 지시하기 때문에 조응적으로 사용되고 있는 것을 알 수 있다. 한편 후자의 경우에는 *he* 가 발화의 환경 내에 있는 어떤 다른 사람을 지시하기 때문에 직시적으로 사용되고 있는 것을 알 수 있다.

2.4 진리조건

의미론에 있어서의 참(진리) 혹은 진리조건 truth condition 에 관한 연구는 기본적으로 두 가지 범주로 구별될 수 있다. 하나는 개별적 문장에 내포된 진리에 관한 연구이고(분석적, 모순적, 종합적) 다른 하나는 문장들 사이의 의미관계, 즉 진리조건에 관한 연구(함의, 전제)라고 하겠다.

1) 분석적 문장
분석적 문장 analytic sentence 이란, 그 문장 자체의 의미에 의해서 반드시 참인 문장을 말한다. 예를 들면, 문장 〈총각은 미혼 남자이다〉는 참인데 그것은 현실 세계에서 그래서가 아니라 한국어의 문장의 의미가 그래서이기 때문이다. 다시 말하면, 일상 한국어의 지식으로 〈총각〉은 〈미혼의 남자〉를 의미하기 때문이다. 이와 같이 〈총각〉을 〈미혼의 남자〉라고 하는 것은 참이어야 한다. 이 문장이 참임을 입증하기 위해서 언어 밖의 현실 세계에서 그것을 조사할 필요가 없다. 그러므로 분석적 문장은 언어적 진리라고 불리기도 한다. 그것은 언어 그 자체에 의해서 참이기 때문이다.

2) 모순적 문장
모순적 문장 contradictory sentence 은 분석적 문장에 반대되는 것이다. 분석적 문장이 문장의 의미 자체에 의해서 반드시 참이라면, 모순적 문장은 같은 이유에 의해 반드시 거짓이다. 〈총각은 기혼 남자이다〉, 〈푸른 가스는 무색이다〉, 〈정사면체에는 동등한 다섯 면이 있다〉 등은 모두 거짓이다. 이들 문장에서 우리는 문장에 있는 단어의 의미에 의해서 각 문장이 거짓임을 알 수 있다. 〈총각〉의 의미는 〈미혼〉이고 〈푸른〉은 〈유색有色〉이고 〈정사면체〉에는 〈네 면〉이 있다.
이들 각 문장이 거짓임을 판단하기 위해서 언어 밖의 현실 세계에서
그것을 경험적으로 조사할 필요가 없다. 따라서 모순적 문장은 언어
적 거짓이라고 불리기도 한다. 그것은 언어의 의미 그 자체에 의해서
거짓이기 때문이다.

3) 종합적 문장

종합적 문장 synthetic sentence 은 문장의 참과 거짓이 문장의 의미
자체에 의해서 결정되는 것이 아니라, 언어 외적 현실 세계에 관한
지식이나 경험에 의해서 결정되는 것이다. 다시 말하면, 종합적 문장
은 분석적 문장이나 모순적 문장과는 달리 문장에 포함된 단어의 의
미 그 자체에 의하지 않고, 현실 세계의 어떤 상태를 정확하게 기술
하는가 않는가에 의해서 참과 거짓이 결정된다. 〈윗집 남자는 총각이
다〉는 종합적 문장이다. 이 문장은 이 문장의 단어의 의미를 조사해
서 그 참과 거짓을 판단할 수 없는 점에 유의해야 한다. 이 문장의
참과 거짓은, 예를 들면, 그 사람의 호적등본을 본다든가 하여 경험
적으로 입증되어야 하기 때문이다. 〈산소는 푸르다〉, 〈산소는 푸르지
않다〉, 〈철수의 집은 사각형이다〉, 〈철수의 집은 사각형이 아니다〉 등
도 같은 이유에서 종합적 문장이다.

위에서 설명한 예들은 비교적 분명한 것들이다. 분석적 문장과 모
순적 문장은 각각 참이고 거짓이다. 그러나 종합적 문장은 그렇지 않
다. 그것은 경험적으로 참과 거짓이 입증되어야 하기 때문이다. 그런
데 어떤 문장은 이들 세 가지 종류에 정확하게 맞지 않는다. 가령
〈산소는 푸르지 않다〉라는 문장을 생각해 보자. 이 문장은 참이다.
그러나 이 문장은 이 문장을 이루는 단어의 의미에 의해서(〈산소〉의
의미에는 〈무색〉이 있기 때문에) 분석적인가? 혹은 현실 세계와 일치
하기 때문에(산소는 현실 세계에서 무색이기 때문에) 참임으로 종합적인
가? 이러한 미묘한 문제가 있으며 전문가들조차 이런 문제에 대해서

통일된 해답을 가지고 있지 않다. 그러나 적어도 잠정적으로는 이런 경우를 분석적 참보다는 종합적 참으로 다루는 것이 합리적일 것 같다. 그것은 문장 〈산소는 푸르지 않다〉가 거짓일 조건을 상상하기 쉽기 때문이다. 예를 들면, 과학자가 산소를 얼리면 고체 산소가 사실상 푸르다는 것을 알게 되었다고 생각해 보자. 그러한 발견은 〈산소〉라는 단어의 의미에는 변화를 가져오지 않을 것이다. 오히려 산소라는 실체를 이해하는 데 변화를 가져올 것이다. 반대로 문장 〈무색의 산소는 푸르지 않다〉의 경우를 보자. 이 문장이 거짓일 수 있는 상황을 상상할 수 없을 것이다. 가스가 무색이라면 가스는 푸를 수 없다. 만일 가스가 푸르다면 가스는 무색일 수 없는 것이다. 따라서 이런 문제가 더 연구될 때까지는 〈산소는 푸르지 않다〉와 같은 문장은 종합적으로 참이라고 보는 것이 합리적일 것 같다.

4) 함의 entailment

문장 A의 의미가 문장 B의 의미를 포함할 때 문장 A는 문장 B를 함의 含意 한다고 한다. 함의와 상하관계 (6장 2.2 3)) 사이에는 유사점이 있다. 상하관계가 두 단어 사이의 관계를 기술하는 것과 같이 함의는 두 문장 사이의 포함관계를 기술한다. 함의에 관한 테스트는 다음과 같다. 문장 A의 참이 문장 B의 참을 보증하고 또 문장 B의 거짓이 문장 A의 거짓을 보증한다면 문장 A는 문장 B를 함의한다. 다음 문장을 보자. A.〈철수에게 치명적인 심장마비가 일어났다〉, B.〈철수는 죽었다〉. 이 경우, 문장 A는 문장 B를 함의한다. 그 이유는 A의 참이 B의 참을 보증하고 있기 때문이며(만일 철수에게 치명적 심장마비가 일어났다면 철수는 반드시 죽는다) 또 B의 거짓이 A의 거짓을 보증하기 때문이다(만일 철수가 죽지 않았다면 그에게 치명적 심장마비가 일어나지 않았기 때문이다). 이 관계를 다음과 같이 도시할 수 있다.

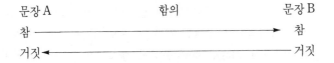

문장 A	함의	문장 B
참 ————————————————→		참
거짓 ←————————————————		거짓

 여기서 주목되는 것은 함의의 관계가 단일 방향적이라는 점이다. 위에 든 예를 반대 방향으로 다시 생각해 보자 : B.〈철수는 죽었다〉와 A.〈철수에게 치명적 심장마비가 일어났다〉이 경우, 문장 B는 문장 A를 함의하지 않는다. (즉 철수가 죽었다면, 그는 반드시 심장마비로만 죽지는 않았다 —— 그는 신장질환으로 죽었거나 혹은 전기 감전으로 죽었을 수도 있다.) 또 A의 거짓이 B의 거짓을 보증하지 않는다. (즉 만일 철수에게 치명적 심장마비가 일어나지 않았다면 그가 죽지 않은 것은 필연적이 아니다 —— 그는 신장질환이나 감전 사고로 죽었을지 모른다.) 요는 함의는 단일 방향적이다.

5) 전제 presupposition

 문장에 의해서 전달되는 정보 중에는 새로운 정보와 이미 알고 있는 옛 정보가 있다. 이 옛 정보의 부분을 전제 前提 라고 하고 새로운 정보를 단정이라고 한다. 예를 들면,〈철수는 대학에서 어떤 분야를 전공했느냐?〉〈언어학을 전공했다〉라는 담화에서〈철수는 대학에서 어떤 분야를 전공했다〉가 전제가 되어 있고〈언어학〉이 단정이 된다. 일반적으로 문장을 부정해도 부정되지 않는 부분이 전제가 된다. 위의 예에서〈철수는 대학에서 언어학을 전공하지 않았다〉로 부정하여도〈철수는 대학에서 어떤 분야를 전공했다〉라는 것은 그대로 남는다. 어휘에서도 그 자체가 갖는 전제가 있다. 예를 들면,〈총각〉이라는 단어의 의미는 [adult], [male], [unmarried]와 같은 성분으로 분석되는데〈철수는 총각이 아니다〉라는 문장에서 부정되는 것은 [unmarried] 성분만이고 [adult]와 [male]은 그대로 남는다. 따라서 [adult]와 [male]은〈총각〉이라는 단어의 전제가 된다고 할 수 있다.

또 작위동사 作爲動詞 의 보문 補文 도 전제를 이루는 대표적인 것이다. 가령 〈철수는 입학시험에서 실패한 것을 분하게 생각한다〉를 부정하여 〈철수는 입학시험에 실패한 것을 분하게 생각하지 않는다〉고 하여도 〈철수가 입학시험에 실패했다〉라는 사실은 변함이 없고 따라서 전제가 된다. 또 포함관계에 있는 상위어와 하위어(6장 2.2 3))에도 같은 관계가 있다. 〈저 꽃은 장미이다〉를 부정하여 〈저것은 장미가 아니다〉라고 해도 〈저것은 꽃이다〉라는 전제에는 변함이 없다.

2.5 화용론

화자, 청자, 장면과 같은 언어외적 사항은 원래 언어학의 영역에 속하지 않는 것으로 보았다. 그러나 그러한 언어외적 사항이 언어기호와 관련해서 다루어지는 한, 의미론과 같이 언어학의 영역에 속한다고 생각한다. 이 분야는 정의하기가 어려우나 몇 가지 구체적인 예를 통해서 그 내용을 알아보기로 하자. 〈이 방은 덥다〉라는 문장의 의미는 분명한데 이 문장이 발화되는 장면의 상황에 따라서는 〈창문을 열어달라〉는 의미가 되는 것을 쉽게 상상할 수 있을 것이다. 또 〈철수는 오늘 학교에 갔다〉와 〈철수는 오늘 학교에 왔다〉의 두 문장은 같은 내용을 말하고 있는데 말하는 사람의 위치에 따라서 〈오다〉와 〈가다〉가 구별해서 사용되고 있다. 또 다음과 같은 담화를 생각해 보자. *This book sells well. It was written by a friend of mine.*〈이 책은 잘 팔린다. 그것은 내 친구가 쓴 것이다〉 여기서 뒤의 문장이 수동이 된 것은 앞의 문장 *the book* 을 *it* 로 받음으로써 문장과 문장의 연결을 매끄럽게 하기 위한 생각이 작용하고 있다. 따라서 이 경우는 기계적으로 수동화 변형을 가했다고는 보기 어렵다. 이러한 예를 통해서 화용론(話用論 : pragmatics)은 의미론과 통사론의 영역과 명확하게 구별하기 어려운 점도 있다는 사실을 알게 된다.

참고문헌

Allwood, J., Anderson, L.-G., and Dahl, Ö., *Logic in linguistics,* Cambridge, England : Combridge University Press. 1977.

Fodor, J. D., *Semantics : Theories of meaning in generative grammar,* New York : Thomas Y. Crowell. 1977.

Hurford, S. R., and Heasley, B., *Semantics : A coursebook,* New York : Cambridge University Press. 1983.

Katz, J. J., *Semantic theory,* New York : Harper and Row. 1972.

Kempson, R., *Semantic theory,* Cambridge, England : Cambridge University Press. 1977.

Lyons, J., *Semantics,* (2 vols.), New York : Cambridge University Press. 1977.

Palmer, F. R., *Semantics : A course outline,* New York : Cambridge University Press. 1976.

제 3 부

언어의 역사

제 7 장 언어의 변화

1 언어의 변화

1.1 언어는 어떻게 변화하는가

만물은 시간과 더불어 끊임없이 변화한다. 언어도 예외가 아니다. 언어 또한 시간의 흐름에 따라서 변화하는 사실을 우리는 다음 예에서 쉽게 알 수 있다. 지금으로부터 약 5 세기 전의 용비어천가의 다음 한 구절만 보아도 그 한 마디 한 마디에 여러 가지 변화가 일어났음을 곧 알 수 있을 뿐만 아니라, 그 커다란 변화에 놀라게 될 것이다.

시미 기픈 므른 ▽ᄆ래 아니
그츨씨, 내히 이러 바ᄅ래 가ᄂ니

이 구절을 현대어로 그대로 옮기면, 대체로 다음과 같이 된다. 〈샘이 깊은 물은 가뭄에도 끊어지지 않고 솟아나므로 내가 되어서 드디어 바다에 이르나니.〉 여기서 우리는 15 세기 국어의 〈심, 믈, ▽물,

171

내ㅎ, 바룰〉이 현대어에서는 각각 〈샘, 물 , 가뭄, 내, 바다〉로 변화했음을 보게된다. 우리는 여기서 중세어와 현대어 사이에 큰 음운변화가 일어난 것을 알 수 있다. 이렇게 어떤 언어의 옛 문헌에 나타나는 어형과 다음 단계의 문헌에 나타나는 어형을 비교해 본다면, 여러 종류의 음운변화가 일어난 것을 알 수 있다. 역사언어학의 기술은 먼저 이 음운변화 phonological change 로부터 시작하는 것이 보통이다.

위에 든 용비어천가의 구절은 또 다른 변화를 보여주고 있다. 〈아니 그츨씨〉의 〈-ㄹ씨〉는 이유나 원인을 표시하는 접속어미이므로 〈-므로, -기 때문에〉와 같은 의미를 가지고 있었으나 현대어에서는 사용되지 않게 되었다. 또한 〈이러-〉는 〈일다〉의 자동사로서 〈이루어지다〉의 뜻인데 이 말도 지금은 사용되지 않으나 이 단어에서 파생한 타동사(사역형)인 〈일우다〉의 변형 〈이루다〉는 지금도 사용되고 있다. 중세어와 현대어를 비교해 보면, 이러한 많은 형태변화 morphological change 가 일어난 것을 보게 될 것이다. 이 밖에도 많은 예를 조사해 보면, 중세어와 현대어 사이에 통사변화 syntactic change 도 있음을 알게 될 것이다. 그런데 형태변화와 통사변화는 서로 밀접한 관계에 있기 때문에 양 변화를 합해서 문법변화 grammatical change 로 다루는 것이 편리할 때도 있다. 언어변화의 또 다른 변화를 보기로 하자. 월인석보에 〈思ᄂᆞᆫ 사랑홀 씨라〉라는 구절이 있다. 여기서 중세국어의 〈사랑〉은 〈생각〉을 의미했으며 이것이 현대어에서는 애愛의 뜻으로 의미변화 semantic change 가 일어났음을 알 수 있다. 이와 같이 언어는 시간과 더불어 모든 면이 변화하는 것을 알 수 있다.

1.2 역사언어학

위의 예에서와 같이 시기적으로 다른 몇 단계의 문헌을 조사하여 각 단계의 언어구조를 기술하여 그들을 비교해 보면, 그들 사이에 여러 가지 변화가 일어났음을 확인할 수 있는데, 역사언어학 historical linguistics 은 실제로 여기서 출발한다. 그러나 역사언어학은 이러한 변화 사실을 확인하고 그것을 기술하는 데 그치는 것이 아니라 그러한 몇 단계 사이에 보이는 변화의 대응 관계를 일반화하고 다음에는 실제 자료와 독립된 언어변화에 관한 보편적 가설을 세워 이에 의해서 언어변화를 설명하려고 한다.

이와 같이 역사언어학은 한 언어 또는 계통이 같은(혹은 친근관계가 있는) 몇몇 언어의 역사적 연구에만 한정되는 것이 아니라, 언어변화 그 자체의 본질을 구명하려고 한다. 그리하여 언어변화를 보편적으로 설명할 수 있는 이론적 토대를 마련하려고 한다. 다시 말하면, 언어변화가 일어나는 보편적 과정이 연구되고 또 언어변화를 일으키는 보편적 요인을 구명하고자 한다.

2 음운변화

2.1 음운변화의 종류

음운변화가 일정한 조건하에서 일어나는 경우가 있다. 여기서 일정한 조건이라고 함은 환경 environment 을 의미한다. 환경이란 어떤 음운이 어두에 있는지, 어중에 있는지, 어말에 있는지 또는 그 음운의 앞뒤에 어떤 음운이 있는지 —— 이러한 분포를 말한다. 어떤 음운이 일정한 환경에 있을 때만 변화하는 것을 조건변화 conditioned change 라고 한다. /t/가 모음과 모음 사이에 있을 때 /d/로 변화된다면 그것은 조건변화이다. 이에 비해서 일정한 환경의 조건이 없이 어떤 환경에서도 모조리 변화하는 것을 무조건변화 unconditioned change 라고 한다. /t/가 만일 앞뒤에 어떤 음운이 오든지 또는 어두, 어중, 어말 어느 위치에 있든지 모두 /d/로 변화했다면 그것은 무조건변화이다. 그런데 어떤 변화가 어떤 한 어휘 혹은 몇몇 어휘에 한해서만 일어나는 경우가 있다. 이러한 변화를 산발적 변화 sporadic change 라고 한다. 예를 들면, 라틴어의 *peregrinus* 가 이탈리아어의 *pellegrino* 〈순례자〉로 변화한다. 라틴어 *peregrinus* 에 있는 두 -*r* ……*r*- 중에서 첫번째 -*r*-가 -*ll*-로 변화한 것이다. 그런데 라틴어에서 어중에 두 -*r*-가 있을 때 그중 한 -*r*-가 이탈리아어에서 모조리 -*l*- 혹은 -*ll*- 로 변화하는 것은 아니다. 이러한 변화는 두 -*r*-을 가진 위의 단어 와 그 밖에 몇몇 단어에서만 일어난다. 따라서 이것은 산발적 변화이 다. 원인이 없는 변화는 없다. 그러면 어중에 두 -*r*-를 가진 단어 중에서 왜 몇몇 단어에 한해서만 그러한 변화가 일어나는가? 우리는 아직도 그 원인을 모르고 있다. 아마 어떤 심리적 혹은 생리적 또는 구조적 조건이 작용했을는지 모른다. 이와 같이 우리는 아직도 음운 변화의 원인을 정확하게 알 수 없는 경우가 많음을 기억해 두어야 한 다.

음운변화는 또 그 변화의 결과에 따라서 다음과 같이 분류되기도 한다. 한 예를 들면, /t/ 뒤에 /i/가 있으면 [tʲ]로 표시할 수 있는 구개음에 가까운 변이음으로 발음될 것이다. 그런데 이 변이음이 뒤 에 완전히 구개음화하여 /č/로 변화하여 새로운 음운 /č/가 나타났다 면 음운이 분열하는 변화가 일어난 것이다. 이러한 변화를 음운분열 phonological split 이라고 한다. 이러한 변화에 대해서 /t/가 어떤 환 경에서도 /d/로 변화하거나 또는 모음 /i/와 /u/가 모두 /a/로 변화 했다면 음운의 합류가 일어난 것이다. 이러한 변화를 음운합류 phonological merger 라고 한다. 이와 같이 변화의 결과에 따라서 음 운의 분열변화와 합류변화가 구별된다.

음운변화는 다시 체계와 관련해서 두 가지 종류로 나누어서 관찰할 수 있다. 음운은 다른 음운과 서로 연결되어 단어가 되고 문장이 된 다. 이러한 음운의 연결체를 통합체 syntagme 라고 하는데, 통합체 내에서 음운이 변화할 때 그런 변화를 통합적 변화 syntagmatic change 라고 한다. 통합체의 어떤 음운은 반드시 그 앞뒤에 어떤 다른 음운과 연결되어 있다. 그러므로 통합적 변화에는 대체로 환경에 의한 일정한 조건이 있다. 위에서 말한 조건변화와 동일하다. 통합적 변화에 대해서 계열적 변화 paradigmatic change 가 있다. 계열적 변화는 음운체계와 관련이 있는 것으로서 이에 관해서는 뒤에 따로 설명하기로 하고 다음에는 통합적 변화에 어떤 종류가 있는가를 보기로 한다.

2.2 음운의 통합적 변화

1) 동화 assimilation

동화同化 는 가장 흔히 일어나는 변화의 하나인데, 이것은 어느 음운이 인접해 있는 다른 음운에 동화되는 현상이다. 이 변화는 조음기관의 위치나 조음방법이 동일하게 동화되거나 또는 어떤 음성적 특징만이 동화되기도 한다. /A/와 /B/의 통합체가 있을 때, 즉 -/A/ +/B/-가 있을 때, /A/와 /B/를 따로따로 발음하는 것보다 /A/를 /B/에 동화시켜서 /B+B/, 혹은 /B/를 /A/에 동화시켜서 /A+ A/로 발음하는 것이 보다 쉬운 발음이 될 것이다. 말하자면, 발음상의 〈노력의 경제〉가 일어난 것이다. 즉 언어 경제 linguistic economy 가 일어난 것이다. 한 예를 들면, 라틴어 *nocte*[nokte]가 이탈리아어에서 *notte* 로 변화한 것은 /kt/>/tt/와 같은 동화가 일어난 것이다. 즉 /k/가 /t/에 동화하여 /t/로 변화한 것이다. 그런데 /A+B/의 예에서와 같이 동화의 방향은 두 가지 방향이 모두 가능하다. 즉 /A+ B/에서 동화가 일어날 때, /A+A/도 가능하고 /B+B/도 가능한 것이다. 위의 이탈리아어의 /tt/의 경우는 그중 한 방향을 택한 것이다. /tt/와 같은 동화의 방향, 즉 뒤에 있는 /t/가 앞에 있는 /k/를 동화시키는 것을 역행동화 regressive assimilation 라고 하며 또 /kk/와 같이 앞에 있는 /k/가 뒤에 있는 /t/를 /k/로 동화시켰다면 순행동화

progressive assimilation 가 일어난 것이다. 또한 두 음운이 서로 영향을 주고받아서 양자가 동시에 서로 동화하는 경우가 있다. 이것을 상호동화 reciprocal assimilation 라고 한다. 영어에서 [sevn](= seven ⟨7⟩)이 [sebm]으로 발음될 때가 있다. [v]의 영향으로 [n]이 [m]로 변하고 또 [m]의 영향으로 [v]가 [b]로 변하는 것과 같다. 즉 순치음 [v]의 영향으로 [n]가 순음[m]로 변하고 또 동시에 순음인 [m]에 [v]가 동화되어 같은 순음 [b]로 변한 것이다.

동화의 정도에 따라서 완전동화 complete assimilation 와 불완전동화 incomplete assimilation 가 구별된다. /kt/가 /tt/로 변화했다면, 그것은 완전동화이다. 한편 위의 예에서 [m]의 영향으로 [v]가 [b]로 발음되는 것은 불완전동화이다. [m]의 양순성에 의해서 [v]가 [b]로 변하는데 이것은 조음상의 한 부분만이 동화된 것이다. 동화는 조음의 위치와 방법에서 일어나는데 위치와 방법이 모두 같아지면 완전동화가 일어난 것이고 위치나 방법 중 어느 한쪽만이 동화될 때는 불완전동화가 일어난 것이다.

영향을 주고받는 두 음운이 직접 붙어 있는 경우와 떨어져 있는 경우가 있다. 전자의 경우를 인접동화 contiguous assimilation 라고 하며 후자의 경우를 간격동화 distant assimilation 라고 한다. /kt/ > /tt/는 인접동화이고 /k……t/ > /t……t/는 간격동화이다.

모음조화 vowel harmony 와 모음변이 umlaut 도 동화현상인데 모두 간격동화이다. 몽고어(문어)에서 모든 단어의 어간에 공존할 수 있는 모음은 전설모음 계열이 아니면 후설모음 계열 어느 쪽이다. 그런데 전설모음의 단어에 접미사가 첨가되면 접미사의 모음이 전설모음이 되고 후설모음의 단어에 첨가되면 접미사의 모음이 후설모음이 된다. 예를 들면, *dalai-ača*⟨바다에서⟩, *ger-eče*⟨집에서⟩와 같다(*-ača/-eče* 는 탈격 접미사). 모음변이의 경우를 보면 독일어에서 *Wort*⟨단어⟩의 복수형은 *Wört-er*이다. 복수 접미사 *-er*의 *-e*가 선행하는 후설모음 *-o-*에 영향을 미쳐서 *-o-*를 전설모음으로 동화시킨 것이다. 즉 후설모음 o 는 원순성을 가진 후설모음인데, 원순성을 가진 채 e 와 같은 높이의 전설모음으로 변하면 ö[œ]가 된다. 이것은 역행동화인 동시에 간격동화이고 또 불완전동화이다.

2) 이화 dissimilation

이화異化 는 동화와 정반대되는 현상이다. 한 단어 안에 같거나 또는 유사한 음운이 둘 이상 연속해 있거나 또는 간격을 두고 있을 때, 그 중 한쪽이 다른 음운으로 변화되는 현상이다. 우리 말에서 중세어의 /pup/(= 붑)⟨鼓⟩이 /puk/(= 북)으로 변화하고 /kəpup/(= 거붑)⟨龜⟩이 /kəpuk/(= 거북)으로 변화하는 것과 같다. 이 경우, 두 /p/의 두번째 /p/가 /k/로 이화된 것이다. 다음에는 좀더 복잡한 예를 하나 보기로 하자. 속俗 라틴어의 *luminosu* 가 스페인어에서 *lumbroso* 로 변화한다. 먼저 라틴어에서 약하게 발음되던 /i/가 탈락하고 /mn/가 형성되는데, /m/와 /n/는 유사한 비음이다. 그리하여 /n/가 /r/로 변화한다. 스페인어에서 /m/와 /r/ 사이에 있는 /b/는 선행하는 /m/의 영향으로 생긴 것이다(다음 ⟨어중음 첨가⟩ 참조). 선先 그리스어에서 일어나는 다음과 같은 현상은 흥미로운 이화 현상이다.

그리스어의 *trikha, pewthomaj* 는 선그리스어의 **thrikha, *phewthomaj* 로 소급되는 것인데, 두 계속되는 음절에 유기 파열음이 있으면, 앞에 있는 유기음이 ⟨기⟩를 잃는다. 즉 **th*-가 *t*-가 되고 **ph*-가 *p*-가 되는 것이다. 이화는 그리스어에서와 같이 규칙적으로 일어나는 경우도 있고 또 어느 단어에 한해서 산발적으로 일어나기도 한다.

3) 구개음화 palatalization

구개음화는 보통 전설고모음 /i/ 혹은 /y/ 앞에 있는 자음이 그 모음에 동화되는 현상이다. 우리말의 남부지방에 ⟨기름 油⟩을 ⟨지름⟩이라고 하고 또 ⟨길 道⟩을 ⟨질⟩이라고 발음하는 것과 같다. /i/ 앞에 있는 /k/가 발음될 때 혀가 구개에 닿는 곳과 후모음 /u/ 앞에 있는

/k/를 발음할 때 혀가 구개에 닿는 곳을 잘 비교해 보면, 그 차이를 알 수 있을 것이다. /k/가 /i/ 앞에 있을 때는 /u/ 앞에 있을 때보다 분명히 조음점이 구개 앞쪽, 즉 경구개에서 발음된다. 이것은 /k/를 발음할 때 혓바닥이 미리 전모음인 /i/의 자리를 취한 결과이다. 이렇게 해서 /kirum/⟨油⟩이 / čirum/ 이 된다. 이러한 현상을 경구개음화 혹은 더 간단히 구개음화라고 하며 여러 언어에서 흔히 볼 수 있는 변화이다. 이 변화과정을 보면, /i/ 앞에 있는 /k/는 처음 [kʸ-]와 같은 구개화된 변이음으로 발음되다가 뒤에는 /č/로 변화하는 단계를 밟았을 것이다.

4) 비음화 nasalization

비음화도 동화의 일종이다. 라틴어의 *vinu* 가 고대 프랑스어에서 /i/가 뒤에 있는 비음 /n/의 영향을 받고 동화되어 /ĩ/으로 변화한다 (/vĩn/). 그 뒤에 다시 말음 /n/가 탈락한 것이 현대 프랑스어의 /vɛ̃/ (= *vin*⟨포도주⟩)이다.

5) 음운전위 metathesis

한 단어 안에 있는 어떤 두 음운이 위치를 서로 바꾸는 현상이다. 음운전위音韻轉位 에는 두 가지 형이 있다. 라틴어 *mīrāculu* 가 스페인어 *milagro* 로 변화하는데 여기서는 *r* 과 *l* 이 서로 전위된 것을 볼 수 있다. 이것은 전위된 두 음운 사이에 간격을 두고 일어난 것이다. 한편 서 색슨어에서 자주 일어나는 변화로 *axian > ask, dox > dusk, waxan > wash* (여기서 x 는 [ks]로 발음된다) 등이 있는데, 여기서도 /k/와 /s/가 서로 전위된 것이다. 즉 ks>sk (>sh)의 변화가 일어난 것으로서 두 음운이 직접 연결되어 있는 경우이다.

라틴어의 *spatula*⟨편편한 (나무)조각⟩이 스페인어에서 *espalda* 로 변화하는데, 그 과정을 다음과 같이 설명할 수 있다. 먼저 *spatula* 에서 모음 사이에 있는 /t/가 유성화하여 /d/가 되고(*spatula > spadula*), 다음에는 모음 /u/가 탈락하여 /dl/가 형성되는데 (*spatula* > *spadula* > *spadla*), 스페인어에서 /dl/가 /ld/로 전위된 것이다. (스페인어 *espalda*의 어두 *e*-는 어두음 첨가 현상으로서 다음 〈어두음 첨가〉 참조.) 이 와 같은 전위는 모음탈락으로 우연히 /dl/가 형성되었는데, 스페인어 에는 정지음 뒤에 /l/가 오는 음절결합이 없기 때문에, 즉 그러한 발음습관이 없기 때문에 전위가 일어난 것이다. 전위는 또 자음과 모음 사이에도 일어난다. 고대 영어에서 자주 일어나는 것을 볼 수 있는 데, 한 예를 들면, *hros* > *hors*〈말馬〉과 같다.

6) 어두음 첨가 prothesis

위에서 라틴어 *spatula*의 어두 /sp/가 스페인어에서 /esp/로 변화한 것을 보았다. 이것은 어원적으로 아무런 관계가 없는 모음 /e/가 어두에 첨가된 것이다. 이러한 현상은 스페인어와 프랑스어 등 서 로만스어에서 규칙적으로 나타난다. 프랑스어에서 자음군 /sp/, /st/, /sk/ 등으로 시작하는 단어의 어두에 스페인어에서 /e/가 첨가되는 것은 일반적 경향이다.

다시 한 예를 들면, 현대 프랑스어 *étoile*〈星〉은 *stella(m)*에서 변화한 것인데, 어두자음군 /st/ 앞에 /e/가 첨가된 후에 다시 /s/가 탈락한 결과이다.

7) 어중모음 소멸 syncope

어중모음 소멸은 여러 언어에서 공통적으로 일어나는 현상이다. 고대 영어 *stānas*〈石〉가 현대어에서 *stones*/stóunz/가 된 것은 *n*와 *s* 사이에 있는 강세가 없는 모음 /a/가 /ə/를 거쳐서 소멸했음을 보여주고 있다.·영어의 이러한 현상은 주로 악센트와 관계가 있다.

8) 어말음 소멸 apocope

어말음 소멸은 단어의 어말모음이 소멸하는 변화이다. 이 변화도 여

러 언어에서 자주 나타나지만, 프랑스어에서는 특히 현저하게 나타난
다. 이 변화의 원인을 기층언어의 영향으로 설명하기도 한다(〈기층언
어〉에 관해서는 뒤에 설명될 것이다). 기층언어인 켈트어는 라틴어보다
더 강한 강세악센트를 가진 언어였는데, 이 영향에 의해서 악센트가
없는 어말모음이 모두 탈락해 버린 것으로 생각되고 있다. 그러나 스
페인어와 같은 다른 로만스어에서는 어말모음 소멸 현상이 제한된 조
건에서만 일어난다. 스페인어에서는 일정한 자음과 모음 뒤에서 일어
난다.

9) 어중음 첨가 epenthesis

영어 *timber*〈재목〉는 *timr-on 에서 변화한 것인데, /m/와 /r/ 사
이에 /b/가 새로이 나타난 것을 보게 된다. 이렇게 단어 내에서 원
래 없던 음운이 새로이 나타나는 현상을 어중음 첨가라고 한다. 위의
예는 발음상 생겨난 것이다. /m/는 비음이고 /r/은 구강음이다. 그
런데 /m/를 완전히 발음하기 전에 미리 구강음의 발음운동을 시작하
여 기류를 구강으로 유출시키면 /m/ 다음에 /b/가 나타나게 되는 것
이다.

10) 유성음화 sonorization

가장 일반적인 유성음화는 두 모음 사이에 있는 무성자음이 유성자
음으로 변화하는 것이다. 이것은 앞뒤의 유성모음의 영향을 받아 무
성자음이 유성자음으로 변화하는 현상이다. 한 예를 들면, /V+t+
V/>/V+d+V/와 같다. 그러나 모음 사이에 있는 모든 무성자음이
반드시 모음의 유성의 영향을 받는 것은 아니다. 중세 스페인어에서
는 모음 사이에 있는 /z/가 오히려 무성음 /s/로 변화하는 경우가 있
다.

11) 모음화 vocalization

모음화는 자음, 보통은 /l/와 /r/가 모음으로 변화하는 현상이다. 라틴어 *alteru*〈다른〉는 프랑스어에서 *autre*, 스페인어에서 *otro* 로 변화한다. 스페인어 *otro* 는 다음과 같은 변화과정을 밟은 것으로 생각된다 : /alt-/>/aut-/>/ot-/. 프랑스어에서도 /al-/의 /l/이 /u/로 변화하여 /au-/가 되었다.

12) r 음화 rhotacization

라틴어의 모음 사이에 있는 /s/가 /r/로 변화하는 것을 비교연구에 의해서 확인할 수 있다 : *genesis*>*generis*〈기원, 자손(속격)〉, *asēna*〈모래〉>*arena*. 그러나 /s/가 직접 /r/로 변화한 것이 아니라, */z/와 같은 중간 단계를 거친 것으로 생각된다(무성 /s/가 모음 사이에서 유성음화하여 */z/로 일단 변화한 것으로 생각되는 것이다). 그것은 유성음 /z/가 /r/로 r 음화하는 것이 보통이기 때문이다. 그러나 /z/가 /r/로 변화하는 원인은 아직 설명되지 않는다.

13) 동음탈락 haplology

라틴어 동사 *nūtriō*〈내가 기르다〉의 규칙적인 여성명사는 **nūtri-trix*〈유모〉가 되어야 할 것이다. 그러나 실제로는 *nūtrix* 로 나타난다. 또한 **stipipendium*〈급료지급〉은 *stipendium* 으로 나타난다. 이들의 경우, 인접해 있는 동일하거나 또는 유사한 음절이 있으면, 어느 한쪽이 탈락하는 현상을 보여주고 있다. 전자에서는 -tri-tri-에서 또 후자에서는 -pi̊ pe-에서 동음탈락 현상이 일어난 것이다. 우리말에서도 〈공양미供養米(= kong-iyang-mi)〉를 ko-iyang-mi 라고 하는 것도 두 -ng- 중에서 앞에 있는 -ng-이 탈락한 것이다.

2.3 음운의 계열적 변화

위에서 설명한 통합적 변화는 통합체의 선상에서 서로 연결되어 있는 음운의 상호 영향에 의해서 일어나는 것이다. 그리하여 라틴어 *vita*〈생명〉의 무성음 /t/가 스페인어 *vida*에서 유성음 /d/로 변화한 것은 앞뒤에 있는 유성모음의 영향으로 유성음화한 것이라고 설명한 다. 그러나 프랑스어에서 */u/는 환경에 관계없이 모두 /ü/로 변화 하고 말았는데, 이러한 변화는 통합적 환경에 의해서는 설명할 수 없 다. 다시 말하면, 일정한 조건이 없이 */u/가 모조리 /ü/로 변화한 것이다. 이에 대해서 통합적 변화에서는 어떤 음운이 일정한 조건하 에 있으면 변화하고 그러한 조건이 없는 위치에서는 변화하지 않고 그대로 있다. 그리하여 다음과 같은 결과를 가져오기도 한다. 그리스 어 *vita*의 경우, /t/가 모음 사이에 있을 때만 /d/로 변화하고 그렇 지 않은 경우에는 /t/가 변화하지 않고 그대로 남아 있다. 따라서 라 틴어에는 음운 /t/와 /d/가 존재하게 된다. 그러나 프랑스어 */u/의 경우에는 어느 환경에서도 /ü/로 변화했기 때문에 프랑스어의 음운 가운데서 */u/라는 모음 하나가 없어지는 결과가 되는 것이다. 이러 한 무조건변화에도 어떤 원인이 있어야 할 것이다. 그러나 아직 그러 한 원인이 충분히 구명되지 못하고 있다. 그런 중에서도 다음과 같이 음운의 체계적인 면에서 그 원인을 찾으려는 연구가 활발하게 진행되 고 있다.

한 언어의 음운들은 서로 일정한 관계에 의해서 묶여진 하나의 조 직체이다. 이때 우리는 일정한 관계를 〈대립관계〉라고 하고 그 조직 체를 음운체계라고 한다. 그런데 음운변화의 어느 것은 이 음운의 체 계와 관계가 있으며, 이러한 변화를 음운의 〈계열적 변화〉라고 한다. 7장 2.2에서 고찰한 통합적 변화는 음운 하나하나의 변화를 개별적 으로 보았을 뿐 변화하는 음운과 음운체계의 관계는 고려하지 않았 다. 여기 계열적 변화와 통합적 변화의 큰 차이가 있는 것이다. 다시 강조하면, 개개의 음운은 그 음운체계 가운데서 다른 음운과 어떤 대 립관계가 있기 때문에, 그러한 대립관계에 의한 체계와 음운변화 사 이에 어떤 관계가 있는가를 살펴보아야 할 필요가 있는 것이다. 한 예를 들면, /A/라는 음운이 변화하면 이 음운과 대립관계에 있던 /B/와의 음운관계가 깨지고 /B/는 다시 새로운 대립관계를 유지하기 위해서 /C/로 변화하는 경우가 있다. 이때 /C/는 같은 이유에서 다시 /D/로 변화하여 /A/>/B/>/C/>/D/……와 같이 연쇄적 변화를 일으켜서 체계에 큰 변동을 가져오게 된다. 이러한 계열적 변화는 다음과 같은 구체적인 예를 통해서 이해하게 될 것이다.

우리말에서도 중세어 이전 단계에서 /ㅜ/>/ㅗ/>/·/와 같은 연쇄 변화가 일어났던 것으로 추정되는데, /·/는 다시 /ㅏ/로 변화한다. 즉 후설모음 계열에서 고모음 /ㅜ/부터 차례로 저모음 /ㅗ/, /·/, /ㅏ/로 변화한 것이다. 이때 각 모음이 일정한 환경의 조건 없이 변화한 것은 말할 것도 없다. 그런데 중세국어 이전의 한 단계에 다음과 같은 모음체계가 존재했던 것으로 추정된다.

이 모음체계에서 /ㅓ/는 /ㅏ/와 대립하고 /ㅜ/는 /ㅗ/와 대립하고 있다. 그러나 /ㅡ/에는 대립의 짝이 없다. 이러한 경우 /ㅡ/와 같이 대립하는 짝이 없는 음운을 〈통합되지 않은 음운〉이라고 한다. 그리고 /ㅡ/에 대한 짝이 있어야 할 곳에 빈 칸(위의 도표에서는 □로 표시되어 있다)이 있음을 보게 되는데, 이러한 빈 칸을 〈구조상의 구멍 hole in the pattern〉이라고 한다. 통합되지 않은 음운, 즉 구조상의 구멍이 있을 경우는 그 음운체계가 불균형 상태에 있음을 의미한다. 그런데 음운체계가 이러한 불균형 상태에 있으면, 다시 균형이 잡힌 체계로 변화하려는 경향이 있다. 이때 두 가지 변화가 일어날 가능성이 있다. 첫째는 통합되지 않은 음운(위의 예에서 /ㅡ/)은 소멸해 버리는 것이다. 그러면 구조상의 구멍이 없어지고 나머지가 짝을 지어 대립하는 음운으로 균형이 잡힌 체계가 이루어지게 된다. 둘째로는 구조상의 구멍에 어떤 음운이 생겨나서 통합되지 않은 음운에 대한 새로운 대립의 짝이 생기게 되면 균형이 잡힌 음운체계가 될 것이다. 위에 든 국어의 모음체계에서는 통합되지 않은 /ㅡ/가 소멸하지 않고 새로 대립의 짝으로 /·/가 생겨났다. 그러나 /·/는 무에서 생긴 것이 아니다. /ㅗ/가 변화하여 /·/가 된 것이다. /ㅜ/는 /ㅗ/로 변화하고 /ㅗ/는 다시 변화하여 /·/로 변화한 것이다. 이 변화는 위의 도표에서 화살표로 표시하였다. /ㅜ/가 /ㅗ/로 변화하게 된 최초의 원인은 원시 한국어에 있었던 것으로 추정되는 */ü/가 /ㅜ/로 변화했기 때문에 원래의 /ㅜ/가 /ㅗ/로 밀려 변화하여 연쇄변화를 일으킨 것으로 생각해 볼 만하다.

무조건변화의 원인을 찾으려는 연구가 근래 활발히 진행되고 있음은 이미 위에서 지적한 바 있으나, 계열적 변화에 관한 연구는 앞으로 그러한 연구에 크게 공헌할 것으로 기대되고 있다. 지금까지 음운변화를 통합적 변화와 계열적 변화로 나누어서 고찰했는데, 음운변화의 원인에 대해서는 아직도 그 원인을 설명할 수 없는 것이 많이 있다는 점에 유의할 필요가 있다.

2.4 음운변화는 점진적인가 비약적인가

음운변화에서 어떤 음운이 다른 음운으로 변화하거나 혹은 소멸할 때 그것이 어떤 중간단계를 거치며 서서히 변화하는지 혹은 중간단계를 거치지 않고 급격히 비약적으로 다른 음운으로 변화하거나 혹은 소멸하는 것인가? 즉 점진적 변화인가 비약적 변화인가 하는 문제이다. 음운체계 내에서 다른 어떤 음운과 일정한 대립관계에 있는 어떤 음운이 변화하여 다른 음운대립을 하는 음운으로 변화했을 경우에 그 음운이 직접 새로운 다른 음운으로 변화한 것으로 보고 그러한 변화를 비약적 변화라고 한다. 일면 음운변화에는 점진적인 것과 비약적인 것이 있다고 보는 견해도 있다. 그러나 음운변화를 비약적인 것으로 보는 학자가 많다.

2.5 음운변화의 규칙성

음운의 통합적 변화에서 든 다음 예를 다시 한번 보자. 모음 사이에 있는 /t/는 모조리 /d/로 변화한다. 그런데 이러한 변화는 어느 한 단어에서만 일어나는 것이 아니다. /t/가 그러한 환경에 있으면 어느 단어에서도 /d/로 변화한다. 또 다음과 같은 예도 보자. 프랑스에서 *cantāre, cārum, canem*(c-는 [k]로 발음)은 *chanter*/šãte/〈노래하다〉, *cher*/šer/〈귀중한〉, *chien*/šyē/〈개〉으로 변화한다. 여기서 보면 어두에 있는 /ka-/ 즉 후설모음 /a/ 앞에 있는 /k/는 모두 /š/로 변화했음을 알 수 있다. 다시 말하면, /k/가 일정한 환경에서 일정한 음운, 즉 /š/로 변화했음을 보여주는 것이다. 여기서 우리는 일정한 환경에 있는 일정한 음운은 일정한 방향으로 변화하는 것임을 알 수 있는데, 이러한 변화경향을 〈음운변화의 규칙성〉이라고 한다. 이 음운변화의 규칙성은 특히 역사-비교언어학에서 중요한 원리가 되어 있다. 이에 관해서는 다음 〈비교언어학〉에서 다시 설명될 것이다.

음운변화에는 위와 같은 규칙성이 있는 것도 사실이지만, 다음과 같은 점에 유의해야 한다. 가령 모음 사이에서 /t/가 /d/로 변화하는 것은 동화에 의한 것으로 흔히 볼 수 있는 현상이지만, 그렇다고 그러한 변화가 어느 언어, 어느 시기에도 모두 일어나는 것은 아니다. 그러한 변화가 일어나는 언어도 있고 또 그렇지 않은 언어도 있다. 그뿐만 아니라 그러한 변화가 일어나는 언어일지라도 어느 시기에 한해서만 일어나기도 한다.

음운변화 중에는 규칙적인 것이 있으며 이런 변화를 〈음운법칙〉이라고 부르기도 한다. 위에 든 예에서 프랑스어의 /k(a)-/는 규칙적으로 /š(a)-/로 변화한다. 그러나 여기서 주의할 것은 그 〈법칙〉이라는 용어는 자연과학의 법칙과는 다르다는 점이다. 자연과학의 법칙은 시간과 공간을 초월해서 작용하는 것이지만, 음운법칙은 위에서 말한 것처럼 시간적으로 또는 공간적으로 제한된 것이다. 여기서 공간적이라고 한 것은, 어떤 변화가 어느 언어에서만, 혹은 어떤 언어의 어떤 방언에 한해서만 일어나는 것을 의미한다. 한 예로 〈기름油〉을 〈지름〉이라고 하고 〈길 道〉을 〈질〉이라고 하는 것은 우리말의 남부 방언에서만 일어나는 현상이다.

3 문법적 변화

3.1 문법적 변화와 유추

언어변화는 음운층위, 형태층위, 통사층위 모든 면에서 일어나는데 이 중에서 특히 형태층위의 변화와 통사층위의 변화는 서로 밀접한 관계에 있기 때문에 양자를 합해서 문법적 변화로 함께 다루는 것이 편리함은 위에서 이미 지적한 바 있다. 그런데 형태변화를 일으키는 가장 중요한 요인의 하나가 유추이다. 그러므로 다음에 유추를 중심으로 형태변화의 일면을 고찰하기로 한다.

우리는 어린이가 가끔 〈첫째〉를 〈한째〉라고 말하는 것을 들을 수 있다. 이것은 서수사를 형성할 때, 기수사에 〈째〉를 붙이는 것을 알고 있기 때문에 여기 맞추어서 〈한〉에 〈째〉를 붙인 것이다. 다시 말하면, 〈둘째〉 이후의 서수사는 모두 규칙적으로 기수에 〈째〉를 붙이는 규칙이 있다. 이것이 모델이 되어서 〈첫〉 대신에 기수사인 〈한〉을 사용한 것이다. 이러한 예는 어린이들의 말에서 가끔 들을 수 있다. 영국이나 미국의 어린이들이 *child* 의 복수형으로 *children* 대신 *childs* 라고 할 때가 있다. 그것은 대부분의 경우 명사에 *s* 를 첨가하여 복수형을 형성하는 규칙을 알고 있기 때문에, 여기 맞추어서 *childs* 를 만들어낸 것이다. 이러한 현상을 유추라고 하며 언어변화에 큰 영향을 미친다. 유추는 언어사용에서 광범위하게 일어난다. 미국의 어느 언어학자는 어린이의 말에서 다음과 같은 유추 현상이 일어나는 것을 보고한 바 있다. 어느 날 한 비행기 편대가 날아오는 것을 보고 아버지가 그의 어린 아들에게 *That is a formation*〈저것은 한 편대이다〉라고 설명해 주었다. 그때 날아온 비행기는 우연히도 네 대가 한 편대를 이루고 있었다. 얼마 안되어 이번에는 두 대의 비행기가 한 편대를 이루고 날아왔다. 그것을 본 어린이는 곧 아버지에게 *There is a twomation* 이라고 했다. 그 어린이는 아버지가 *formation*〈편대〉라고 했을 때, 첫음절의 *for-*를 수사 *four*〈4〉로 착각했던 것이다. 그리하여 두 대가 날아오는 것을 보고 곧 수사 *two* 를 이용해서 *twomation* 을 만들어낸 것이다. 이것은 물론 유추 현상인 것이다. 이 유추를 다음과 같이 비례식으로 설명할 수 있다.

$$four : formation = two : x$$

어린이는 사실 이러한 유추에 의해서 언어를 습득해 가는 것이다. 잘못된 유추는 물론 뒤에 수정된다. 그런데 실은 이러한 유추가 언어변화의 큰 요인이 되는 경우가 많다. 특히 형태변화에서 크게 작용한다.

3.2 유추에 의한 변화

영어의 강동사 strong verb 혹은 불규칙 동사의 역사는 유추에 의한 변화의 가장 좋은 예가 될 것이다. 고대 영어의 강동사는 활용할 때, 어간의 모음이 교체하는 것으로서 교체하는 모음에 따라 7가지 종류가 있었다. 여기에 대해서 약동사 weak verb 혹은 규칙동사는 활용할 때 규칙적으로 -*(e)d* 을 첨가했다. 그런데 숫자상 규칙동사가 압도적으로 많아서 이 규칙동사의 활용방식에 따라서 불규칙동사까지도 과거형을 형성할 때, 어미 *-(e)d* 를 붙여서 사용하게 되었다. 이것을 간단히 설명하면 다음과 같다. 고대 영어에서 동사 *help* 는 *holp, holpen* 으로 활용했다. 그런데 규칙형의 유추에 의해서 다음과 같이 규칙적 동사가 되었다.

> *help* > *help* (부정형)〈돕다〉
> *holp* > *helped* (과거형)
> *holpen* > *helped* (과거분사형)

이렇게 해서 여러 불규칙동사가 규칙동사로 통합된다. 그러나 불규칙동사 중에서도 사용빈도가 높은 것은 유추에 끌리지 않고 저항하여 현대 영어에서도 소위 불규칙동사로 남게 된다.

위에서 본 예는 유추에 의해서 불규칙한 것이 규칙화되는 현상이었다. 여기에는 영어의 불규칙 복수형도 물론 포함된다. 그런데 이러한 유추 이외에 유추에 의해서 새로운 형태소가 창조되기도 한다. 영어의 *editor*〈편집자〉는 라틴어에서 차용한 단어이다. 그런데 영어에는 동사의 어간에 *-or* 를 붙여서 그 동사가 표현하는 동작을 하는 사람을 의미하는 명사화 규칙이 있다. 그리하여 *editor* 의 *-or* 도 그러한 접미사의 일종으로 보고 *-or* 가 없는 *edit* 를 분리하여 동사를 만들어 낸다. 여기서 새로운 동사 *edit*〈편집하다〉가 탄생한 것이다. 원래 차용된 단어는 명사 *editor* 뿐이었고 라틴어의 *editor* 는 동사에 *-or* 가 첨가된 것도 아니었다. 이러한 현상을 역형성(逆形成 : back formation)이라고 한다. 이러한 현상도 유추에 의한 것임은 물론이다.

유추는 통사적 혁신도 가져온다. 유추 비례식 *the king : the king's crown = the king of England : x* 에서 x 는 *the king of England's crown* 이 되는데 이것도 유추에 의한 창조라고 하겠다.

또 다음과 같은 예도 있다. 독일어에서 복수어미 *-e* 를 붙이면 어간의 후설모음이 변이하는 경우가 있다. 즉 위에서 설명한 바 있는 모음변이이다(*Gast → Gäste*). 그리하여 모음변이가 일어나지 않는 단어에까지 모음변이를 하는 유추 현상이 일어난다. *Baum*⟨나무⟩의 복수형은 원래 *Baume*였는데 유추에 의해서 *Bäume*가 되었다.

유추는 두 가지 방향으로 확대된다. 첫째는 영어의 강동사와 약동사의 경우처럼 소수의 불규칙적인 형태가 다수의 규칙적인 형태로 통합되는 경우가 있고, 둘째로는 그와 반대로 소수의 형태가 오히려 널리 확대하여 그것이 규칙적 형태가 되는 경우가 있다. 라틴어에서 *docui, colui, monui, domui*에서와 같은 완료형을 형성하는 /-u-/는 원래 사용빈도가 낮은 것이었으나, 이것이 완료형의 규칙적인 형성방법이 된다. 그러므로 유추가 일어나고 그것이 확대하는 조건이 반드시 사용빈도와 관계가 있는 것이 아님도 알 수 있다. 그러므로 유추가 일어나는 더 명백한 요인이 밝혀져야 할 것이나, 이것은 앞으로의 연구에 기대해야 한다.

3.3 통사변화

현재 인구제어 印歐諸語에서는 영어가 대표하는 바와 같이 동사가 주어 뒤에 오는 이른바 SVO 형의 어순이 보통이다. 이탈리아어나 스페인어에서는 동사가 인칭변화를 하기 때문에 주어가 대명사인 경우에는 주어가 반드시 필요하지 않다. 그러나 VO의 순서에는 변함이 없다. 이러한 어순이 인구제어에서 언제부터 시작되었는지는 알 수 없으나, 오늘날은 이 어순이 고정되어 있다. 그러나 현대 인구제어 중에서도 힌두어에서는 한국어에서와 같이 동사가 목적어 뒤에 오는 어순을 보여주고 있다. 그러므로 고대 인구어 또는 그 조어 祖語에서도 어순이 SVO 형이었다고는 단정할 수 없다. 최근의 연구에 의하면, 레만 Lehmann 은 인구조어의 단계에서는 동사가 문장 말에 오는 OV형이었음을 논증하려고 하고 있다. 사실상 인구제어 중에서 대단히 이른 시기의 문헌이 남아 있는 힛타이트어 Hittite 에서는 그러한 경향이 남아 있음을 볼 수 있다. 또한 명사와 형용사의 상호 위치도 어느 편이 앞에 오는지 알 수 없을 뿐만 아니라, 전치사조차도 원래 는 전치前置인지 후치後置인지 알 수가 없다. 히타이트어나 산스크리트어 Sanskrit 에서는 후치되는 경향이 남아 있기 때문이다.

여기서는 어순의 예만을 간단히 살펴보았으나, 언어는 통사적인 syntactic 면에서도 크게 변화 change 하는 것을 알 수 있다. (인구제어, 인구조어, 히타이트어, 산스크리트어 등에 관해서는 다음 제 8 장 참조.)

4 의미변화

4.1 의미변화

어떤 언어의 옛 문헌을 시간적으로 내려오면서 조사해 보면, 단어의 의미가 크고 작게 변화하는 것을 알 수 있다. 영어 *person*〈사람〉은 중세 영어가 프랑스어에서 차용한 단어이다. 따라서 라틴어부터 프랑스어를 거쳐서 영어에 이르기까지 몇백 년 동안 어떤 의미변화 semantic change 가 일어났는가를 추적할 수 있다. 라틴어 문헌에서 최초로 나타나는 어형은 *persona* 였으며, 그 의미는 〈가면〉이었다. 로마시대의 희곡에서는 무대 위에서 가면이 사용되었는데, 가면은 역에 의해서 달랐다. 그리하여 *persona* 는 〈가면이 표시하는 인물〉을 의미하게 되고 다시 연극에서 어떤 역할을 하는 〈인물〉의 뜻도 가지게 되었다. 여기서 〈한 인물의 대표자〉라는 의미와 다시 〈(일반적인) 대표자〉라는 의미로 발전한다. 여기서 그 중심적 의미는 〈인류의 대표자〉였다. 이 단어와 어원이 같은 *parson* 은 더 제한된 의미로 〈교회의 대표자〉, 즉 〈교구 목사〉를 의미하는 단어로 남게 된다. 따라서

persona 는 무대 위의 분장도구를 의미하다가 다시 구체적인 어떤 사람의 역을 의미하게 되고 다음에는 인간의 일반 명칭이 되어 커다란 의미변화가 일어났음을 알게 된다. 〈언어는 스스로 이룬 조류를 타고 시간을 따라서 내려간다. 언어에는 표류(漂流 : drift)가 있다…… 무엇 하나 완전히 고정된 것은 존재하지 않는다.〉이것은 미국의 저명한 언어학자 사피어Sapir 의 말이다. 이러한 흐름을 타고 표류하는 언어요소 중에서 의미보다 변화하기 쉬운 것은 아마 없을 것이다. 또 사회적, 역사적, 문화적 변화의 흐름에 말려들어간 언어는 먼저 단어의 의미면에서 변화무쌍한 양상을 드러낸다. 라틴어 *monēta*〈화폐, 돈〉는 프랑스어에서 *monnaie*〈화폐〉가 되고 이것을 차용한 것이 영어의 *money*〈돈〉이다. 또한 라틴어 *monēta* 를 직접 차용한 것이 고대 영어 *mynet* 인데 이것이 현대 영어 *mint*〈조폐국, 화폐를 만드는 곳〉가 된다. 그런데 라틴어 *monēta* 는 *moneō*〈충고하다〉에서 파생한 것처럼 보이나 그것은 우연한 것이고 실은 *monēta* 는 여신 주노 Juno 의 별명이다. 로마에서는 그 여신을 모신 신전에서 화폐를 만들었기 때문에 그 이름 *monēta* 가 〈화폐, 돈〉의 의미를 갖게 된 것이다. 만일 문화사의 지식이 없었다면, *money* 의 어원은 해결할 수 없는 문제의 하나가 되었을 것이다. 이와 같이 의미의 변화과정은 대단히 복잡하지만, 여러 의미변화를 설명해 줄 수 있는 몇 가지 중요한 원인을 찾아 볼 수 있다.

4.2 의미변화의 원인

1) 언어의 내적 원인

어떤 단어가 많은 문맥에서 다른 어떤 단어와 결합해서 사용되다가 그 결합이 습관화되면, 한쪽 단어의 의미가 다른 단어의 의미와 같아진다. 이러한 변화의 가장 좋은 예는 프랑스어의 부정 否定의 역사일 것이다. 원래 긍정적인 의미를 가졌던 여러 단어가 부정사 *ne* 와 자주 결합해서 사용되었기 때문에 부정의 의미를 가지게 된 것이다. 프랑스어의 부정사 *ne* …… *pas*⟨~않다⟩, *ne* …… *point*⟨결코 ~않다⟩, *ne* …… *personne*⟨아무도~않다⟩에서 *pas* 는 라틴어 *passus*⟨일보 一步⟩, *point* 은 라틴어 *punctum*⟨점⟩, *personne* 는 라틴어 *persona*⟨사람⟩이었다. 그리하여 가령 *personne* 는 두 가지 상반되는 의미를 가지게 되었다. 즉 명사로서는 ⟨사람⟩을 의미하나, *ne* 와 함께 사용되면 부정의 조사가 되는 것이다. 또한 *personne* 가 조사로서 의문문에 대한 대답에서 사용될 때는 ⟨아무도 ~않는다⟩를 의미한다. *Qui a dit cela ?*⟨누가 그 말을 했는가 ?⟩에 대해서 *Personne!* 라 하면, ⟨아무도 말하지 않았다⟩를 의미한다.

2) 역사적 원인

예를 들면, 제도의 명칭은 그 제도의 변화와 함께 그 의미도 변화한다. 영어의 *parliament*⟨의회⟩는 고대 프랑스어의 *parlement* 를 차용한 것인데, 그 원래의 뜻은 왕가의 ⟨고문회의⟩를 의미했던 것이다.

3) 사회적 원인

어떤 단어가 일상 언어에서 어떤 사회집단(주로 직업적인)에 들어가면 특수한 명칭이 되어 그 의미가 좁혀지는 경향이 있다. 이와 반대로 어떤 사회집단에서 나온 단어가 일반적으로 사용되면 그 의미가 넓혀지는 경우도 있다. 이와 같이 의미의 특수화와 일반화가 사회적 조건에 의해서 서로 다른 방향으로 변화하는 경향이 있는 것이다. 라틴어 *ponere*⟨놓다⟩가 프랑스의 농촌에서는 ⟨알을 낳다⟩의 뜻으로 특수화하며, 또 *trahere*⟨잡아 당기다⟩가 ⟨젖을 짜다⟩의 뜻으로 특수화한다.

4) 심리적 원인

모든 언어변화에서 우리가 확실히 알 수 있는 것은, 가령 A>B 라는 변화에서 A가 B로 변화했다는 사실, 다시 말하면 변화의 출발점과 그 결과뿐이다. A가 B로 변화하는 데는 그 사이에 어떤 변화과정이 있었는지 또는 변화의 원인이 무엇인지 우리는 잘 모르고 있다. 지금까지 설명한 언어변화에 관한 것은 주로 우리가 알고 있는 변화 원인과 변화과정을 든 것에 지나지 않는다. 그러므로 언어변화의 원인은 대부분 설명할 수 없다. 이러한 것은 의미변화에서도 마찬가지이다. 의미변화는 언어를 사용하는 사람의 심리에 기인하는 것이 많기 때문이다. 그러나 우리는 그 심리적 원인을 충분히 알고 있지 않다. 다만, 확실한 것은 의미변화에서 연상association이 크게 작용하고 있다는 사실이다. 그런데 이 연상도 복잡하고 다양하게 나타난다. 한 예로 영어의 *belfry* 는 원래 〈망루〉를 의미했는데 망루에는 종이 있는 경우가 많으므로 첫음절 *bel-*이 〈종〉을 의미하는 *bell* 과 연상되어 〈종루〉의 의미를 가지게 된다. *belfry* 의 *bel-*이 *bell* 과 어원적 관계가 없는 것은 물론이다. *belfry* 는 고대 프랑스어 *berfrei* 를 차용한 것인데, 이화작용에 의해서 *ber-*의 *-r-*이 *-l-*로 변화하여 영어의 *bel-*이 된 것이다. 이러한 변화는 음성이 유사하고 또 의미상으로도 일종의 심리적 접촉이 있어서 일어난 복잡한 연상작용에 의한 것이다.

참고문헌

Anderson, J. M., *Structural aspects of language change,* London : Longman, 1973.

Lehmann, W. P., *Historical linguistics : An introduction,* New York : Halt, Rinehart and Winston, 1963.

Jeffers, R. J., and Lehiste, I., *Principles and methods for historical linguistics*(2nd edition), Cambridge, MA : MIT Press, 1984.

Sturtevant, E. H., *Linguistic change : An introduction to the historical study of language,* New York : G. E. Stechert, 1942.

제8장 비교방법과 재구

1 언어의 분화

1.1 언어의 변화와 분화

지금까지 고찰한 바와 같이 언어는 모든 면에서 변화한다. 그렇다면 그러한 변화는 왜 일어나는가? 언어는 서로 의사를 전달하는 한 수단이다. 그러므로 동일한 언어사회에 속하는 각 구성원은 동일한 전달수단을 가져야 할 것은 당연하다. 그러므로 그들이 사용하는 언어는 모든 면에 걸쳐 엄격히 규정된 동일한 것이어야 할 것이다. 그러나 실제로 우리들의 주위에서 노인층의 발음이 젊은층의 발음과 다른 것이 있음을 볼 수 있다.

〈문법〉을 젊은층에서는 모두 [문뻡]이라고 발음하고 있으나 노인층에서는 [문법]이라고 발음하는 사람도 있다. 그뿐만 아니라 개인과 개인 사이에도 어떤 차이가 있고 또한 개인에 있어서도 말할 때의 상황에 따라서 차이가 있다. 실제로 말할 때는 많은 음이 서로 연결되어 급속히 발음되기 때문에 그 어느 음은 다음 음의 영향을 받아서 변하기 일쑤이고 또 어느 것은 매우 약하게 발음되어 거의 들리지 않는 경우도 있다. 이렇게 볼 때, 동일한 시점의 언어라 할지라도 모든 언어요소가 완전무결하게 고정되어 있는 것은 아니다. 이러한 뜻에서 모든 언어상태는 항상 동요하고 있다고 말한다. 언어의 변화는 바로 이 동요상태에서 싹트기 시작하는 것이다.

또 일면 동일한 언어가 넓은 지역에서 사용될 때, 각 지방에 따라서 독자적인 변화가 일어나기도 한다. 이렇게 해서 방언 dialect 이 생긴다. 특히 지방간의 교류가 없을 때는 개별적인 변화가 커져서 모르는 사이에 언어의 분화가 일어난다. 분화의 차이가 점차 커져서 서로 이해하기 어렵게 되면, 본디 동일한 언어의 방언일지라도 통역을 가운데 두지 않고서는 서로 이해할 수 없는 별개의 언어가 되어버리고 만다. (그러나 일면 문화적, 사회적 중심지의 언어 혹은 표준어가 다른 방언을 동화시키는 경향도 있다. 이와 같이 언어에는 분화와 동화 혹은 통일이라는 서로 상반되는 경향이 있어서 언어가 무한히 분화되는 것을 억제하고 있다.)

모든 언어는 그 배후에 한 언어사회가 존재하기 때문에 그 언어사회의 변동에 의해서 그 언어에 큰 변화를 가져오기도 한다. 이러한 변화에 의해서 언어가 분화하는 경우가 있다. 이러한 언어분화의 가장 대표적인 예의 하나는 어느 한 언어를 사용하던 민족의 이동에 의한 것이다. 민족이동 그 자체가 언어변화의 직접적인 원인이 되는 것은 물론 아니다. 동일한 언어를 사용하던 민족이 이동하여 서로 멀리 떨어져서 상호 교류가 없어지면 각기 다른 환경에서 서로 다른 변화과정을 밟게 되는 것은 당연하다. 이렇게 하여 각자의 차이가 점차 커지면 결국 서로 다른 언어가 되고 만다. 예컨대 인구조어印歐祖語를 사용하던 민족은 기원전 수세기에 가끔 큰 이동을 했는데, 이 대이동이 인구제어 印歐諸語 로 분화하는 직접적인 요인이 된 것을 부인할 수 없다. 이 민족의 첫 고향, 즉 원거주지 homeland 는 확실히 알 수 없으나, 이 민족이 기원전 1,000 년경에는 이미 동쪽에서는 인도에서부터 서쪽으로는 유럽의 서부에 이르기까지 확산해서 분포한 것으로 생각되고 있다. 지금도 그들 사이에 인구어가 아닌 언어를 사용하는 이민족이 존재하는 사실은, 인구어 민족이 유사 이전 대이동을 하는 동안 이민족과 그들의 언어를 동화시키고 또는 그들의 언어를 소멸시키면서 넓은 지역에 분산한 사실을 말해 주고 있다. 역사시대에도 게르만민족은 대이동을 했는데 이 민족이동에 따라서 언어의 분화가 일어난 사실을 문헌상으로도 추적할 수 있다. 이러한 현상을 갑작스러운 분화라고 한다면, 어느 한 언어가 점차적으로 주위에 확산하여 서서히 분화의 현상이 일어나는 경우도 있다. 그 가장 좋은 예가 라틴어와 여기서 분화한 로만스제어 Romance languages 이다. 로만스제어는 분화 그 자체뿐만 아니라, 크게는 역사-비교언어학에서도 중요한 의의가 있기 때문에 다음에 이를 따로 고찰하기로 한다.

1.2 로만스제어의 분화

로마제국은 이탈리아 반도의 중부에 있던 라티움 Latium 이라는 작은 나라에서 일어나서 기원후에는 이탈리아 반도는 물론이고 북으로는 다뉴브 강과 엘베 강을 잇는 선, 남으로는 아프리카의 북쪽 해안 일대, 서쪽으로는 이베리아 반도의 서부, 동쪽으로는 소아시아의 시리아에 걸친 광대한 영토를 가진 대제국이 되었다.

기원전 3, 4 세기경 이탈리아에는 여러 언어가 사용되고 있었는데, 라티움의 언어였던 라틴어는 이탈리아어파의 한 방언에 지나지 않았다. 이 밖에 이탈리아 반도에는 남부의 한 지방에 메사피 Messapii 족의 언어, 북부의 베네티 Veneti 지방에는 베네티족의 언어, 이탈리아 북부에는 켈트 Celt 어가 있었다(이들은 모두 인구어족에 속하는 언어였다). 또한 중부 이탈리아 지방에는 에트루스크어 Etruscan 가 있었는데, 이 언어는 많은 비문에 의해서 전해지고 있을 뿐, 계통을 알 수 없는 소속 불명의 언어로서 과거 수세기 동안 여러 학자의 노력에도 불구하고 그들 비문이 아직도 해독되지 못하고 있다. 그 밖에 시칠리아 섬에는 소속 불명의 선주민 시켈 Sicel 족의 언어가 사용되고 있었다. 고대 이탈리아 반도의 언어상태는 이처럼 복잡했다.

로마가 발전하여 그 영토를 확대함에 따라서 라틴어도 함께 그 사용지역이 확대되어, 먼저 이탈리아 반도의 거의 모든 언어를 구축하고 언어적 통일을 가져왔다. 기원초에는 이미 베네티어, 메사피어, 에트루스크어, 켈트어 등이 대부분 소멸하고 이탈리아 반도가 거의 완전히 라틴어화된 것으로 생각되고 있다. 여기서 오늘날의 이탈리아어가 발전한다. 다음에는 당시 갈리아 Gallia 지방으로 일컬어지던 오늘날의 스위스와 프랑스로 확산하여 여기서 사용되던 켈트어를 물리치고 이 지방의 일상언어가 된다. 여기서 오늘날의 프랑스어가 발달한다. 라틴어는 다시 확산하여 이베리아 반도의 언어를 라틴어화한다. 이베리아 반도에는 지금도 스페인과 프랑스의 국경 피레네 pyrénées 산맥 지방에 남아 있는 계통불명의 바스크어 Basque 가 사용되고 있는데, 이 바스크어 대신 라틴어가 사용됨으로써 여기서 오늘날의 스페인어가 발전하게 된다. 로마제국의 변경에서는 정치적 세력처럼 라틴어화의 경향이 그다지 크지 않았으나 다뉴브 강 유역에서는 루마니아에 언어적 영향을 크게 미쳐서 오늘날의 루마니아어가 발달한다.

위에서 라틴어가 여러 곳으로 확산했다는 것은, 로마제국이 발전하여 그 영토가 확대됨에 따라서 로마의 많은 군대와 상인들이 그들의 언어인 라틴어를 그 지방에 가서 사용함으로써 그 지방의 토착민도 또한 라틴어를 사용하게 되어 라틴어의 사용지역이 점차 커졌다는 것을 의미한다. 그러므로 오늘날의 프랑스어, 스페인어, 루마니아어 등의 모체가 된 라틴어는 로마의 병사와 상인들이 사용하던 라틴어의 구어口語였다. 이것을 속라틴어vulgar Latin 라고 한다.

위에서 본 것처럼 로마제국의 성장과 더불어 라틴어가 확산하여 유럽 남부의 언어분포에 큰 변화를 가져왔던 것이다. 그러나 기원후 4세기경부터 로마제국이 차차 붕괴하기 시작하면서 정치, 문화적 중심을 잃은 라틴어는 그 넓은 지역에서 이미 동일성을 유지할 수 없게 되었고 각 지방에서 각기 특유한 변화과정을 밟게 되어 점차 분화되어 간다. 다시 말하면, 〈세계의 도시〉 또는 〈영원한 도시〉였던 로마 시가 그 중심적 위치를 잃게 되었기 때문에 각 지방은 지리적, 정치적 여러 조건에 의해서 독립하게 되고 각자의 라틴어는 각기 독자적 변화를 하여 10세기경에는 라틴어와는 분명히 다른 여러 언어로 변화, 분화하게 되는 것이다. 여기서 오늘날의 이탈리아어, 프랑스어, 스페인어, 루마니아어 등이 나타나게 되는데, 이들 언어를 로만스제어라고 하며, 로만스제어는 한 어파 branch 를 이룬다(즉 이탈리아어파). 이러한 경우 이탈리아어, 프랑스어, 스페인어, 루마니아어 등은 서로 〈친근관계가 있다〉고 하며, 그들 언어가 분화하기 이전의 라틴어와 같이 공통기원이 된 언어를 조어(祖語 : parent language)라고 한다. 그리고 한 조어에서 분화한 친근관계가 있는 제언어를 동계어(同系語 : cognate language)라고 하는데, 이들은 한 어족(語族 : language family) 또는 한 어파를 이룬다. (어파는 어족의 하위단위다. 로만스제어는 한 어파를 이루며 이 어파는 인구어족에 포함된다.)

1.3 친근관계

라틴어와 여기서 분화한 로만스제어, 다시 말해서 조어와 여기서 분화한 동계어 사이에 어떤 특징이 나타나는가를 살펴보기로 한다. 로만스제어는 공통기원인 라틴어에서 분화했기 때문에, 공통점도 있을 것이고 또한 로만스제어는 각기 분화하는 과정에서 독자적인 변화를 했기 때문에, 그들 사이에는 차이점도 있을 것이다. 이러한 공통점과 차이점은 언어의 변화를 연구하는 데 있어서 중요한 의의가 있다. 다음에 한 예부터 보기로 하자. (Fr. = 프랑스어, Ita. = 이탈리아어, Spa. = 스페인어, Rum. = 루마니아어, Lat. = 라틴어)

Fr. *fain*   Ita. *fieno*   Spa. *heno*   Rum. *fin*   〈건초〉

Fr. *fourche*   Ita. *forca*   Spa. *horca*   Rum. *furca*   〈포오크〉

위의 표는 로만스제어에서 〈건초〉와 〈포오크〉를 의미하는 단어를 비교한 것이다. 이 표를 잘 관찰해 보면, 스페인어의 어두음 *h*-는 현대 표준어에서는 소멸했으나 프랑스어, 이탈리아어, 루마니아어 등의 어두음 *f*-와 일치하고 있다. 이러한 일치에 의해서 우리는 적어도 스페인어의 *h*-는 *f*-에서 변화했으리라고 일단 가정해 볼 만하다. 그런데 이 가정이 정당함은 다음과 같은 또 다른 예에서 확인된다.

Spa. *hijo*   Fr. *fils*   Ita. *figlio*   Rum. *fiu*   〈아들〉(Lat. *filius*)

Spa. *hierro*   Fr. *fer*   Ita. *ferro*   Rum *fier*   〈쇠〉(Lat. *ferrum*)

여기서도 Spa., *h*-는 Fr., Ita., Rum. 의 *f*-와 일치하고 있는 것을 보게 된다. 그런데 여기서 유의할 것은 라틴어의 *filius*〈아들〉와 *ferrum* 〈쇠〉이다. 우리는 이미 라틴어에서 로만스제어가 분화했음을 알고 있기 때문에, 라틴어 *f*-가 스페인어에서만은 일관해서 *h*-로 변화했음을 알게 된다. 다시 말하면, 라틴어의 어두 *f*-가 스페인어에서는 규칙적으로 *h*-로 변화한 것을 보게 되는데, 여기서 우리는 음운변화가 매우 규칙적으로 일어난 사실을 알게 된다. 이러한 음운변화의 규칙성에 의해서 우리는 라틴어와 다른 로만스제어의 어두음 *f*-가 스페인어에서는 *h*-로 나타나는 것을 예측할 수 있고 또한 그와 반대로 스페인어의 어두음 *h*-는 라틴어 및 다른 로만스제어의 어두음 *f*-와 일치한다고 예측할 수도 있다. 이런 경우 Spa. *h*-는 Lat. *f*- 및 다른 로만스제어의 *f*-와 〈대응한다 correspond〉고 하며, 그러한 음운대응은 규칙적인 것이기 때문에, 이를 〈음운대응의 규칙성〉이라고 한다. 우리가 흔히 〈음운법칙〉이라고 부르는 것은 바로 이 음운대응의 규칙성을 말하는 것이다(7 장 2.5 참조). 여기서 우리는 한 조어에서 분화하여 서로 친근관계가 있는 동계어 사이에는 뚜렷한 음운대응의 규칙성이 있다는 사실을 알게 된다. 이 음운대응의 규칙성은 뒤에 다시 설명하는 바와 같이 언어간의 친근관계를 연구하는 데 있어서 하나의 중요한 방법론적 원리가 된다. 다시 말하면, 위와 같은 음운대응의 규칙성이 어느 몇몇 언어 사이에 발견된다면 그들 언어는 친근관계가 있다고 일단 가정하게 되는 것이다.

위에서 본 Spa., h- = Lat., Ita., Rum. f-와 같은 대응의 규칙성을 〈체계적인 차이〉 또는 〈체계적인 유사점〉이라고도 표현하는데, 이러한 체계적인 차이 또는 유사성은 로만스제어에서와 같이 언어간의 친근관계를 결정하는 데 있어서 중추적인 기준이 된다. 그러므로 이러한 대응의 규칙성을 찾지 않고 표면적으로만 유사한 단어를 보고 언어간의 친근성을 결정한다는 것은 큰 잘못임을 알게 된다. 영어의 [méni] (= many)와 우리말의 [ma : ni] (= 많이)는 음운면에서나 의미면에서 대단히 유사하다. 그러나 이들 단어를 구성하고 있는 어느 한 음운에서도 체계적인 차이 또는 체계적인 공통점을 찾을 수 없다. 다시 말하면, 이들은 우연히 유사할 따름인 것이다. 또한 우리말의 〈뉴스〉와 영어의 news 는 매우 유사하지만, 우리말의 〈뉴스〉는 영어에서 차용한 것이다.

다시 말하면, 〈뉴스〉와 news 는 동일한 공통조어에서 각각 이어받은 것이 아니다. 그러므로 이러한 요소들은 비교대상에서 제외되어야 한다.

1.4 친근관계와 조어

지금까지 고찰한 바에 의해서 동계어 사이에는 음운대응의 규칙성이 있고 그것은 공통된 한 조어에서 각각 독자적으로 그리고 규칙적으로 변화했기 때문이라는 사실을 알게 되었다. 그러므로 로만스제어에서와 같이 라틴어와 같은 조어가 실제로 알려져 있지 않은 경우라

도 ── 대부분의 경우 그러하다 ── 몇몇 언어들 사이에 로만스제어
에서와 같은 음운대응의 규칙성이 발견된다면, 그들 언어는 어느 한
조어에서 분화했을 것이라고 가정하게 된다. 다음에 한 예를 보기로
하자.

고트어(Goth), 고대 북구어(ON), 고대 영어(OE), 고대 고지高地
독일어(OHG)는 서로 친근관계가 있으며 게르만어파 German branch
를 이루는데 이 어파는 로만스어파 및 다른 여러 어파와 함께 인구어
족을 이룬다. 게르만어파에 속하는 위의 네 언어에서 〈날 日〉을 의미
하는 단어를 서로 비교해 보자.

Goth *dags* ON *dagr* OE *dæg* OHG *tag*

이들 네 언어 중에서 Goth, ON 의 어형이 OE, OHG 의 어형보다 더
고형古形임을 곧 알 수 있다. 그것은 고트어와 고대 북구어가 다른
언어에서는 소멸해 버린 격어미 Goth -s, ON -r 를 가지고 있는 것을
다른 증거에 의해서 이미 알고 있기 때문이다. 그러면 -s 와 -r 중에
서 어느 것이 원형인가? 게르만어파 중에서 가장 오랜 자료로 룬
Run 문자라고 일컬어지고 있는 특수한 문자로 기록된 것이 있다. 위
의 경우 그 문자는 결정적인 중요성을 지니고 있다. 룬 문자에는 -r
대신에 r 와 z 의 중간음을 표시하는 R 로 전사되는 문자가 있으며,
Goth -s, ON -r 에 해당하는 음을 R 로 표기하고 있기 때문이다. 이
것은 ON -r 가 -s 로부터 〈r 음화〉했음을 말하는 것이기 때문이다(7
장 2.2 참조). 따라서 고트어의 -s 가 일차적인 것임을 알 수 있다. 또
한 다른 증거에 의해서 고트어 s 는 z 이었음을 이미 알고 있다. 또
다른 증거는 핀란드어에 차용된 게르만어의 단어이다. 핀란드어는 대
단히 이른 시기에 고대 게르만어에서 단어를 차용하고 그 원형을 지
금까지 잘 유지하고 있는 것으로 유명한데, 게르만어의 하나인 영어
의 *ring*〈고리〉이 핀란드어에서는 *rengas* 로 나타난다. 이에 의해서

-*as*는 단수·주격어미이고 -*s* 앞에 모음이 있었다는 사실도 알게 된다. 이러한 사실들에 의해서 위의 게르만제어의 단어들은 아마도 **dagaz*에서 각각 변화했을 것으로 추정한다. 이렇게 분화하기 전의 원형을 추정하는 것을 〈재구한다 reconstruct〉라고 하며 재구된 추정형을 표시하기 위해서 별표 *를 재구된 형태 앞에 붙인다.

2 비교방법

2.1 비교언어학

언어의 변화는 시대적으로 다른 단계의 문헌을 서로 대조해 봄으로써 어떤 변화가 어떻게 일어났는가를 알 수 있다. 그러나 우리는 그러한 문헌이 없는 단계의 역사에까지도 거슬러 올라갈 수 있는 것을 보았다. 그것은 두말할 것도 없이 같은 계통에 속하는 여러 언어를 비교하는 데서 비롯되는 것이다. 다시 말하면 역사언어학에서 우리는 비교방법에 의해서 유사 이전의 역사에까지 소급해 갈 수 있는 것이다. 8장 1.4에서 든 게르만 조어의 **dagaz*가 한 예이다. 이러한 연구분야를 〈비교언어학 comparative linguistics〉이라고 한다. 다음에는 비교언어학이란 어떤 연구분야이며 또 구체적으로 무엇을 어떻게 연구하는가에 관해서 고찰해 보기로 하자.

비교언어학은 계통을 같이하는 친근관계에 있는 제언어를 비교하고 그들 언어간의 체계적 유사점과 차이점을 검토하여 그들의 역사적 변화과정을 밝히고 나아가서 근원이 된 언어, 즉 조어를 재구하며 이 조어에서 분화한 하위 제언어의 역사적 변화관계를 연구하는 역사언어학의 한 중요한 연구분야라고 할 수 있다. 그러므로 비교언어학의 연구대상은 동일 계통의 제언어임을 전제로 한다. 따라서 계통이 밝혀지지 않은 언어의 비교언어학이란 있을 수 없다. 그러나 계통이 아직 밝혀지지 않은 언어가 있고 그 언어가 다른 몇몇 언어와 유사한 점이 있을 때는 그들 제언어가 혹 동일한 계통, 즉 서로 친근관계가 있지 않을까 가정하고 비교언어학적 방법에 의해서 그 가정을 증명하려고 한다. 이때 친근관계를 입증할 만한 설득력 있는 증거가 발견되지 않으면, 그 가정은 포기되어야 할 것이다.

언어간의 친근관계는 그들 언어간에 〈비교방법에 의해서 확인되는 공통된 요소〉가 있다는 것을 의미한다. 그러므로 언어의 친근관계를 증명한다는 것은 그러한 공통된 요소를 발견하는 것이다. 그러면 비교방법에 의해서 확인되는 공통된 요소란 어떤 것인가? 이것은 다음에 고찰하려는 가장 중요한 과제의 하나이다.

2.2 대응

인구제어에서 〈아버지〉를 의미하는 단어를 보면 다음과 같다.

산스크리트어	*pitár-*
고대 페르시아어	*pitar-*
그리스어	*patēr*
라틴어	*pater*
고트어	*fadar*

이들 단어를 보면, 모음과 자음이 하나하나 완전히 일치하지는 않으나, 전체적으로 보아 대단히 유사함을 알 수 있다. 그러나 분명히 다른 것도 있다. 그중 하나는 게르만어파에 속하는 고트어만이 어두에 *f*-가 있고 여기 대하여 다른 어파의 언어에는 *p*-가 있는 점이다. 이들 단어는 대단히 유사하기 때문에 그 기원이 동일하다고 생각할 만한 이유가 있다. 특히 이들 단어는 친족명칭에 속하는 기초어휘이다. 그렇다면 *f*-가 *p*-와 대응하는 것을 어떻게 설명해야 하는가?

다음에는 〈아버지〉를 의미하는 단어를 고트어를 포함한 게르만어파
의 여러 언어에서 찾아보기로 한다.

고대 아이슬란드어	*fader*
고대 영어	*fœder*
고대 프리지아어	*fadar*
고대 삭소니아어	*fadar*
고대 고지 독일어	*fater*

여기서 보면, 게르만제어가 모두 어두에 *f*-을 가지고 있는 것을
보게 된다. 그러므로 〈아버지〉를 의미하는 단어에서 고트어만이 *f*-
를 가지고 있는 것은 우연한 일이 아님을 알 수 있다. 다시 말하면,
게르만어파에 속하는 모든 언어의 어두 *f*-가 다른 언어의 *p*-와 대응
한다는 것을 의미한다. 그러면 이러한 예가 또 있는가? 다음 예에서
(A), (C)는 게르만제어, (B), (D)는 다른 어파에 속하는 언어를 표시
한다. 그리고 (A), (B)에서 든 단어는 〈가축〉을, 그리고 (C), (D)에
서 든 것은 〈발足〉을 의미하는 단어이다.

(A)		(B)	
고대 아이슬란드어	*fē*	산스크리트어	*pasu*
고대 영어	*feoh*	라틴어	*pecus*
고대 프리지아어	*fiā*		
고대 삭소니아어	*fehu*		
고대 고지 독일어	*fihu*		
고트어	*faíhu* 〈재산〉		

(C)		(D)	
고대 아이슬란드어	*fōtr*	산스크리트어	*pād-*

고대 영어	*fōt*	그리스어	*poús*
고대 프리지아어	*fōt*	라틴어	*pēs*
고대 삭소니아어	*fōt*		
고대 고지 독일어	*fouz*		
고트어	*fotus*		

이러한 예는 많이 있으나 여기서는 두 가지 예만을 들었다. 이에 의해서 우리는 게르만어파에 속하는 모든 언어의 *f*-가 다른 어파의 언어의 *p*-와 규칙적으로 일치하고 있는 것을 알 수 있다. 이러한 경우, 게르만제어의 *f*-는 다른 어파의 언어의 *p*-와 대응한다고 함은 이미 위에서 말한 바 있다. 다음에는 어두 자음 뒤에 있는 모음에 관해서 보자.

산스크리트어와 고대 페르시아어, 즉 인도-이란어파의 -*i*-가 다른 어파의 언어의 -*a*-와 대응하고 있다. 즉 인도-이란어파의 -*i*-가 다른 어파의 -*a*-와 규칙적으로 대응하는 예가 많이 있다. 그런데 다른 언어에서 -*a*-가 나타나는 경우에도 인도-이란어파에서는 -*a*-가 나타나는 많은 예가 있다. 다시 말하면 다음과 같은 규칙적인 대응이 있다.

인도-이란어파 $\begin{matrix} -i- \\ -a- \end{matrix}$ 기타 어파 -*a*-

이러한 대응관계는 무엇을 의미하는가? 인구어 비교언어학의 초보자에게는 좀 어려운 문제이지만, 대략 다음과 같이 도시할 수 있다.

(1) 인구조어*-ə- $\begin{matrix} >\text{인도-이란어파} \quad -i- \\ >\text{기타 어파} \quad\quad -a- \end{matrix}$

(2) 인구조어*-*a*-   >모든 어파에서 -*a*-

(2)의 경우, 인도-이란어파를 포함한 모든 인구제어에서 모든 -a-로 나타나는 것은 인구조어의 *-a-를 그대로 변화하지 않고 계승한 것으로 생각하는 반면, (1)의 경우 다른 인구제어에서는 -a-로 나타나지만 인도-이란어파에서만 -i-로 나타나는 것은, 인도-이란어파에서 어떤 우연한 -i-로의 변화가 일어난 것으로 보지 않고, 인구조어에 -i-도 아니고 -a-도 아닌 어떤 모음이 있다가 이것이 인도-이란어파에서는 -i-로 변화하고 다른 어파에서는 -a-로 변화한 것으로 본다. 그리하여 조어에 -i-도 아니며 -a-도 아닌 중설적인 모음 *ə를 가정하게 된다. 이러한 (1)과 (2) 두 종류의 대응예는 많이 있다.

다음에는 세번째 자음의 대응을 보자. 게르만어파인 고트어에서만 -d-로 나타나는데 이 -d-는 [d]가 아니라 실은 유성마찰음이었다(영어의 *father* 의 -th-참조). 그런데 이러한 현상은 -d- 뒤에 악센트가 있을 때에 한하여 일어난다. 그러므로 조어의 -t-가 인구어에서는 그대로 변화하지 않고 보존되어 있으나, 게르만어에서만은 -t- 뒤에 악센트가 있으면 유성마찰음으로 변화한다고 규칙화할 수 있다. 이러한 예는 많이 있으므로 규칙화할 수 있는 것이다.

네번째 모음 -a-를 보면 산스크리트어와 고대 페르시아어 등 인도-이란어의 -a-와 그리스어, 라틴어 -e-, 그리고 고트어의 -a-가 대응하고 있다. 그런데 다른 연구에 의해서 우리는 조어 *e가 인도-이란어파에서는 모두 a로 변화한 사실을 이미 알고 있다. 또한 고트어에서는 -r- 앞에 있는 -e-는 모두 -a-로 변화한 사실도 있다. 그러므로 인도-이란어파와 고트어의 -ar 는 *-er에서 변화했음을 알 수 있고 또 그리스어와 라틴어의 -er 의 -e- 모음은 조어의 모음을 그대로 유지하고 있는 것도 알 수 있게 된다. 말음 -r 의 대응에 관해서는 더 말할 필요가 없을 것이다.

위의 예는 음운대응의 규칙성에 의해서 동일 어원이라는 것, 즉 동원어라는 것을 확인할 수 있는 것을 설명한 것이다. 즉 이들 단어는 조어의 어느 한 단어에서 각각 규칙적으로 변화한 것임을 의미하는 것이다. 그리하여 그들 단어의 조어형으로 *pəter를 재구하고 여기서 인구제어의 각 어형으로 변화한 것을 보게 되는 것이다.

〈아버지〉를 의미하는 단어를 구성하는 음운 하나하나가 인구제어에서 규칙적으로 대응하고 또 그 의미가 모두 일치하는 것을 확인함으로써 비로소 우리는 그 단어들의 유사성이 우연한 것이 아니라, 어떤 동일한 조어에서 분화했다고 보게 되는 것이다. 위에서 〈비교방법에 의해서 확인되는 공통된 요소〉라고 말한 것은 바로 이러한 연구과정을 거쳐서 확인된 공통요소를 의미하는 것이다. 그러므로 이러한 연구과정을 거치지 않은 것들은 비록 보기에 아무리 유사하더라도 친근관계에서 유래한 유사성으로는 단정하지 못하는 것이다. 비교방법은 이렇게 복잡하고 어려운 연구과정을 요구하는 것이다.

그러면 그러한 공통된 요소는 단어에서만 나타나는가? 물론 그런 것은 아니다. 다음에 설명하지만 어휘 이외에 문법형태소에서도 나타난다. 그리고 비교언어학에서 일차적으로 비교대상이 되는 단어는 일정한 종류가 있다. 그것은 이미 조어에 존재했으리라고 생각되는 단어, 따라서 조어에 있던 단어를 각 분화한 언어가 공통적으로 이어받은 것으로 생각되는 단어들이다. 이러한 종류의 단어를 〈기초어휘〉라고 한다. 기초어휘로는 대명사, 수사, 친족명칭, 신체의 각 부분의 명칭, 기본적인 동작을 의미하는 일상생활에서 자주 사용되는 동사 등이다. 이러한 기초어휘가 일치하는 현상을 우리는 인구제어에서 볼 수 있다. 이 밖에 단어의 대응에 못지 않게 중요한 것은 명사와 동사의 어미 등 이른바 굴절접미사이다. 여기에 또한 파생어미도 포함된다. 이러한 문법형태소의 대응이 특히 중요한 것은, 어휘는 서로 차용되기 쉬우나 문법형태소는 거의 차용되지 않기 때문이다(특히 굴절어미). 그리고 문법형태소도 어휘의 경우와 같은 음운대응의 규칙성이 뒷받침되어야 함은 물론이다.

2.3 음운대응의 규칙성

우리는 7장 2.5에서 음운변화의 규칙성에 관해서 고찰한 바 있으나 이것을 비교 언어학의 방법론적 입장에서 다시 살펴볼 필요가 있다.

비교언어학은 대응의 규칙성을 발견하고 그것을 방법론적 한 기준으로 삼고 있기 때문에, 외면상의 유사성이 없는 단어일지라도 대응의 규칙성에 맞으면 그들 단어를 동일한 어원으로 보고 또한 그 원형을 재구할 수 있음은 이미 위에서 본 바와 같다. 한 예를 들어 설명하기로 한다. 그리스어 *tís*⟨누구?⟩와 *poîos*⟨어떤?⟩은 일견하여 아무런 관계가 없어 보인다. 그러나 인구조어 *k^w가 희랍어에서 *i*와 *e* 앞에서는 *t*로, 그 밖의 경우에는 *p*로 변화하는 규칙성을 알고 있기 때문에, 그 두 단어는 *$k^w$is, *k^woios로 재구되고 동일한 어원임을 알게 된다. 그리고 *k^w를 *qu*로 변화시킨 라틴어의 *quid*⟨무엇?⟩, *quod*⟨무엇⟩과도 비교되는 것이다(조어의 *k^w는 k를 발음할 때, 입술을 둥글게 하는 것을 표시한다. 이 원순성의 w가 라틴어에서는 원순모음 *u*로 변화하여 *k^w가 *qu*(= [ku])로 변화한 것이다). 또 다른 예를 보기로 하자. 그리스어에서 ⟨걱정하다⟩의 개념을 의미하던 단어의 어근 *dwi*-가 있는데, 아르메니아어에서는 같은 의미의 *erki*-가 대응하며, 또 그리스어에서 ⟨오랫동안⟩을 의미하는 고형의 형용사 *dwāron*이 있는데 아르메니아어에서는 같은 뜻으로 *erkar*⟨오래⟩가 대응한다. 여기서 우리는 아르메니아어의 어두 *erk*-가 그리스어(및 기타 인구제어)의 *dw*-와 규칙적으로 대응하는 것을 볼 수 있다(여기서는 두 예만을 들었으나 이러한 예는 또 많이 있다). 그러므로 아르메니아어의 수사 *erku*⟨2⟩는 그리스어 *dyo*, 라틴어 *duo*, 산스크리트어 *d(u)vrā*⟨2⟩와 대응하는 동일 기원임을 알게 되는 것이다. 이 예에서와 같이 음운대응의 규칙성은 어휘대응의 뒷받침이 될 뿐만 아니라, 어원을 탐색하는 기준이

된다. 그러므로 다시 강조하건대, 음운대응의 규칙성의 뒷받침이 없
는 어휘비교는, 비교대상이 된 그들 단어가 아무리 외면상의 유사성
이 있다고 할지라도 같은 어원임을 증명하는 것이 못된다는 점이다.
직관적으로 알 수 있는 외면상의 유사성보다는 위의 아르메니아어의
경우와 같이 일견하여 유사성이 없어 보이나 음운대응의 규칙성을 얻
을 수 있다는 것이 언어간의 친근성을 입증하기 위한 유력한 증거가
되는 것이다.

3 재구

3.1 비교재구

분화된 언어들 사이에서 음운과 형태 양면에서 서로 대응하는 것이
있으면, 이들 형태소들은 원래 동일한 근원에서 분화한 것을 전제로
하기 때문에, 그 기원적인 원형을 추정하려고 한다. 즉 조어형을 재
구하려는 것이다. 우리는 이미 8장 2.2에서 〈아버지〉를 의미하는 인
구제어의 단어를 비교하여 음운대응의 규칙성을 설정하고 이들 단어
가 분화해 나온 원형, 즉 그 조어형 *pətēr를 재구하는 과정을 보았
다. 이와 같이 여러 언어를 비교하여 재구하는 것을 〈비교재구
comparative reconstruction〉라고 한다.

재구된 원형은 분화한 언어에서 각기 변화한 것을 가장 합리적으로
설명해 줄 수 있는 것이어야 한다. 인구조어의 *pətēr는 이것이 인
도-이란어파에서 pitar-로 변화한 것을 설명할 수 있을 뿐만 아니라,
또한 게르만어파의 고트어에서 fadar로 변화한 것도 설명할 수 있어
야 하는 것이다. 그것은 음운대응의 규칙성에 의해서 설명되는 것이
다. 그러므로 비교언어학의 커다란 과제의 하나가 대응의 발견임은
다시 말할 필요가 없을 것이나, 대응의 발견이 비교언어학의 최종적

목표가 아님에 유의해야 한다. 대응을 기초로 해서 조어를 재구하는 것이 비교언어학의 가장 큰 과제이기 때문이다.

다시 요약해서 말하면, 분화된 제언어의 어떤 단어들에 대한 최대 공약수라고 할 수 있는 조어형을 대응에 의해서 재구하게 되는데, 이 재구형은 분화된 언어에서의 대응을 합리적으로 설명할 수 있어야 한다는 논리적 요구를 전제로 한다. 그러므로 재구의 목적은 분화된 제언어 사이에 보이는 대응을 합리적으로 설명할 수 있고 또 조어와 역사시대 사이의 언어사를 꾸미는 한 방법이라고 할 수 있다. 그러나 여기서 유의할 것은, 재구형은 현실적으로 제한된 자료에 입각한 것이기 때문에, 현실적인 자료의 범위에서 벗어날 수 없다는 점이다. 따라서 새로운 자료 혹은 더 오랜 언어상태를 보여주는 옛 자료가 발견된다면, 종래의 재구형은 수정될 수도 있을 것이다. 이처럼 재구형은 항상 수정될 가능성을 지니고 있는 것이다.

3.2 내적 재구

재구는 친근 관계에 있는 여러 언어를 비교하여 행해지는 것인데 이것을 〈비교재구〉라고 함은 위에서 설명한 바 있다. 여기 대하여 어느 한 언어 자료에 의해서 재구가 이루어질 수도 있는데 이것을 〈내적 재구 internal reconstruction〉라고 한다.

내적재구는 기본적으로 언어의 역사에서 일어난 많은 변화가 어떤 흔적을 남기고 있다는 것을 전제로 한다. 이러한 흔적을 찾아서 언어의 변화 과정을 복원하고 그 변화가 일어나기 이전의 원형을 재구할 수 있게 된다. 이러한 조건에 가장 잘 맞는 것이 공시적 기술에 나타나는 형태음운적 교체형이다. 다음 예를 보자. 다음 예는 두 라틴어 명사의 단수 주격형과 속격형에서 유성 정지음(-*b*-, -*g*-)과 무성 정지음(-*p*-, -*k*-)이 교체해서 나타나는 것을 보여주고 있다.

(1)　〈주격〉　　　〈속격〉.
　　urp-s　　　urb-is〈市〉
　　rēk-s　　　rēg-is〈王〉

　이 교체형을 옛 단계의 원형으로 환원하는 데는 두 가지 방법이 있다. 하나는 다음 (2)와 같이 유성 정지음을 재구하고, *urp-s, rēk-s* 의 무성음 *-p-, -k-*는 동화에 의해서 변화한 것으로 생각한다. 즉 *-b-* 와 *-g-*가 후속하는 무성음 *-s* 에 의해서 무성음으로 동화한 것으로 보는 것이다.

(2)　*urb-s (>urp-s)　　*urb-is
　　*rēg-s (>rēk-s)　　*rēg-is

다른 방법은 위와 반대로 다음 (3)과 같이 무성 정지음을 재구하고 유성 정지음은 동화에 의해서 변화한 것으로 생각한다. 즉 *-p-*와 *-k-* 는 후속 모음 *-i-*에 의해서 유성음으로 동화한 것으로 보는 것이다.

(3)　*urp-s　　*urp-is (>urb-is)
　　*rēk-s　　*rēk-is (>rēg-is)

　이 두 가지 설명 중에서 어느 쪽을 택해야 할 것인가? 라틴어에는 다음 (4)에서와 같이 위에 든 예에서와 같은 환경에서 무성음만이 나타나는 경우가 있다.

(4)　wōrk-s　　wōk-is〈소리〉
　　strip-s　　strip-is〈根〉

　이 예를 고려한다면, (2)와 같이 유성 정지음을 재구하는 쪽을 택하지 않을 수 없게 된다. 그 이유는 다음과 같다. 만일 (3)을 택한다면 우리는 어중 유성 동화가 (3)의 경우에는 일어나지만 동일한 환경인 (4)에서는 일어나지 않는 것을 설명할 수 없게 된다. 어중에서의 성의 동화는 음운변화에서 규칙적인 것이다. 따라서 우리는 이 규칙적인 변화 방향을 택하는 것이 바람직할 것이다. 이것은 내적재구의 간단한 예의 하나이다.

3.3 방언과 방언(혹은 언어)지리학

방언지리학은 언어지리학이라고도 한다. 언어지리학은 방언 연구, 즉 일정한 언어의 여러 가지 방언적 특징이 지리적으로 확산하는 것에 관한 지식에 기초를 둔 것이다. 방언은 공시적으로 연구될 뿐만 아니라 동시에 역사적 관점에서도 고찰된다. 다음에 설명하는 것을 보면, 방언 연구가 왜 역사언어학에서 중요한 한 분야가 되는가를 이해할 수 있을 것이다. 그리고 방언 연구에서 새로운 방법을 개척하게 되는 것도 알 수 있게 될 것이다.

언어지리학의 성과는 주로 어휘 연구면에서 나타나기 시작했는데, 현존하는 단어와 그 단어의 방언적 분포상태를 통해서 그 단어의 역사를 재구하려고 한다. 그리고 단어의 역사를 설명하기 위해서 지리적, 사회적, 역사적 요인을 살피고 또 민중의 심리가 면밀하게 검토되었던 것이다. 요컨대 언어지리학은 단어의 생존을 좌우하는 여러 가지 형상을 모두 알 필요가 있다고 주장하는 것이다. 몇 가지 예를 들면, 〈역사적 요인〉이 언어분화의 요인이 되는 경우가 있음은 로만스제어의 분화에서 고찰한 바 있다(8장 1, 2 참조). 또 봉건제도 밑에서는 방언의 분화가 일어나기 쉽다. 그것은 자치영역이 고립되는 데따른 직접적인 결과이고, 한편 중앙집권의 시기에는 분화의 정도가 감소되는 경향이 있다. 다음에는 〈지리적 요인〉도 한 언어의 분화에 중대한 영향을 미치는 경우가 있다. 산악지방은 평야에 비해서 언어적 변두리가 되기 쉽다. 그것은 평야에서는 언어의 혁신이 광범위하게 확산되지만, 산악지방의 말은 그 위치 때문에 평야에서 시작된 언어적 혁신의 확산이 단절된 채 남기 때문이다. 다시 말하면, 그러한 지역에는 보다 고형이 남아 있는 경향이 있다. 다음에는 〈심리적 요인〉의 예를 보기로 하자. 프랑스의 가스꼬뉴 지방에서 *gat* 라는 단어는 〈고양이〉와 〈수탉〉의 두 가지 뜻을 가지고 있다. 즉 동음이의어다. 그런데 이 동음이의어는 다음과 같이 해서 형성된 것이다. 〈고양이〉를 의미하는 단어는 원래 *cattus* 였는데 이것이 *gat* 로 변화했고 또 〈수탉〉을 의미하던 *gallus* 도 *gat* 로 변화하여 동음이의어가 되었다. 이렇게 되면, 〈개가 gat 를 죽였다〉라고 할 때, *gat* 가 〈고양이〉인지 또는 〈수탉〉인지를 알 수 없게 된다. 그리하여 〈수탉〉에 대해서는 *vicaire* (< *bigey*)라는 단어로 새로이 대치하고 *gat* 는 〈고양이〉에 대해서만 사용하게 되었다. 이렇게 해서 동음이의어의 불편을 더는 심리적 작용이 일어난 것이다.

우리는 방언의 한계선 —— 이것을 등어선(等語線 : isogloss)이라고 한다 —— 을 선 하나로 그어 표시하는 것을 흔히 볼 수 있다. 그러나 방언의 한계선, 즉 등어선은 그렇게 단순한 것이 아니다. 그것은 개개의 언어요소가 각기 다른 한계선을 보여주기 때문이다. 그렇다면 방언의 일정한 한계선이 있을 수 없다는 말이 된다. 그것은 사실이다. 그러나 개개의 언어현상에 관한 등어선을 하나하나 그어보면 각 등어선이 대체로 어느 면에 몰려 있는 것을 알게 될 것이다. 다시 말하면 단일적인 선은 아니지만 어느 정도의 폭을 가진 사이에 여러 등어선이 몰려 있는 것이다. 그리하여 이러한 폭을 가진 한계선을 생각하게 되고 그 폭에 들어 있는 여러 등어선을 등어선의 뭉치bundle of isoglosses 라고 한다. 방언간의 한계선은 바로 등어선의 뭉치로 생각해야 한다.

서울을 중심으로 한 지역에서 〈새우〉라고 하는 것을 전라도, 경상도 지방에서는 〈새비〉라고 한다. 〈새우〉는 〈새비〉에 있는 ㅂ음이 탈락한 것이다. 그러므로 〈새비〉가 〈새우〉보다 고형임을 알 수 있다. 이것은 서울말이 주위에 영향을 미쳐 주위로 확산해 가는데 그 변화의 물결이 전라도, 경상도까지는 미치지 못했다고 해석되는 것이다. 이것을 일반적으로 표현한다면, 어떤 중심지의 말이——그 중심지는 정치적, 사회적, 문화적 중심이 된 곳——그 주위로 점차 확산해 가는데 중심지에서 거리가 먼 곳까지는 그 물결이 미치지 못하는 경우가 많다. 그러므로 중심지에서 거리가 먼 주변지역에는 고형이 잔존하는 경우가 있다.

3.4 어원론

어원론 etymology 은 어떤 단어가 그 형태와 의미면에서 어떠한 변화과정을 밟았는가 하는 것을 문헌상 가능한 한 멀리 거슬러 올라가서 조사하여 그 단어의 역사를 재구하는 것이라고 하겠다. 그러므로 어원론은 단어의 궁극적인 기원을 찾는 것이 아니라, 어느 시기부터 어느 시기까지의 단어의 역사를 재구하는 연구 분야라고 할 수 있다. 따라서 어원연구는 단어의 의미와 형태가 역사적으로 무리없이 합리적으로 설명되어야 한다. 그리고 어형의 대응이 음운대응의 규칙성에 의해서 뒷받침되어야 함은 물론이고 그렇지 못할 경우에는 그 이유가 또한 제시되어야 한다. 한 예를 보기로 하자.

그리스어의 *ónoma*, 라틴어의 *nomen* 은 산스크리트어 *nāma*, 아르메니아어 *anun*, 고트어 *namo* 와 대응하며, 그 의미 또한 모두 〈이름〉으로 이들 단어들의 대응을 의심할 사람은 없을 것이다. 그러나 그리스어의 어형에는 다른 언어의 어형과 일치하지 않는 점이 있다. 첫째, 아르메니아어를 제외하고는 다른 언어에 없는 단모음 *o*-가 어두에 있다. 둘째로는 라틴어에서 *nomen* 이 곡용할 때 *nomen*(주격), *nomin-is*(속격)와 같이 어간이 -*n* 로 끝나는 이른바 *n* 어간이고, 산스크리트어에서도 *nāma*(주격), *nāmn-a*(구격)와 같이 *n* 어간인데 반하여 그리스어에서는 *ónoma* 의 어간이 *onómat-os*(속격)와 같이 *t* 어간이다. 이 두 가지 점이 설명되지 않으면 *ónoma* 의 어원도 완전히 설명되었다고 할 수 없다. 첫째 문제에 관해서 볼 때, 그리스어에는 다른 언어의 어형에 없는 모음 *o-*, *e-* 등이 어두에 나타나는 경우가 많다. 이와 같이 어두에 어떤 모음이 나타나는 현상을 어두음 첨가라고 하며 (7장 2.2의 6) 참조), 이런 현상은 여러 언어에서 볼 수 있다. 한 예로 프랑스어에서는 자음군 *sp-*, *st-*, *sk-*로 시작하는 단어의 어두에 *e-*가 첨가되어 나타난다. 라틴어 *schola*[skola]가 중세 프랑스어에서는 *escola* 가 되고 다시 현대 프랑스어의 *école*[ekol]⟨학교⟩가 된다. 그러므로 그리스어의 어두첨가음 *o-*는 문제될 것이 없다. 둘째 문제로서는 그리스어에서 *ónoma* 와 동일한 어원인 동사형 *onomáin-o* 는 어간 말음 *-n-*가 나타나는 *n* 어간임을 알 수 있다. 그러므로 그리스어의 *t* 어간은 *n* 어간에서 변화했다고 보게 된다(다른 언어에서 *n* 어간임을 고려해서). 이렇게 해서 그리스어 *ónoma* 의 어형이 설명되고 그들의 조어형으로 *nomen 또는 *nomn 이 재구되는 것이다.

위의 예에서 알 수 있는 것과 같이 어원연구는 형태와 의미면에서 대응의 엄밀성을 요구한다. 그러므로 어원연구에 있어서는 연구자가 미리 그 언어의 음운대응의 규칙성과 어형성에 관한 충분한 지식을 전제로 한다. 이러한 정밀성을 고려하지 않고 그저 어형의 유사성만을 근거로 해서 임의로 ⟨말풀이⟩하는 경우가 흔히 있다. 한 예를 보자. 어느 사람은 우리 고대사회에 모계사회가 있었다고 주장하면서 그 근거로서 다음과 같은 말풀이를 한다. 모계사회에서는 딸이 어머니의 대를 이어간다. 따라서 딸이 어머니의 뒤를 ⟨따른다⟩라는 뜻에서 ⟨딸⟩이라는 단어가 생겼으며 또 ⟨아들⟩은 어머니의 뒤를 ⟨안 따른다⟩라는 말에서 나온 것이라고 했다. 그럴 듯한 말이다. 그러나 ⟨딸⟩의 고어가 ⟨똘⟩이라는 것을 안다면 이 어원풀이가 잘못된 것임을 쉽게 알 수 있을 것이다. 이처럼 어떤 단어의 어원을 적당히 꾸며댈 수 있는 매력도 있다. 이러한 매력에 끌려서 위의 예와 같이 말풀이하는 것을 민간어원 folk etymology 이라고 한다. 그런데 실은 이러한 민간 어원이 어휘변화에 작용하는 경우가 있다.

영어의 *bridegroom*〈신랑〉이 *bride*〈신부〉와 *groom*〈마부 馬夫〉의 복합 어임은 누구나 알 수 있다. 그런데 〈신랑〉을 왜 〈신부〉+〈마부〉라는 복합어로 표시하게 되었는지 의미상 대단히 이상하다. 이것은 다음과 같이 설명되는 것이다. 현대 영어의 *bridegroom* 은 중세 영어 *bridegome* 에 소급하며, 이것은 또 고대 영어의 *brȳdguma* 에 소급한 다. 고대 영어 *brȳdguma* 는 규칙적인 어형성법에 의해서 *brȳd*〈신 부〉+*guma*〈남자〉에서 형성된 복합어이다. 그런데 독립형으로서의 *guma* 는 중세 영어에서 *gome* 로 변화한 후 폐어 廢語 가 되어 *bride*+ *gome* 에서도 *gome* 의 의미가 무엇인지 알 수 없게 되었다. 그리하여 *bridegome* 을 *bridegrome* 으로 수정하게 되었다. 그것은 *grome*(〈청 년〉. 현대 영어에서는 *groom* 으로 변화하는데 〈마부〉의 의미도 갖게 된다) 이라는 보통 사용되는 다른 단어가 있었기 때문이다. 다시 말하면, *bridegome* 의 *gome* 의 의미를 모르게 되자 이것은 아마도 〈청년〉과 같 은 의미를 가진 요소가 아닌가 보고 연상작용에 의해서 같은 의미를 가진 *grome* 으로 바꾼 것이다. 말하자면 민간어원의 심리가 발동한 것이다. 여기서 현대 영어의 *bridegroom* 이라는 단어로 변화한다.

3.5 언어적 선사연구

비교연구에 의해서 어원연구가 정밀한 과학적 기반 위에 정립되고 문헌 이전의 형태와 의미도 어느 정도까지 탐구할 수 있게 되었다. 그리하여 어떤 언어를 사용하는 민족의 문화를 설명하는 데 도움을 주게 되었다. 간단한 예를 하나만 보기로 하자. 인구제어에서 〈눈雪〉 을 의미하는 단어는 거의 모든 언어에 나타난다. 고대 교회 슬라브어 *snĕgŭ,* 그리스어 *nifa*(<*snig^whm*), 라틴어 *nix,* 고대 아이슬란드어

snige, 고트어 *snaiws* 등이며 모두 동일어원이다. 그러므로 인구어를 사용하던 민족은 눈을 알고 있었고 적어도 그들의 원주지는 눈이 오든가 혹은 눈이 오는 가까운 곳에 살고 있었을 것이라고 추정하는 것이다.

인구제어에는 〈금〉과 〈은〉과 〈쇠〉를 각각 의미하는 공통된 단어가 없다. 이것은 인구조어에 그러한 단어가 없었다는 것을 의미한다. 다시 말하면, 인구조어 시대의 인구어를 사용하던 민족은 아직 〈금〉이나 〈은〉 또는 〈쇠〉를 몰랐다는 것을 의미한다. 인구조어에서 분화한 이후에 그러한 금속물을 알게 되었기 때문에 각 언어에서 그들 금속물을 표시하는 단어가 독자적으로 생겼다고 보여지는 것이다. 따라서 그들 금속물을 표시하는 공통된 단어가 없는 것은 당연하다. 이러한 현상은 무엇을 의미하는가? 그것은 인구조어 시대는 금속물을 몰랐던 시대, 즉 석기시대였을 것을 의미한다. 따라서 인구조어에서 제언어가 분화한 것은 최소한 신석기시대 이전이었음을 시사한다. 그러나 이러한 추리에는 여러 가지 문제점이 있음을 잊어서는 안될 것이다. 특히 의미변화가 심하기 때문에 문헌기 이전에는 어떤 명칭이 과연 어떤 사물을 가리키는 것이었는지 확인할 길이 없기 때문이다.

참고문헌

Anttila, R., *Historical and comparative linguistics,* Amsterdam:John Benjamin, 1989.

Bynon, I., *Historical linguistics,* Cambridge, England : Cambridge University Press, 1977.

Hock, H. H., *Principles of historical linguistics,* Berlin : Mouton de Gruyter, 1986.

Meillet, A., *La methode comparative en linguistique historique,* Oslo : H. Aschehoug, 1925. (영역) Ford. G. B., *The comparative method in historical linguistics.* Paris : Libraire Honoré Champion, 1967.

Skomal, S. N., and Polomé, E. G., *Proto-Indo-European : The archeaology of a linguistic problem. Studies in Honor of Marija Gimbutas,* Washington, D. C. : Institute for the Study of Man, 1987.

제 4 부

세계의 언어와 문자

제 9 장 세계의 언어

1 언어의 계통적 분류

1.1 세계의 언어와 분류

이 지구상에서 사용되고 있는 언어는 그 수가 몇 개나 되는가? 이러한 문제가 가끔 제기되고 있다. 미국 언어학자 그래이 L. H. Gray는 몇몇 기준에 의해서 2,796개라는 수를 제시한 적이 있는데 그는 이 수에는 과학적인 의미가 없다고 말하고 있다. 여러 언어학자는 보통 3,000~3,500개의 수를 들고 있으며 최대 5,600개까지 드는 학자도 있다. 이처럼 숫자상 많은 차이가 있는 것은 다음과 같은 이유에 기인한다. 첫째, 한 단위가 되는 언어를 엄격한 언어학적 기준에 의해서 한정하기가 어렵기 때문이다. 어떤 두 언어를 단일 언어의 두 방언으로 보아야 하는가 아니면 독립된 두 언어로 보아야 하는가를 결정하기 어려운 경우가 많다. 둘째, 우리는 세계의 여러 언어에 관해서 아직도 충분한 지식을 가지고 있지 않으며 언어학자의 연구대상이 된 바 없는 언어가 아직도 많기 때문이다. 이처럼 애매하지만 세계의 언어는 수천에 달하고 있으며 또 구조도 다르고 분포상태도 복잡하다.

따라서 세계의 중요 언어를 개관하기 위해서는 먼저 어떤 방법에 의해서 분류해 보는 것이 필요하다. 우리는 가끔 서양의 언어라든가 동양의 언어 또는 아프리카의 언어와 같이 지역적으로 언어를 분류하여 부르는 경우를 볼 수 있다. 그러나 지역적 분류는 언어학적으로는 큰 의미가 없다. 한 지역에 잡다한 언어가 포함되기 때문이다. 그리하여 우리는 다음 두 가지 분류법에 의해서 세계의 언어를 분류한다. 하나는 계통적 분류 genealogical classification 이고 다른 하나는 유형적 분류 typological classification 이다. 먼저 계통적 분류에 의한 세계의 여러 언어를 개관하기로 한다.

세계의 수많은 언어 중에서 어떤 언어끼리 서로 친근관계가 있는가에 의해서 어족으로 분류할 수 있다. 이것이 곧 언어의 계통적 분류이다. 그러나 세계의 모든 언어가 일정한 어족으로 빠짐없이 분류될 수 있는 것은 아니다. 아직도 친근관계가 밝혀지지 않고 있는 언어가 수없이 많다. 이런 언어를 〈계통적으로 고립된 언어〉라고 부르고 있는데, 위에서 언급한 바 있는, 이탈리아 반도에서 사용되던 에트루스크어와 시켈어도 고립언어의 한 예이다. 또 현재 스페인과 프랑스의 국경 피레네 산맥 부근에서 사용되고 있는 바스크어도 그 계통을 모르고 있다(8장 1.2 참조).

세계의 언어는 친근관계에 의해서 다음과 같은 어족으로 분류된다.

1.2 인구어족 Indo-European family

인구어족의 〈인구印歐〉라는 명칭은 〈인도〉와 〈구라파〉의 첫자를 딴 것인데 이 두 지역의 대부분에 분포하고 있는 여러 언어들이 친근관계가 있다고 보고 이들을 한 어족으로 묶은 명칭이다. 인구어족에 속하는 언어들은 대단히 이른 시기에 어느 한 조어에서 분화한 것으로 생각되고 있는 것은 말할 필요도 없으나, 그 조어가 언제 어디서 사용되고 있었는지에 대해서는 아무것도 확실히 밝혀진 것이 없다. 인구어족에는 다음과 같은 어파와 언어가 있다.

1) 인도-이란어파 Indo-Iranian branch

인도와 이란의 언어. 이란 Iran 또는 에란 Eran이라는 명칭은 〈아리안 Aryan 의 땅〉을 의미하는 *Ariyāna* 에서 유래한 것이다. 두 언어의 최고층은 겨우 방언적 차이밖에는 없었던 것이 확실하며 그 근원이 한 언어였던 것이 분명한데, 아리안족은 기원전 10세기에 이미 소아시아에 나타나서 설형문자의 문헌에 그들의 고유한 인명을 남겨 놓았다. 그들은 인구조어가 사용되던 유럽의 어떤 원주지에서 인도와 이란으로 이동한 것으로 생각되고 있다.

(a) 인도어 Indian

고대 인도어는 고대 인도의 문학어로서 베다 Veda 시대와 고전어 시대로 구별된다. 전자는 인도의 고대 종교 바라문 婆羅門의 성전인 리그베다 Rigveda 의 언어이다. 〈인도〉라는 이름은 신디 강(Sindhu, 지금의 인더스 강)과 같은 이름에서 유래한 것이다. *Sindhu* 가 이란어에서 *Hindu* 가 되고 이것이 다시 그리스인에 의해서 유럽에 알려진다. 이 말을 전한 그리스의 이오니아인의 언어에서는 *h* 음이 소멸했기 때문에 *India* 가 되어 이 이름으로 유럽에 전해진 것이다. 고전 시대의 고전 인도어는 많은 시와 희곡 등 문학에 의해서 전해지고 있는데, 인도인은 이 언어를 산스크리트어 Saṃskṛtam 라고 불렀다 (Saṃskṛtá는 〈완성된 언어〉를 의미한다). 산스크리트어는 기원전 4,5세기에 문학어로서 규범화되어 고정되고 그 뒤 일상언어와는 독립해서 변화하지 않고 전승된다. (이 언어는 우리에게 범어梵語라는 명칭으로 알려지고 있다.) 산스크리트어에 대해서 일상생활에서 사용되던 구어를 프라크리트어 Prākṛtam 라고 했다. 이 구어는 산스크리트어가 고정된 뒤에도 계속해서 변화하여 오늘날의 여러 방언으로 변화한다. 프라크리트어 중에서 가장 중요한 것은 불교의 성전 聖典 언어가 된 파리어 Pāli 이다. 불타도 이 언어로써 설법했다고 전해지고 있다. 현대 인도어에는 벤가리 Bengāli, 힌디 Hindi, 구쟈라티 Gujarāti, 마라티 Mahratti 등 여러 방언이 있다. 현대 인도어 중에서 독특한 위치에 있는 것은 집시 Gypsy 의 언어이다. 집시어는 서북 인도어 방언에 매우 유사하여 그들의 원주지가 인도의 서북부였음을 시사하고 있다.

(b) 이란어 Iranian

고대 이란어는 두 언어에 의해서 전해지고 있다. 하나는 고대 페르시아 제국의 언어로서 많은 비문을 통해서 전해지고 있다. 고대 페르시아인은 그들 자신을 *Pārsa* 라고 불렀는데, *Pārsa* 라는 명칭은 *ā* 를 *ē* 로 변화시킨 그리스의 이오니아 방언을 거쳐서 유럽에 전해졌다. 또 하나의 언어는 페르시아어와는 다른 방언에 속하는 아베스타 Avesta 의 언어이다. 이것은 짜라투스트라 Zaraθustra 를 교조로 하는 종교의 성전의 언어이다. (독일의 유명한 철학자인 니체의 대표작 짜라투스트라 Zarathustra는 이 이름을 딴 것이다.) 현대 이란어에는 현대 페르시아어, 쿠르드어 kurd, 오세트어 Ossetan, 아프가니스탄의 아프간어 Apfgan 등 여러 방언이 있다.

인구어 비교언어학에서 산스크리트어가 특히 중요시되는 것은, 기원전 1,000년으로 소급하는 옛 문헌을 남겨주고 있을 뿐만 아니라, 인구제어 중에서 고형을 가장 잘 보유하고 있기 때문이다.

2) 슬라브어파 Slavic branch

슬라브라는 명칭은 슬라브족의 민족명 *Slověne* 가 비잔틴 제국의 그리스인에게 전해진 것으로서 슬라브인은 *o* 를 a 에 가깝게 발음했기 때문에 *o* 를 a 로 듣고 〈슬라브〉로 전해진 것이다. 기원후 9세기경 그리스인 기리호스 Kyrihos와 메토디오스 Methodios라는 두 성직자에 의해서 당시의 슬라브어로 번역된 성서가 슬라브어파 중에서 가장 오래된 문헌이다. 이것을 고대 교회 슬라브어 Old Church Slavic 라고 한다. 이것은 분화 이전의 슬라브 조어와는 동일하지 않으나, 고형을 잘 보존하고 있기 때문에 슬라브어파의 역사적 연구의 중심이 될 뿐

만 아니라, 인구어 비교연구에서도 중요한 자료가 된다. 슬라브족의
원주지가 어디였는지는 알 수 없으나 현재의 분포보다는 훨씬 남쪽이
었던 것으로 생각되고 있다. 고대 교회 슬라브어 이외에 슬라브어파
에 속하는 남쪽의 불가리아어, 세르보-크로아치아어 Servo-Croatian,
슬로베니아어 Slovenian 가 있고, 서쪽의 슬로바키아어 Slovak 와 이것
과 가까운 관계에 있는 체코어 Czechish는 체코슬로바키아에서 사용되
고 있으며, 또 폴란드어 Polish 는 폴란드에서 사용되고 있다. 그러나
가장 큰 세력의 언어는 러시아에서 표준어로 사용되고 있는 대러시아
어 Great Russian이다.

이 언어는 넓은 지역에서 사용되고 있을 뿐만 아니라, 강력한 제국
의 언어로서 또는 문학어로서 발전한 중요한 언어이다. 우리가 보통
러시아어라고 부르는 것은 바로 이 대러시아어이다. 이 밖에 우크라
이나 지방에서 사용되고 있는 소러시아어 및 폴란드 일부와 여기 인
접한 러시아에서 사용되고 있는 백러시아어 등이 있다.

슬라브어파와 가까운 관계에 있는 발트어파 Baltic branch 가 있다.
그리하여 발트-슬라브어파 Balto-Slavic branch 로 통합해서 분류되는
경우도 있으나, 그 두 어파의 관계는, 인도-이란어파처럼 밀접하지
않다. 이 발트어파 중에서 가장 중요한 언어가 리투아니아어
Lithuanian와 라트비아어Latvian이다. 발트어파는 겨우 15·16세기 이
후의 문헌만을 전해 주고 있으나, 고형을 잘 보존하고 있기 때문에
인구어 비교언어학에서 중요한 자료가 되고 있다.

3) 아르메니아어 Armenian
발칸 반도에는 프리지아어 Phrygian 가 사용되고 있었는데 프리지아
인은 기원전 10세기에 소아시아로 이동했다. 그 언어의 흔적이 아르
메니아어로 생각되고 있다. 아르메니아어의 문헌은 5세기 이후부터
전해지고 있으며, 그 어휘에는 이란어 등에서 들어온 차용어가 많고
형태도 다른 인구어에 비해서 많이 변화했다.

4) 알바니아어 Albanian

이 언어는 발칸 반도에서 슬라브어와 인접해서 사용되고 있다. 이 언어는 고대에 발칸 반도뿐만 아니라, 동유럽에 널리 사용되고 있던 일류리아인 Illyrian 의 언어라는 설이 있으나 아직 정설이 없다. 역사시대에는 일류리아인이라는 명칭이 발칸 반도의 서북부에 거주하던 민족을 지칭했으나, 기원전 1,000년경에는 더 넓은 지역에 거주하고 있었던 것 같다. 그것은 일류리아어 어형의 지명과 강의 이름이 유럽 각처에서 발견되기 때문이다.

5) 그리스어 Greek

이 분파를 대표하는 것은 그리스어뿐이다. 고전 시대의 유명한 작품은 모두 그리스어의 방언으로 저술되어 있다. 그것은 당시 표준적인 공통어가 없었기 때문이다. 방언의 분류는 학자에 따라서 차이가 있으나, 여기서는 세 가지 중요한 방언만을 소개하기로 한다. 즉 아오리스 Aeolic, 도리스 Doric, 이오니아 Ionic 제방언이다. 이오니아 방언에는 여기서 분화한 아틱 Attic 방언이 포함된다. 이 방언은 아테네 지방에서 가장 유력한 언어가 되었는데, 여기서 기원전 4세기 후반에 나타난 것이 고전 그리스 시대의 공통어가 된 코이네 Koinē 이다. 이 공통어는 신약성서의 언어가 되기도 했다. 그리스어는 기원전 500년 경 호메로스 Homeros 의 서사시로 시작되는 풍부한 기록을 가지고 있기 때문에, 인구어 비교언어학에서 특히 중요하다. 또한 고대 그리스어는 고형을 잘 유지하고 있는데, 특히 모음에 관한 한, 인구어 비교언어학에서 절대적인 중요성을 지니고 있다.

여기서 잠시 그리스의 선사시대를 살펴보기로 하자. 인구어 민족의 한 분파인 그리스인의 선조가 그리스의 땅에 들어온 것은 대략 기원전 2,000년경으로 생각되고 있다. 당시 에게 해 Aegea Sea 세계는 이미 청동기 시대에 들어서 있었고 특히 크레타 Crete 섬에는 이른바 미노아 Minoan 문명이라고 일컫는 고도의 문화가 싹트고 있었다. 여기에 그리스인이 들어가게 된 것이다. 그러나 미노아 문명을 가진 선주민이 어떤 민족이었고 또 그들이 어떤 언어를 사용하고 있었는지에 관해서는 확실한 것을 아무것도 모르고 있다. 그러나 역사시대까지 알려진 많은 지명 또는 인구어의 어원 해석으로는 설명할 수 없는 그리스어의 어휘 중 많은 부분이 그 선주민의 언어에서 유래한 것임은 거의 틀림이 없다. 그리스인의 선조가 그리스에 들어올 당시 그들이 어떤 인구어를 사용하고 있었는지는 알 수 없으나 인구어족 중에서 독특한 한 어파를 이루는 그리스어의 기본적 성격은 에게 해 문화를 가진 선주민의 언어 위에서 서서히 형성되었을 것이다. 그러므로 에게 해 선주민의 언어가 기층이 되어 그리스어의 형성에 적지 않은 영향을 미쳤다고 보아야 할 것이다.

6) 로만스어파 Romance branch

이 어파에 관해서는 이미 설명한 바 있다. (8장 1.2 참조). 그러나 여기서 다시 한번 상기할 것은 문어와 구어의 차이이다. 우리가 보통 라틴어라고 할 때, 그것은 고전 라틴어 classical Latin, 즉 규범화된 문어를 가르킨다, 그러나 로만스제어로 분화한 것은 구어의 라틴어였던 것이다. 즉 문어에 대해서 일상 언어였던 비속한 라틴어——이것을 속 라틴어라고 함은 이미 언급한 바 있다——였던 것이다. 이러한 두 층의 언어는 어디에나 있으나, 고전기의 라틴어 시대에도 있었던 것은 말할 것도 없다. 이 구어의 라틴어가 로마제국의 성장과 더불어 병사나 상인들에 의해서 널리 확산되고 여기서 로만스제어가 분화하게 된다.

7) 게르만어파 Germanic branch

게르만 민족은 이미 고대에 잘 알려져 있었으나, 그들의 언어에 관해서는 중세기에 이르기까지 문헌에 나타나는 것이 전혀 없다. 다만

한 예외가 있는데, 그것은 고트어 Gothic 이다. 기원후 350년경 모에 시아(Moesia, 지금의 불가리아 북부)에서 고트어로 성서가 번역되었는 데 이것은 게르만어파 중에서 가장 오랜 문헌으로서 중요시되고 있다. 기원전 1세기에 시작되는 스칸디나비아로부터의 게르만 민족 대 이동의 결과 고트족은 동유럽에 자리를 잡은 것으로 알려지고 있다. 그 뒤 고트족은 대부분 스페인 혹은 이탈리아로 이동했고 그들의 언어인 고트어는 동 게르만어로 불리우고 있다. 그러나 고트어는 700년에는 거의 사어가 되고 말았다.

고트어는 스칸디나비아어와 밀접한 관계가 있다. 초기의 스칸디나비아어는 3세기경부터 시작되는 룬 Runic 문자에 의한 비문에 의해서 알려지고 있다. 9세기 이후에 스칸디나비아어는 식민지로 확산되어 가는데, 아이슬란드에 들어간 언어는 지금도 스칸디나비아어의 성격을 잘 보유하고 있다. 9세기부터 15세기에 이르는 이들 언어를 고대 북구어 Old Norse 라고 부르며, 많은 문헌이 있는데 그 대부분은 아이슬란드어로 씌어진 문학작품이다. 여기서 고대 아이슬란드어라는 이름이 유래한다. 근대 스칸디나비아어로서 발전한 언어가 스웨덴어 Swedish, 덴마크어 Danish, 노르웨이어 Norwegian 등이다. 스칸디나비아제어는 게르만어파 중에서 북 게르만어로 분류된다.

발트 해 Baltic Sea 의 남부에 다른 게르만어를 사용하는 종족이 있었다. 이들은 오늘날 독일인의 선조로서 그들의 언어는 저지 독일어 Low German 와 중부 및 남부의 고지 독일어 High German 의 두 방언으로 분류된다. 고지 독일어는 오늘날의 독일어로 발전하며, 저지 독일어는 소멸하는 과정을 밟고 있으나 그 일부가 영국에 들어가서 오늘날의 영어로 발달한다. 그러므로 독일어와 영어는 가장 가까운 친근관계에 있으며 이들은 게르만어파 중에서 서 게르만어로 분류된다.

게르만제어는 인구어족의 한 어파이기 때문에 발생적인 공통적 특징이 있음은 물론이지만, 반면 게르만어에는 뚜렷한 개성을 가진 특징이 있다. 첫째 그림 법칙 Grimm's law 으로 불리는 파열음 계열의 규칙적 음운변화가 일어났고, 둘째로는 강세 악센트가 어근의 음절에 고정되었다. 이것은 음운상의 중요한 변화이다. 이 밖에 어휘면에 있어서의 특징은 주목할 만하다. 모든 인구제어에는 어원을 밝힐 수 없는 단어가 있으나, 게르만어의 경우에는 그러한 어휘가 특히 많고 기본어휘는 약 삼분의 일이 어원불명이다. 그 원인은 다음과 같이 생각되고 있다. 게르만 민족이 스칸디나비아에서 이동하기 전에 현재의 독일을 중심으로 한 지역에 어떤 불명의 원주민이 살고 있었으며 이 민족의 언어는 뒤에 게르만 민족의 언어에 동화되었지만, 그 원주민의 어휘가 게르만어에 많이 흡수된 것으로 생각되고 있다. 위에 말한 그림 법칙으로 설명되는 음운변화도 실은 그 원주민 언어의 영향으로 생각되기도 한다. 그 원주민이 어떤 종족이었고 또 그들이 어떤 언어를 사용하고 있었는지는 알려지고 있지 않다.

8) 켈트어파 Celtic branch

켈트어파는 현재는 겨우 국한된 지역에서만 사용되고 있으나, 옛날에는 큰 세력을 가진 언어로서 기원전 4, 3세기경에는 잉글랜드, 스코틀랜드, 아일랜드, 프랑스, 스위스, 스페인 일부 등 넓은 지역에서 사용되고 있었다. 그 뒤 게르만 민족의 이동으로 밀려 현재는 서유럽의 변방에서 그 명맥을 유지하고 있다. 이 어파는 인구조어 *kʷ-의 변화에 의해서 P 켈트어(브리튼어 British, 웰즈어 Welsh 등)와 Q 켈트어(아일랜드어 Irish, 스코틀랜드어 Scottish 등)으로 구분된다.

9) 토카라어 Tocharian

금세기 초 중국의 투르케스탄에서 많은 문헌이 발견되었다. 그중 어느 것은 기원후 7, 8세기에 어떤 미지의 언어로 기록된 것이었다. 그러나 산스크리트어와 이 새로운 미지의 언어, 이 두 언어로 기록된 문헌이 발견되자 산스크리트어를 근거로 해독에 성공하고 그 언어가 인구어임이 판명되어 토카라어로 명명했다. 토카라어는 많은 이질적

요소를 포함하고 있지만, 인구어의 옛 특징을 보존하고 있어서 주목되고 있다. 토카라어는 지금은 사어가 되었다.

10) 힛타이트어 Hittite

1906년 터키의 보즈쾨이 Boğazköy 부근에서 고고학자에 의해서 설형문자로 기록된 많은 자료가 발굴되었다. 이것은 기원전 19세기부터 12세기에 걸쳐 번영한 힛타이트 제국의 수도 히투사 Hittusa 의 옛 기록물들이다. 힛타이트어는 소아시아에 들어와서 이민족과 접촉하면서 이민족의 언어적 영향을 많이 받았으나, 어느 면에서는 인구어의 고형을 잘 유지하고 있어서 주목되고 있다. 그러나 어휘의 대부분은 비인구어 계통이다. 이 밖에 힛타이트어와 대단히 유사한 옛 언어가 보즈쾨이의 옛 문헌에서 발견되었는데, 이 언어를 루위아어 Luwian라고 한다. 힛타이트어와 루위아어를 합해서 아나톨리아 어군 Anatolian 이라고도 부른다.

1.3 햄-셈어족 Hamito-Semitic family

인구어족에 이어서 가장 광범위하게 연구되고 그 친근성이 확정된 것이 햄-셈어족이다. 이 어족의 명칭은 구약성서 〈창세기 10장〉에 나오는 당시의 3대 민족 중, 두 민족인 〈햄〉과 〈셈〉에서 유래한 것이다. 아라비아 반도를 중심으로 한 셈어파는 긴밀한 친근관계가 있으나, 햄어파는 그러한 통일성이 약하다. 그러므로 과거 햄어파의 하위언어로 분류하던 것을 지양하고 그 하위언어를 하나하나 독립시키고 있다. 또한 햄-셈어족이라는 명칭 대신 아프로-아시아어족 Afro-Asiatic family이라는 명칭으로 부르는 것이 좋다는 의견도 있다.

1) 이집트어 Egyptian

고대 이집트의 언어. 기원전 332년 이집트 왕국이 멸망한 이후, 헬

레니즘이 들어오면서 그리스어가 침투하여 콥트어Coptic의 시대가 온
다. 〈콥트〉라는 명칭은 이집트의 그리스도 교도에 대한 아라비아어의
호칭이다. 이집트 지방은 7세기부터 이슬람교가 침투하면서 점차 아
라비아어화하고 콥트어는 17세기 이후 종교언어로서만 사용된다.

2) 베르베르어 Berbers
아프리카 북서지방의 산악지대와 사막에서 서로 고립되어 공동체를
형성하고 있는 유목민이 사용하고 있는 언어이다.

3) 쿠시제어 Cushitic
〈쿠시〉라는 명칭은 구약성서 〈창세기〉에 나오는 〈햄〉의 아들의 이
름을 딴 것이다. 현재 이 언어가 사용되고 있는 곳은 아프리카 북동
부에서 에티오피아어가 사용되고 있는 곳을 제외한 지역이다.

4) 챠드제어 Chadic
주로 아프리카 중앙부 챠드 호수 주변에 있는 여러 나라 농민이 사
용하고 있는 언어이다. 여기에는 100여 개의 방언이 포함된다. 그들
중 가장 크고 유명한 것이 나이지리아 북부에서 사용되고 있는 하우
사어 Haussa이다.

5) 셈어파 Semitic
(a) 북동 셈어파 : 메소포타미아 지방을 중심으로 출토된 기원전
3,000년에 걸친 문자기록에 의해서 알려진 언어이다. 그 최초의 수도
아카드 Akkade 를 따라서 아카드어 Akkadian 로 불리기도 한다. 고대
아카드어 이후는 남쪽의 바빌로니아어 Babylonian 와 북쪽의 앗시리아
어 Assyrian 두 방언으로 분류된다.
(b) 북서 셈어파 : 고대부터 지금까지 큰 나라 사이에 끼어서 분쟁이
끊일 줄 모르는 시리아, 팔레스티나 지방을 중심으로 한 언어이다.

이 어파 중에서 가장 중요한 것이 히브리어 Hebrew이다. 고대 히브리어의 자료 가운데서 성서의 히브리어는 가장 중요하다. 그 원자료는 부분적으로 기원전 13세기까지 소급한다. 후기 히브리어는 문자언어로서 유태교도들에 의해서 지켜져 왔고 19세기 말에는 일상언어로 부활, 1948년 이스라엘 건국 후에는 이 현대 히브리어가 아라비아어와 더불어 공용어로 사용되고 있다.

(c) 남 셈어파 : 이 어파에는 아라비아어 Arabic와 에티오피아어 Ethiopic가 포함된다. 아라비아어는 대체로 기원전 5·4세기의 비문에서부터 역사시대에 들어오는데, 9세기 이슬람 문법가에 의해서 이른바 고전 아라비아어가 확립된다. 이미 7세기의 종교적 성전 〈코란〉의 문법은 시적 공통어에 의한 것이었다. 7세기 이후 종교적 발전과 더불어 아라비아어도 크게 분포지역을 확대하고 현재는 이집트, 수단, 리비아, 알제리, 모로코 등 북아프리카 제국이 공용어로 사용하고 있다. 에티오피아어는 기원전 1세기 남 아라비아에서 이집트에 들어간 것으로 생각되는 셈어의 총칭이다. 최초의 자료는 4세기경까지 소급한다. 13세기부터는 남쪽의 암하르어 Amharic가 일상언어로 대치되지만, 이집트어는 문학, 종교의 용어로서 존속한다.

1.4 우랄어족 Uralic family

이 어족은 우랄-알타이어족이라는 명칭과 더불어 우리에게 잘 알려진 어족의 하나이다. 그러나 우랄어족과 알타이제어는 아직 그 친근관계가 확립되지 않고 있다. 따라서 양자를 따로 다루는 것이 바람직하다. 우랄어족에는 다음 두 어파가 포함된다.

1) 핀-우글어파 Finno-Ugric
이 어파에는 핀어 Finnish, 라프어 Lappish, 카레리아어 Karelian, 모르드빈어 Mordvin, 에스토니아어 Estonian, 체레미스어 Cheremis,

보챠크어 Votyak, 보굴어 Vogul, 오스챠크어 Ostyak, 헝가리어 Hun-garian 등이 포함되는데, 이들 중에서 가장 중요한 것이 핀어와 헝가리어이다. 핀족의 선조는 먼 옛날 남부 우랄지역에서 서북방으로 이동하여 기원전 2세기부터 기원초까지는 발트 해를 건너서 현재의 핀란드에 정착한 것으로 생각되고 있다. 이들 이른 시기의 차용어는 핀어사의 연구에서는 물론이고 차용된 언어의 연구에도 중요한 자료가 된다. 한편 러시아어와는 밀접한 관계가 있던 시기도 있었으나, 러시아어로부터의 차용어가 매우 적은 것은 주목할 만하다.

헝가리어(마쟈르어 Magyar라고도 한다)는 헝가리 및 그 인접지역에서 사용되고 있다. 헝가리 민족이 지금의 헝가리에 들어온 것은 896년으로 생각되고 있는데 그 이전의 헝가리어에 관해서는 아무런 기록도 없다. 13·14세기부터 16세기까지 성서의 번역이 부분적으로 남아 있을 따름이다. 헝가리어에도 여러 언어로부터 차용어가 들어왔는데, 특히 독일어의 영향이 크다. 18세기 말부터 민족주의가 싹트면서 언어에 대한 그들의 국민적 자각도 높아진다. 그리하여 〈언어혁신〉이 시도된다. 그것은 외래어를 피하고 헝가리어에 의한 신어新語를 조어造語하고, 옛말을 부활하며, 민중의 어휘로 사용하려는 것이다. 그러한 운동은 그 후 여러 국민문학의 대표적 작가에 의해서 문학어를 확립하려는 결과가 된다.

2) 사모에드어 Samoyed

사모에드어는 극동 시베리아에서 사용되고 있으며, 네네쓰어 Nenets, 셀쿠프어 Selkup 등이 있다.

1.5 알타이제어 Altaic languages

〈알타이〉제어는 우리말의 계통과 관련해서 이미 우리에게 잘 알려진 명칭이다. 〈알타이〉라는 명칭은 이 언어를 사용하는 민족의 원주지가 알타이 산맥 동쪽이었을 것이라는 가정에서 유래한 것이지만, 그러한 가정에는 확실한 근거가 없다. 또 위에서 언급한 바와 같이 우랄-알타이어족을 설정한 적도 있지만, 양 어군 사이에 친근관계가 있다는 확실한 증거가 아직은 없다. 또한 다음에 설명하는 튀르크어, 몽골어, 만주-퉁구스어 등 알타이제어의 친근관계에 관해서도 이것을 인정하는 견해와 부인하는 견해가 대립하고 있다. 그러므로 알타이 〈어족〉이라고 부르지 않고 알타이 〈제어〉라고 부르는 것이 보통이다. 알타이제어에는 다음 세 언어가 포함된다.

1) 튀르크어 Turkic

더 정확히는 추바시-튀르크어 Chuvash-Turkic 라고 부르는 것이 좋을 것이다. 이 어군은 알타이제어 중에서 가장 넓은 지역에서 사용되고 있다. 추바시어는 소련의 볼가 강 유역에서 사용되고 있으며, 다른 튀르크어는 대체로 현재의 터키 공화국을 위시해서 북방 코카사스, 볼가 강 유역, 중앙아시아, 중국 투르케스탄, 이란 북방, 아프가니스탄 북방, 알타이 산맥 부근, 동부 시베리아의 북방 등에서 사용되고 있다. 튀르크어는 8세기경의 비문에 의해서 알타이제어 중 가장 오래된 문헌을 보여주고 있다. 이러한 옛 문헌이 있기는 하지만, 그 뒤의 문헌이 단계적으로 남아 있지 않아서 튀르크어의 역사를 체계적으로 기술하기가 어렵다. 그러나 대체적으로 8세기 문헌의 튀르크어를 고대 튀르크어, 11~14세기 튀르크어를 중기 튀르크어로 부른다. 중기 튀르크어의 시기에 이슬람교로 개종하면서 아라비아 문자가 차용되어 1928년까지 사용되며, 또한 아라비아어와 이란어로부터 많은 차용어를 받아들인다. 아라비아어와 이란어의 영향은 매우 심각하여 우리말에 있어서의 한자어를 방불케 하는데, 오히려 그 이상일 것이다. 언어개혁 이전에는 튀르크어의 총어휘 중, 아라비아어에서의 차용어가 50퍼센트, 이란어에서의 차용어가 40퍼센트에 가까웠다고 한다. 그리하여 1928년의 언어개혁이 일어나는데, 아라비아 문자가 로

마자로 대치되고, 외래어를 순수한 튀르크어로 대치하려고 시도하고 있다. 현대 튀르크어에는 여러 방언이 있다.

2) 몽골어군 Mongolian

몽골족이 역사상 알려지기 시작한 것은 북위北魏 시대부터이다. 중국의 옛 사서史書에 의하면, 거란契丹은 몽골어계의 종족으로 생각되고 있는데 이들의 거주지는 대체로 흥안령興安嶺 동쪽의 동 몽골 지역으로 추정되고 있다. 이 거란족이 10세기 초부터 12세기 초에 걸쳐 중원中原에 요왕조遼王朝를 출현시켰는데 그들의 언어가, 아직 확실하지는 않으나, 몽골어계의 언어로 추정되고 있다.

몽골어는 문어와 구어 사이에 큰 차이가 있는데, 문어는 고대 몽골어의 특징을 유지하고 있다. 고대 몽골어의 시기는 불명시대부터 12세기까지 끝나고 중기 몽골어는 13~16세기에 걸친다. 이 시기는 비교적 많은 자료가 있는데, 그중에서 가장 중요한 것이 징기스칸의 역사를 기록한 원조비사元朝祕史 이다. 현대 몽골어의 시기는 16세기부터 계속되는데, 여기에는 여러 방언이 있다.

3) 만주-통구스어군 Manchu-Tungus

만주-통구스어군 중에서 옛 언어 자료를 남겨주고 있는 것은 만주어滿洲語 와 여진어女眞語뿐이다. 17세기 전반부터 몽골 문자를 약간 개량해서 만주문자를 만들고 이 문자에 의해서 만주어를 기록했는데 이것이 만주문어이다. 청조 초기의 구만주당旧滿洲檔 을 비롯하여 상당히 많은 문헌이 있다.

금을 건국한 여진족의 언어를 여진어 Jurchen ~ Juchen, Jürjin 라고 하는데 이 언어는 만주어와 가까운 관계가 있는 것으로 생각되고 있다. 여진어의 가장 중요한 문헌은 명대의 16세기에 기록된 여진관역어女眞館譯語 이다. 이 밖에 12·13세기의 여진어 비문이 있을 따름이다.

이 어군은 남방 퉁구스어군(주로 만주에 분포)과 북방 퉁구스어군 (주로 동북 시베리아에 분포)으로 구별되는데 양자 사이에는 큰 언어차 가 있다. 남방군은 남쪽에서 중국어 및 몽골어와의 접촉이 심해서 퉁 구스어적 특징을 많이 잃어버린 데 비해서 북방군은 오랜 옛 특징을 보유하고 있는 것으로 생각되고 있다.

다음에는 한국어의 계통에 관해서 간단히 살펴보기로 하자. 무릇 언어의 계통 연구에서는 크게 두 단계의 연구과정이 구별되어야 한다 (8장 2. 비교방법 참조). 첫째는 가정의 단계이고 둘째는 증명의 단계 이다. 가정의 단계에서는 언어간의 몇몇 유사성에서 출발할 수도 있 을 것이고 또 역사적, 문화적 관계를 고려하여 그들 언어 사이에 친 근관계가 있으리라고 가정할 수도 있을 것이다. 한국어의 계통이 국 내외 학자에 의해서 최초로 논의되기 시작했을 무렵, 한국어와 비교 될 만한 언어로서 부각된 언어가 알타이제어와 일본어였다. 한국어와 알타이제어 사이에는 분명히 유사성이 보인다. 예를 들면, 어순이 같 다든가 또는 모음조화 현상이 있으며 유사한 단어들이 발견된다. 이 러한 것들은 한국어와 알타이제어의 친근관계를 가정할 만한 근거가 될 수 있다. 그러면 이러한 유사성이 과연 친근관계를 말해 주는 것 인지 증명되어야 한다. 언어의 계통 연구는 여기서 증명의 단계에 들 어서게 되는 것이다. 그렇다면 한국어의 계통연구는 지금 어느 단계 에 있는가? 한국어의 계통연구는 먼저 알타이제어와의 친근성을 가 정하고 지금 그것을 증명하려고 노력하고 있는 중이라고 보아야 옳을 것이다. 증명의 연구가 계속되고 있기 때문에 지금 어떤 단언을 할 수 있는 입장이 못된다. 그러므로 한국어가 알타이제어와 친근관계가 있다고 단언하는 것도 잘못이고 또 친근관계가 없다고 단언하는 것도 잘못이다. 이러한 뜻에서 한국어의 계통은 아직 〈불명〉이라고 할 수 밖에 없다.

1.6 중국-티베트어족 Sino-Tibetan family

동북으로는 만주, 동남으로는 대만, 서남으로는 버마로부터 인도의 앗삼 지방, 서북으로는 티베트에 걸친 광대한 지역에서 사용되고 있다. 이 어족에는 다음과 같은 어군이 있다.

1) 중국어군 Chinese

베이징 방언(관어(官語 : Mandarin)라고도 한다)을 대표적인 언어로 하여 양자강 이북에서 사용되고 있는 북방어, 양자강 하류의 우어吳語, 양자강 중류의 샹어湘語, 화남華南 각지에 분포하고 있는 학카어 客家語, 대만과 해남도海南島에서 사용되고 있는 민어閩語, 광동廣東 방언을 대표하는 광동어廣東語 등 5대 어군으로 분류된다.

2) 캄-타이어군 Kam-Tai

중국 남서부의 귀주貴州, 호남湖南, 광서廣西에 분포하고 있는 캄 어侗語와 수이어水語, 그리고 베트남 북부와 라오스 북부를 거쳐 태 국에서 사용되고 있는 타이제어 등이 포함된다.

3) 티베트-버마어군 Tibeto-Burman

티베트로부터 버마에 걸쳐 사용되고 있는 어군이다.

4) 먀오-야오어 Miao-Yao

화남의 각지에서 멀리 인도까지 분포하고 있으나, 먀오어와 야오어 의 위치는 확실하지 않다.

1.7 말라이-폴리네시아어족 Malayo-Polynesian family

오스트로네시아어족 Austronesian family 이라고도 한다. 말레이지아와 인도네시아 전역, 필리핀의 모든 도서, 그리고 중앙 태평양과 남태평양의 섬 전체에서 사용되고 있다. 이 어족은 크게 다음 두 어군으로 구분된다.

1) 동 말라이-폴리네시아어 (오세아니아제어 Oceanic languages라고도 한다) : 대체로 뉴기니아의 동쪽, 중앙 태평양의 모든 섬에서 사용된다.

2) 서 말라이-폴리네시아어 : 대체로 뉴기니아 서쪽에서 사용되고 있다. 이중에서 중요한 것은 필리핀의 타가로그어 Tagalog, 말레이 반도의 말레이어 Malayian, 인도네시아의 공통어인 바하사어 Bahasa Indonesian, 자바어 Javanese 등이다. 대만의 원주민 언어도 여기 속한다.

1.8 드라비다어족 Dravidian family

인도의 남부를 중심으로 스리랑카 및 말레이지아의 일부에서 사용되고 있는 언어다. 이 어족 중에서 기원전부터 가장 오랜 전통과 문학을 가진 것은 인도 남부에 분포하고 있는 타밀어 Tamil 이다. 이 밖에 중요한 언어는 말라야람어 Malayalam, 칸나다어 Kannada, 텔루구어 Telugu 이다. 드라비다어계의 언어는 교착어의 성격을 가지고 있어서, 우랄제어 또는 알타이제어와 동일한 유형에 속한다고 보고 그 친근관계를 연구한 학자가 있으나 성공하지 못했다. 한국어와 친근관계를 주장한 학자도 있으나 언어학적으로 확실한 근거가 없다.

1.9 기타 언어

세계의 언어에는 또 다른 많은 언어가 있다. 미국의 인디언 언어, 아프리카의 원주민어는 복잡한 수많은 언어로 분류되고 있으나, 아직도 그들 언어간의 계통관계가 확실하지 않은 것이 많다. 또한 동부 시베리아에는 길리야크어 Gilyak, 유카기르어 Yukagir 등이 산재하여 분포하고 있고 또 일본의 북해도에는 일본어와 다른 아이누어 Ainu 가 있으나, 이들의 상호관계는 전혀 알 수 없다. 이들 언어를 고古 아시아어 Paleo-Asiatic 혹은 고古 시베리아어 Paleo-Siberian 라고 부르고 있으나, 이것은 편의상의 총괄적 명칭에 지나지 않는다. 이와 같이 세계의 언어에는 계통을 모르는 언어가 많이 있다.

인구어 지역의 동쪽에 인접한 코카서스에 코카서스제어 Caucasian 가 사용되고 있다. 코카서스제어는 어느 어족에도 속하지 않고 독립된 언어군을 이루고 있으나 이들이 하나의 〈어족〉을 이루는지는 확실하지 않다. 이 언어군에서 가장 중요한 것은 남 코카서스어에 속하는 조르지아어 Georgian 혹은 그루지아어 Gruzinskij 이다. 이 언어는 능격구문 能格構文으로 주목되고 있다. 코카서스제어에는 공통적인 문법적 특징으로 능격 ergative 이라고 불리우는 격이 있다. 능격은 타동사의 주어로 사용된다. 한편 주격은 자동사의 주어와 타동사의 목적어에 사용된다.

2 언어의 유형적 분류

2.1 유형적 분류의 기준

언어의 분류에 관해서 가장 먼저 개발된 것은 19세기에 시작된 형태적 분류morphological classification 방법이다. 이 분류법은 형태적 구조의 특징에 의한 것으로서 이 분류법에 의해서 〈고립어〉, 〈교착어〉, 〈굴절어〉로 셋으로 나뉘거나 또는 여기에 〈포합어〉를 넣어서 넷으로 나뉘기도 한다. 셋 혹은 넷으로 나뉜 형태적 구조의 특징은 다음 설명에서 분명해질 것이다.

근래 언어의 유형적 연구가 발전하면서 위에서 말한 형태적 구조의 특징만이 아니라 음운, 통사, 어휘 등 언어체계의 각 층위의 여러 가지 특징에 의해서 여러 언어를 유형으로 분류하여 언어구조의 보편적 특징을 해명하려는 연구가 이루어지고 있다.

2.2 유형적(형태적) 분류

1) 고립어

고립어(孤立語 : isolating language)는 문장을 구성하는 단어가 어형의 변화가 없고 단어 사이의 문법적 관계가 어순에 의해서만 표시되는 언어이다. 중국어가 고립어의 대표적인 언어이다. 다음 예를 보자.

(a) 人殺虎 〈사람이 호랑이를 죽이다〉
(b) 虎殺人 〈호랑이가 사람을 죽이다〉

이 두 문장에서 〈사람〉과 〈호랑이〉의 관계가 어순에 의해서 결정된다. 즉 (a)에서는 〈사람〉이 주어이고 〈호랑이〉는 목적어이다. 한편 (b)에서는 〈호랑이〉가 주어이고 〈사람〉이 목적어이다. 이와 같이 동사 〈죽이다〉 앞과 뒤에 오는 위치에 의해서 주어와 목적어가 결정된다. 그리고 이들 세 단어는 그 어형이 변화하지 않는다.

2) 교착어

교착어(膠着語 : agglutinative language)는 문장을 구성하는 단어가 그 어형을 변화하지 않고 각 단어의 문법적 관계가 단어 또는 어간에 결합되는 조사 또는 접미사에 의해서 표시되는 언어이다. 알타이제어 는 대표적인 교착어이다. 다음은 몽골어(문어)의 한 문장이다.

dani-yin kümüs tariyalang-un ajil-i kiǰü biii.〈덴마크의 사람이 농사 일을 하고 있다〉

이 문장을 분석하면 다음과 같다. *dani*〈덴마크〉+*yin*〈의 (속격어 미)〉, *kümüs*〈사람〉(-s는 복수어미), *tariyalang*〈농사〉+*un*〈의 (속격어 미)〉, *ajil*〈일〉+*i*〈을 (대격어미)〉, *kiǰü biii*〈하고 있다〉. 이 문장에서 주어인 *dani-yin kümüs*〈덴마크의 사람〉 뒤에 주격을 표시하는 조사가 없다. 이와 같이 몽골어에는 특수한 경우를 제외하고는 주격을 표시 하는 조사가 없다. 그러나 다른 격은 모두 일정한 접미사에 의해서 표시된다. 소유격 어미 *-yin, -un*과 대격 어미 *-i*는 문법관계를 표시하 며 단어 또는 어간에 첨가되어 있다. 이러한 언어에서는 주어와 목적 어의 순서가 〈농사의 일을 덴마크의 사람이 하고 있다〉와 같이 뒤바 뀌어도 무방하다. 그것은 접미사에 의해서 주격과 목적격이 표시되기 때문에 어느 것이 주어이고 어느 것이 목적어인가를 쉽게 알 수 있기 때문이다. 이러한 특징은 우리말과 같다. 우리말도 물론 교착어에 속 한다.

3) 굴절어

굴절어(屈折語 : inflexional language)는 문장을 구성하는 단어가 변 화하면서 문법관계를 표시하는 언어이다. 인구제어는 굴절어에 속한 다. 라틴어의 예를 들면, 〈왕〉을 의미하는 단어 *rēx*(주격)가 다음과 같이 곡용 曲用 하여 문법관계인 격을 표시한다 : *rēgis*(속격), *rēgī*(여

격), *rēgem*(대격), *rēge*(탈격), 또한 동사의 경우에도 〈사랑하다〉를 의
미하는 *amō* 는 직설법, 능동, 현재형(단수)이 인칭에 따라서 다음과
같이 활용한다 : *amō*(1인칭), *amās*(2인칭) *amat*(3인칭). 라틴어의 한
문장을 분석해 보기로 하자. 이 문장은 〈주기도문〉의 한 구절이다.

Et ne nos indūcās in temptātiōnem, sed liberā nos ā malō

이 구절은 〈우리를 유혹에 빠지지 말게 하시고 악에서 구하소서〉로
번역된다. 이 문장을 분석하면 다음과 같다. *et*〈그리고〉: *ne*〈금지의
부정사〉: *indūcās* 는 *indūcere* 〈인도하다〉의 2인칭, 단수, 현재, 접속
형으로 명령을 의미한다 : *temptātiōnem* 은 *temptātiō*〈유혹〉의 대격 : 앞
의 전치사 *in* 은 대격을 지배한다 : *nos* 는 〈우리들을〉(대격)을 의미한
다 : *sed*〈그러나〉는 고古 라틴어에서는 전치사로서 〈~없이〉를 의미
한다 : *liberā* 는 *liberāre*〈자유롭게 하다〉의 2인칭, 단수, 명령형. *ā* 는
ab〈~에서〉의 변이형 : *malō* 는 *malus*〈나쁜〉의 중성, 탈격 : 전치사 *ā*
는 탈격을 지배한다.

4) 포합어

포합어(抱合語 : incorporating language)의 특징은 문장을 구성하는
요소가 서로 밀접하게 결합해서 하나의 전체를 이루는 데 있다. 고
古 아시아제어가 여기에 속한다(9장 1.9 참조). 다음은 고 아시아어의
하나인 축치어 Chukchee의 예이다.

tumyəɬ kuprantəwatrʔat

이 문장은 〈친구가 그물을 쳤다〉를 의미하는데, 이 문장의 구성요
소를 분석하면 다음과 같다. *tumy*-〈친구〉+*ət*(복수, 절대격) : *kupre*-
〈그물〉+-*ntəwat*-〈치다〉+-*γʔat*(3인칭, 복수, 과거). 이 예에서 보면

명사(목적어)와 동사가 결합해서 하나가 되어 있다. 이 경우 *kupre-*가 *kupra-*로 변한 것은, 즉 *e>a*의 변화가 일어난 것은 단어의 내부에서 일반적으로 일어나는 모음조화이다. 이와 같이 목적어인 명사의 어간을 동사 속에 끼워 넣는다. 또 형용사도 그것이 한정하는 명사 속에 끼워넣는다. 이러한 특징을 〈포합〉이라고 한다.

2.3 언어 유형론 연구

위에서 고찰한 것은 형태적 특징에 의한 유형화였다. 가령 라틴어는 굴절어, 몽골어는 교착어, 중국어는 고립어라고 하는 것과 같이 어떤 유형적 특징에 의해서 개개 언어의 전체적 특징을 파악하려는 것이다. 이러한 유형화를 전체적 유형화 holistic typology 라고 한다. 이러한 연구에 대해서 일반화를 목표로 하는 다음과 같은 연구가 근래 활발히 전개되고 있다.

일반화를 목표로 하는 연구는 여러 가지 언어특징의 공기共起를 중심으로 언어의 유형을 식별하고 각 유형을 통해서 관찰할 수 있는 일반적 법칙을 추구하며 인류의 언어 전체에 대한 일반성, 즉 언어의 보편적 특징을 파악하려는 것이다. 이러한 방법에 의한 보편성 연구의 가능성은 위에서 지적한 바와 같이 유형적 특징의 공기관계에 입각하고 있는데, 오늘날 유형론 연구의 중심이 되고 있다. 이러한 방법을 명시하고 오늘날의 유형론 연구를 전개한 출발점이 된 것은 미국 언어학자 그린버그 J. H. Greenberg 이다. 다음에 어순과 다른 몇몇 특징의 공기관계를 중심으로 한 그린버그의 연구를 개관하기로 한다.

주어를 S, 목적어를 O, 동사를 V로 표시한다면 문장에서 이 세 요소가 결합할 수 있는 순서는 이론적으로 다음 여섯 가지이다.

⑴ S O V	⑶ V S O	⑸ O V S
⑵ S V O	⑷ V O S	⑹ O S V

이론적으로 가능한 이 여섯 가지 어순 중에서 기본 어순으로 O 가 S 앞에 오는 언어로서는 VOS, OVS, OSV 형인데, VOS 형의 언어는 그 수가 대단히 적고 전체의 2퍼센트에도 미치지 못하고 있다. (마다 가스카르.Madagascar의 서 인도네시아어인 말라가시어Malagasy가 VOS형 이다.) 다른 가능성으로는 OVS 형이 있는데 이 유형에 속하는 언어 는 브라질 Brazil 의 북부에서 겨우 350명이 사용하고 있는 히시카랴나 어 Hixkaryana 와 그 주변의 언어에서만 확인된다. 또 하나의 OSV 형을 기본 어순으로 하는 언어는 세계의 어느 언어에서도 발견되지 않고 있다. (언젠가는 이런 어순을 가진 언어도 발견되리라고 보고 있는 학자도 있다.) 이러한 사실에 의해서 S 가 O 앞에 오는 것은 중요한 인류언어에 관한 일반적 경향으로서 이러한 특징은 보편성 연구에서 파악되어야 한다고 한다.

그린버그는 언어의 두 가지 보편성을 구별한다. 하나는 〈절대적 보편성〉이고 다른 하나는 〈함의적(含意的 : implicational) 보편성〉이다. 그리고 그의 유형론은 함의적 보편성에 입각하고 있다. 〈함의〉란, 이론적으로 p와 q라는 두 명제가 있을 때, 〈p가 참이면 필연적으로 q 도 참이다〉라는 양자간의 관계를 말한다. 그린버그의 언어유형론에서 는 이러한 함의적 관계가 다음과 같이 설명된다. 한 예를 들면 어순 이 SVO 형의 언어에는 거의 모두 전치사가 있다. 따라서 SVO→Pr (즉 SVO 형의 언어에는 전치사(=Pr)가 있다)라는 관계가 성립한다.

그린버그는 P 에 해당하는 것을 S 와 V 와 O 의 어순으로 잡고 Q 에 해당하는 사항으로는 다음에 드는 여러 가지 특징을 들고 있다. 먼저 S, V, O 의 어순을 보면, 이론적으로 가능한 여섯 가지 결합형 중에서 (1) SOV 와 (2) SVO 가 압도적으로 많다. 그리하여 (1)과 (2)의 어순을 기준으로 몇 가지 다른 특징과의 함의적 관계를 다음과 같이 세웠다.

SVO	SOV
전치사	후치사
비교급+기준형	기준형+비교급
명사+수식어	수식어+명사
명사+속격	속격+명사
조동사+본동사	본동사+조동사

이렇게 해서 주어와 동사와 목적어의 어순이 어떤 다른 통사적 특징과 상관관계가 있다고 주장하게 된다. 그리하여 SOV 형의 언어에는 후치사가 있고 또 수식어가 명사 앞에 오는 것을 예측할 수 있다. 또한 SVO 형의 언어에는 전치사가 있고 수식어가 명사 뒤에 오는 것을 예측할 수 있다.

참고문헌

Comrie, B., *The world's major languages*, London : Croom Helm, 1987.

Meillet, A., and Cohen, M., *Les langues du monde* (12th edition), Paris : Champion, 1952.

Baldi, P., *An introduction to the Indo-European languages,* Carbondale : Southern Illinois University Press.

Voegelin, C. F., *Classification and Index of the world's languages,* New York : Elsevier, 1977.

제 10 장 세계의 문자

1 문자의 발달

1.1 인류의 문명과 문자

문자가 인류의 문명과 미개를 구분하는 한 표지라고 본다면, 문자가 언제 어디서 어떻게 해서 발명되었는가 하는 것은 대단히 중요한 문제가 되지 않을 수 없다. 문자만이 문명의 유일한 특징이라고 보는 것은 물론 옳지 않다. 근래 문자가 없는 문명이라는 견해도 나타나고 있다. 그러나 문자의 출현 의의는 결코 과소평가될 수 없다. 그것은 문자에 의해서 인류가 스스로의 역사를 후세에 남길 수 있게 되었기 때문이다. 고대 로마인은 *uerba uolant, scripta manent*〈말은 날아가고 글씨는 남는다〉라고 말했다. 소박한 표현으로 보이는 이 격언은 고대인들이 이미 문자의 중요성을 인식하고 있었음을 시사하고 있다.

고대 문명에 있어서 문자가 어떤 동기에 의해서 만들어졌으며 또 문자는 어떤 단계를 거쳐서 발달했는가? 이런한 문제들이 밝혀진다면, 그것은 인간의 문화 발달에 있어서의 중요한 한 발달시기를 시사하는 것이 될 것이다.

이 지구상에서 사용되고 있는 언어의 수는 약 3,000~3,500 정도로 보는 학자가 많다. 그러나 문자의 종류는 약 400개 정도가 알려지고 있다. 그중에는 현재 사용되고 있는 것 이외에 이른바 사문자死文字 도 포함되어 있다. 사문자 중에는 한때 세계의 중요한 지역을 지배하고 고도의 문명을 자랑하던 민족이 사용하던 고대 문자도 있고 또 이미 해독된 것도 있고 아직까지 해독되지 않은 것도 있다. 그런데 약 400종류의 문자의 분포지역은 언어의 분포지역과 일치하지 않는다. 아직도 문자가 없는 종족이 많고 동일 언어권에서 다른 문자가 사용되고 있는가 하면 또 상이한 언어권에서 동일 문자가 사용되고 있는 경우가 있다.

문자학 graphonomy/graphology 은 문자의 기능과 문자 구성의 보편적 원리를 연구하며 한편으로는 문자의 발달과 그 역사를 연구하는 한 분야이다. 문자에도 친근관계가 있으며 계통이 있다. 문자학은 문자의 계통을 연구하기도 한다.

1.2 문자 이전의 그림표시와 문자로의 발달

인간은 아득한 옛날부터 무엇인가를 기억에 남기려는 방법을 모색하기 시작했다. 그러한 원시적인 시도의 하나가 매듭끈 knotted cords 이었다. 이것은 여러 민족에서 볼 수 있지만 그중에서도 가장 잘 알려진 것은 고대 잉카 제국에서 쿠이뿌quippu 라고 일컫는 것이다. 매듭의 집단을 쿠이뿌라고 했고 그 매듭의 내용은 특수한 관리가 읽었다고 한다. 그러한 쿠이뿌는 보통 굵은 끈 하나에 많은 가는 끈이 달려 있는데 그 가는 끈은 단순하거나 또는 복잡한 매듭으로 연결되고 또한 가는 끈은 부분적으로 매듭지어 연결되어 있다. 이 밖에 가는 끈은 색깔이 달랐다. 이와 같이 매듭과 색깔이 어떤 중요성을 지니고 있다는 사실을 의심할 수 없으나 그것이 과연 무엇을 의미하는지는 확실하지가 않다. 학자에 따라서는 그들이 법령, 연대기를 의미한다고 보는가 하면 또 다른 학자는 시라고까지 말하고 있다. 그러나 그들이 어떤 내용을 표현한다고는 볼 수 없고 다만 어떤 통계적 목적으로 이용되었으리라고 보는 것이 타당할 것 같다.

먼 옛날 수렵인들은 동굴의 벽이나 암벽에 원시적인 그림을 그려두었다. 이것을 그림문자라고 부르는 경우도 있으나 이것은 엄밀하게 말해서 문자라고는 할 수 없다. 문자체계가 성립하기 이전의 단계를 대표하는 것이다. 이러한 종류의 그림은 세계 각처에 남아 있는데 문자로 발전하기까지의 원시적인 한 단계를 대표하고 있는 것으로 보아야 할 것이다. 다음의 몇몇 예를 보기로 하자.

아프리카와 북미 및 남미에는 많은 암각화가 남아 있는데 다음 그림은 북 아프리카의 페잔 Fezzan에서 발견된 것이다(그림 1).

(그림 1)

이러한 암각화는 그것이 무엇을 의미하는지에 관해서 여러 상이한

248 제4부 세계의 언어와 문자

견해가 발표되고 있다. 어떤 학자는 순수한 예술적 성격을 지적하기도 하고 또 종교적 숭배를 의미하는 것이라고 보기도 한다. 또 종교적 개념의 상징적 표현으로 보기도 한다. 그리고 암면 岩面 에 그림을 새기는 경우와 물감으로 그리는 경우가 있는데 전자를 암면조각 petroglyphs 이라고 하고 후자를 암면선화(岩面線畵 : petrograms)라고 한다.

다음 (그림 2)는 스웨덴의 보후슬렌 Bohuslän 에 있는 암벽에 새겨 그린 유명한 암면조각 그림이다. 이것은 기원전 1800~1000년경의 청동기 시대의 것으로 추정되고 있다.

(그림 2)

이 그림이 무엇을 의미하는지 확실하지 않으나 학자에 따라서 어떤 역사적 사건을 기념하는 것이라고 보기도 하고 또 장식적 예술의 시

초라고 보기도 한다. 그러나 종교적 숭배의 주술적인 내용을 표현한
것이라고 보는 견해가 유력하다. 이와 같이 암각화에서 당시의 신이
나 신령에 대한 신앙 또는 죽은 사람에 대한 존경의 표시를 엿볼 수
있다.

　다음(그림 3)은 1858년 오집와 Ojibwa 북미 인디언이 밀락스 Mille
Las 지역의 시오욱스 Sioux를 공격한 군사행동 과정을 보여주는 것이다.

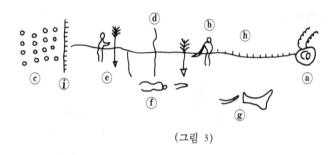

(그림 3)

이 그림은 다음과 같은 것을 의미한다. a는 샤카시킹 Shakāshking 의
영도하에 있던 오집와 b의 진영을 표시한다. 그들은 적의 추장인 샤
코피 Shakopi의 진영 c를 공격했는데 이것을 피터 강 St. Peter river d
에서 e가 기록한다. 오집와는 한 용사 f를 잃었지만 적은 다섯 명이
죽었고 죽은 적의 팔 하나 g를 전승 기념품으로 가지고 돌아왔다. h
는 행군로를, i는 군진 주변의 초원을 묘사한 것이다.

　위의 예는 일종의 〈개념 표시〉라고 할 수 있는데 이러한 그림 표시
는 특히 북미의 인디언 종속들에게서 많이 볼 수 있다. 이러한 표시
는 개개의 사물을 순수한 그림으로 하나하나 그리고 있는데 이러한
그림에는 한계가 있다. 편의상 또는 기술 부족으로 상세한 것은 그리
지 못하고 다만 사물의 윤곽만을 그리거나 또는 사물의 어떤 특징만
을 강조하고 있을 따름이다. 특히 곤란한 것은 추상적 개념을 표시하
는 것이었다. 그리하여 여기서 점차 상징적 표시가 나타나기 시작

한다.

　모든 고대 문자는 상형 자형으로부터 발달한다. 사물의 형태나 또는 어떤 성질을 강조하면서 정면 또는 측면에서 그 사물을 선이나 점으로 그려서 표시하는 것을 상형문자pictrograph라고 한다. 이 상형문자가 발달하여 표의문자 ideogram 가 된다. 가령 고대 중국의 갑골문자 甲骨文字 ⊝, ⏺, ⠿, 凵 는 각각 〈해〉, 〈달〉, 〈별〉, 〈비〉의 상형문자인데 이것이 오늘날의 표의문자 日, 月, 星, 雨로 발달한다. 이와 같이 상형문자(그림문자)나 표의문자처럼 한 단어 전체를 표시하는 문자를 단어문자 logogram 라고 한다. 그런데 상형문자는 그 자형이 점점 간소화되어 뒤에는 일정한 음을 표시하게 된다. 이처럼 상형 자형을 고안한 민족의 문자는 공통적으로 〈표의〉에서 〈표음〉으로 발전한다.

1.3 문자의 네 계통

　중요한 고대 문명으로 중국 문명, 인도 문명, 메소포타미아 문명, 이집트 문명을 들 수 있는데, 그들의 특징은 각기 독특한 문자체계를 가지고 있었다는 데 있다. 그중에서 중국의 문자체계는 오늘날까지 계속해서 사용되고 있는데 비해서 메소포타미아의 문자체계(설형문자)와 이집트의 문자체계(성각문자)는 오랫동안 잊혀져 있다가 근래 해독되고 있다. 또 지금의 파키스탄에 유적이 남아 있는 인도 문명은 독특한 문자로 색인 도장 등을 사용하고 있었으나 아직도 해독되지 않고 있다.

　최근의 견해에 의하면, 확실한 증거가 있는 것은 아니지만, 고대 이집트의 문자체계는 메소포타미아의 문자체계에서 어떤 힌트를 얻은 것이 아닌가 생각되고 있다. 문자체계의 구성이 대단히 유사하기 때문에 이 두 문자체계는 서로 독립된 발명이 아니라, 메소포타미아의 문자체계가 더 오랜 기원으로 생각되기 때문이다. 따라서 문자의 발생역사를 고찰하기 위해서는 고대 메소포타미아에 있어서의 설형문자의 발생과 그 발전 과정부터 살펴보는 것이 필요하다. 설형문자는 그 자료가 풍부하고 그 문자의 앞 단계를 보여주는 그림문자에 관한 자료도 있다. 그러므로 먼저 고대 메소포타미아의 그림문자의 출현과 그것이 설형문자로 변화하는 과정을 살펴보고 그러한 영향하에서 출현한 것으로 추정되는 고대 이집트의 문자를 고찰하기로 한다. 여기에 이어서 알파벳의 문제를 고찰하기로 한다. 그리고 한자의 발전 과정을 개관하기로 한다.

2 네 문자체계의 발달

2.1 설형문자

설형문자(楔形文字 : cuneiform)를 최초로 사용한 것은 기원전 3000년경의 수메르 Sumer 인으로 추정되고 있다(수메르인은 메소포타미아, 오늘날의 이라크 남부에 문명을 이룬 민족. 그들의 언어인 수메르어는 비 셈어계로 추정되고 있다). 이 문자는 수메르어를 위시하여 바빌로니아어 및 앗시리아어를 표기하는 데 사용되었다(바빌로니아어와 앗시리아어는 동북 셈어파에 속하는 아카드어의 방언. 9장 1.3 참조).

다음에 설형문자의 발달과정과 그 특이한 용법에 관해서 알아보기로 하자. 설형문자도 그 기원은 그림문자였다. 다음 그림을 보면 그 발달과정을 쉽게 알 수 있다(그림 4).

위의 그림은 〈머리〉를 의미하는 수메르어 *sag* 를 문자로 표시한 것인데, ⑴은 수메르인에 의한 발달과정을 보여주고 있다. **a** 는 가장 오래된 형태를 보여주는 것이다. **b** 의 단계에서는 문자를 가로쓰기했기 때문에 그림이 위를 향하게 되었다. **c** 단계에서는 그림이 점차 간소화되면서 쐐기 모양으로 변화한다. ⑵에서는 이 문자가 셈민족인

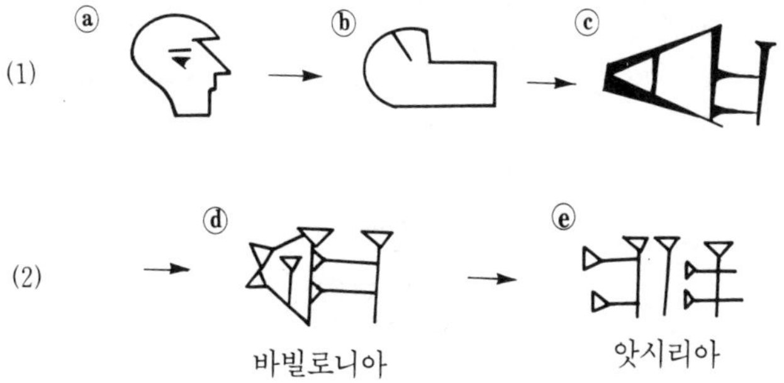

(1)

(2)

바빌로니아   앗시리아

(그림 4)

바빌로니아인 및 앗시리아인에 의해서 차용된 과정을 보여주고 있다.
d는 바빌로니아, **e**는 앗시리아에서 본격적인 쐐기 모양의 설형문자
로 변화한다. 그리고 바빌로니아인 및 앗시리아인은 수메르 문자를
차용해서 그것을 자기 언어로 읽었다.

그러면 왜 그림문자가 설형문자로 변했는가? 여기 대한 해답은 문
자를 적은 자료에서 찾을 수 있다. 메소포타미아에는 나무나 돌이 적
었기 때문에 건축의 중요한 재료는 진흙을 햇빛에 말려서 만든 벽돌
이었다. 초기의 문자 기호는 아마도 이러한 벽돌에 새긴 것이었을 것
이다. 아무튼 초기에는 진흙판에 문자를 그려 새기는 것이었다. 끝이
V자형으로 된 금속의 펜으로 진흙판에 썼기 때문에 쓰기 시작한 첫
부분은 선이 굵고 뒤에는 가늘어지게 되어서 자연히 쐐기 모양을 하
게 된 것이다. 그리고 이 그림문자를 새긴 진흙판은 불에 태워 말려
서 보존하게 되었다.

수메르인은 이러한 문자를 사용해서 문장을 표현하게 된다. 그러면
어떤 방법에 의해서 문장을 표현하게 되는가? 다음 그림은 가장 간
단한 구성 방법의 한 예이다(그림 5).

a 〈머리〉를 표시하는 그림 모양은 비교적 확실한데, **b** 〈입〉은 따
로 그리는 것보다 머리의 한 부분으로 표시하는 것이 더 간단했을 것
이다. 그리하여 **c** 머리의 그림에서 입에 해당하는 부분에 사선을 그

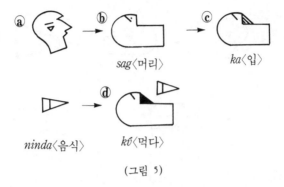

sag⟨머리⟩ ka⟨입⟩

ninda⟨음식⟩ kú⟨먹다⟩

(그림 5)

어서 입을 표시했다. 그런데 ⟨먹다⟩와 같은 동사를 표시하기 위해서는 입을 표시하는 그림에 ⟨음식⟩을 표시하는 그림 기호 ▷ 를 그려 넣었다. 이렇게 해서 ⟨먹다⟩를 표시하게 된다.

이러한 방법을 되풀이하면서 수메르인은 문자의 복잡한 용법을 고안하게 되고 이 문자체계가 거의 그대로 바빌로니아인과 앗시리아인에 의해서 차용된다. 특히 바빌로니아에서는 그림의 모양과 용법도 상당히 복잡해지고 앗시리아 시대에 이르면 보통 사용되는 문자의 수가 350개 정도로 줄어들고 주로 표음문자로 사용된다.

다음 표는 이렇게 해서 발달한 설형문자의 예이다(그림 6).

(그림 6)

2.2 이집트의 성각문자

고대 이집트에서 사용된 문자로서 사물의 모양을 본따서 그린 그림 문자이다. 이 문자를 특히 성각 聖刻 문자 hieroglyph라고 하여 문자의 한 종류인 상형문자와 구별한다. 메소포타미아의 초기 상형문자의 영향을 받아 기원전 3000년경에 발생한 것으로 추정되고 있다. 문자의 수는 약 700~800개에 이르며 약간 간소화된 자형의 신관 神官 문자 hieratic 와 초서체인 민중문자 demotic 의 차이를 제외한다면, 이후 3000년 동안 기본적인 변화가 거의 없다. 설형문자와 같이 성각문자에도 표의적 요소와 표음적 요소가 있다. 한 단어가 표의문자 아니면 표음문자로 씌어지기도 하고 또 양 문자를 섞어서 쓰기도 한다. 한 예를 보기로 하자. *mer* 라는 단어는　ㅌ　(= *me*)라는 가래[鋤]를 본딴 상형 자형과　◡　(= r)라는 〈입〉 또는 〈문〉의 열림을 본딴 상형 자형으로 표기된다. 그런데 *mer* 라는 단어에는 ⑴ 〈눈(目)〉과 ⑵ 〈원하다〉의 두 가지 뜻이 있다. 그리하여 이 두 뜻을 구별하기 위해서 한정부 determinative 라는 것을 붙인다. ⑴에는 〈눈〉의 한정부인　◁　를, ⑵에는 〈입〉의 한정부인　◢　를 붙인다.

⑴　　☲　◁　= *mer*+한정부　　〈눈〉

⑵　　☲　◢　= *mer*+한정부　　〈원하다〉

한정부는 각 단어에 붙어서 그 단어가 속하는 종류를 표시한다. 그 종류란 신, 인간, 동물, 식물 등으로 약 40개가 있어서 모두 단어 뒤에 부가되었다. 이러한 한정부는 설형문자에도 있었다. 가령 앗시리아에서는 단어 처음에 붙는 것이 약 20개, 뒤에 붙는 것이 약 10개가 있다. 여기 성각문자와 설형문자 사이에 공통점이 보인다.

위에서 이미 지적한 바와 같이 상형문자는 점차 표음문자로 발달한다. 성각문자의 경우도 다음과 같은 표음문자로 점차 변화한다.

	기호	전자	지시물
1		3	독수리
2		j	갈대
	or	jj.j	
3		'	팔뚝
4		w	메추라기
5		b	다리
6		p	자리
7		f	뿔 달린 뱀
8		m	올빼미
9		n	물
10		r	입
11		h	안마당
12		ḥ	섬유로 많은 타래 (?)
13		ḫ	태반(?)
14		ẖ	젖꼭지가 달린 동물의 위
15		s	막대기
16		ś	접힌 천
17		š	바다, 호수
18		ḳ	언덕
19		k	손잡이가 달린 바구니
20		g	주전자 받침대
21		t	빵
22		ṯ	동물의 고삐
23		d	손
24		ḏ	뱀

2.3 성각문자의 알파벳 alphabet 으로의 발달

이집트의 성각문자에서 여러 문자가 파생 발달하는데, 그중에서 중요한 것을 들면 다음과 같은 계보가 성립한다 (그림 7).

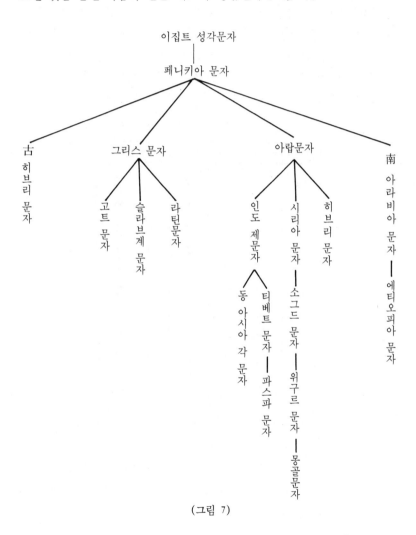

(그림 7)

이 계보도는 중요한 언어만을 든 간소화된 것인데, 이중에서 라틴
문자로의 발달을 다음에 개관하기로 한다.

이집트의 성각문자는 페니키아에 들어와서 페니키아 문자가 되고
페니키아 문자는 다시 그리스에 들어가서 그리스 문자가 된다. 페니
키아는 지금의 시리아 연안에 있던 나라로서 페니키아인은 셈어족의
북서 셈어의 한 방언을 사용하고 있었다. 페니키아인은 기원전 1000
년경부터 많은 비문을 남겨두고 있는데, 이미 그리스 문자와 유사한
자형을 갖추게 된다. 페니키아 문자에는 시대와 장소에 따라서 자형
이 약간 다른 문자가 있었는데 몇 가지 예를 보면 다음과 같다(그림8).

음가	페니키아 문자		음가	페니키아 문자	
(a)	K	ᐂ	l	ᐸ	L
b	ᐃ	ᐃ	m	ᐃ	ᐃ
g	ᐃ	ᐃ	n	ᐃ	ᐃ
d	△	△	s	⍑	⍑
h(é)	ᐃ	ᐃ	ʿ(o)	O	o
w	Y	Y	p(ph)	ᐃ	ᐃ
z	I	I	ṣ		ᐃ
ḥ	ᐃ	ᐃ	ḳ		ᐃ
ṭ	⊕	⊗	r	ᐃ	ᐃ
y	ᐃ	ᐃ	š	W	W
k	↓	ᐃ	t	ᐃ	X

(그림 8)

이러한 페니키아 문자는 다시 그리스 문자로 변하고 이것은 또 라
틴 문자로 변화한다. 그 변화 과정을 보면 다음과 같다. 여기서는 첫
두 문자 A, B만을 보기로 한다(그림 9).

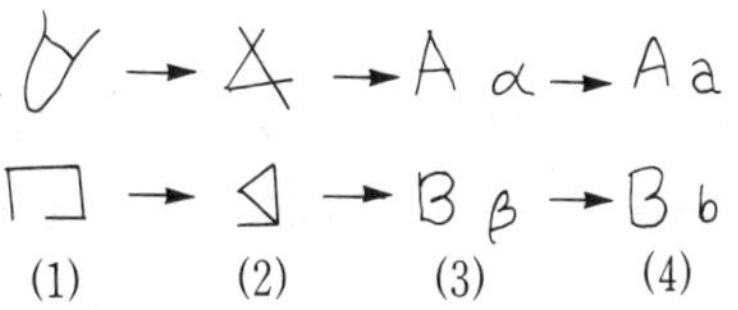

$$Y \rightarrow \mathcal{A} \rightarrow A\ \alpha \rightarrow A\ a$$
$$\square \rightarrow \triangleleft \rightarrow B\ \beta \rightarrow B\ b$$
(1)　　　 (2)　　　 (3)　　　 (4)

(그림 9)

이 네 자형 중에서 (1)은 가장 오랜 것으로 생각되는 시나이 Sinai 문자, (2)는 페니키아 문자, (3)은 그리스 문자(소문자는 후대에 발달), (4)는 현행의 라틴 문자(여기서도 소문자는 후대에 발달)이다. A에 관해서 볼 때, 시나이 문자에서는 분명히 〈소〉의 머리 모양을 보여주고 있다. 그런데 페니키아 문자에서는 간소화되고 도형적 성격을 띠게 된다. 이것이 그리스 문자에 이르러서는 거의 완전히 기호화된다. B에 관해서도 같은데 이것은 원래 〈집〉을 표시하는 것이었다. 그것이 (2), (3)에서는 간소화되고 (3), (4)에서는 거의 완전히 기호화된다. 그런데 (1), (2)의 문자가 쓰이던 지방에서 사용되던 북서 셈어에서는 〈소〉가 ālef 와 같은 음을 가지고 있었던 것으로 생각된다. 지금도 히브리어에서는 〈소〉를 elef 라고 하고 이 문자의 명칭이 그리스인에게 전해져서 alpha 가 되었다. B의 경우도 〈집〉의 명칭이 bēt 와 같은 음을 가지고 있었던 것으로 생각되는데 히브리어에서는 지금도 bait, 아라비아어에서는 bait 또는 beit 라고 한다. 이 명칭이 그리스인에게 전해져서 beta 라는 문자의 명칭이 된다. 그리고 이 그리스어의 alpha 와 beta가 합해져서 오늘날의 alphabet이라는 명칭이 된다.

알파벳식 문자에 있어서는 각 문자가 원칙적으로 한 음을 표시하는데 그렇게 된 기원을 보면 다음과 같다. 원래의 그림문자가 표시하는 단어의 첫음이 다음에 그 문자가 표시하는 음이 된다. 예를 들면, A의 경우, 〈소〉를 의미하는 단어 ālef 의 첫음 a가 이 문자가 표시하는 단음이 되는 것이다. 이와 같이 문자 명칭의 첫 음이 그 문자의 음가가 되는데 이러한 어두음 분리 원리를 두음원리 acrophony 라고 한다.

위에서 본 바와 같이 그림문자의 첫 단계에서는 어떤 사물의 그림문자는 그 사물의 명칭을 표시했다. 이와 같이 한 단어를 표시하는 그림문자(또는 표의문자)를 단어문자 logogram 라고 한다. 이 단어문자는 다음에 음절문자로 발달하거나 또는 한 음을 표시하는 알파벳 문자로 발달하는 것이 문자 발달의 일반적 경향이다. 한 음을 표시하는 알파벳 문자로의 발달은 실로 획기적인 비약적 문자발달이라고 하지 않을 수 없다. 음절문자에서는 자음과 모음이 구별되지 않았기 때문에 모음과 자음이 결합한 문자기호의 수가 대단히 많아진다. 그러나 모음과 자음을 구별하는 알파벳식 문자체계에서는 음운의 수가 보통 30~40개 정도이기 때문에 이것을 표시하는 문자의 수도 급격하게 줄어들어서 그들을 비교적 쉽게 사용할 수 있게 되는 것이다.

2.4 한자의 발달

한자의 기원이 상형문자인 갑골문자임은 이미 잘 알려진 사실이다. 갑골문자는 구갑龜甲이나 짐승의 뼈에 새긴 중국 고대의 상형문자의 시초이며 점복占卜 의 기록을 새긴 것으로 전해지고 있다. 현재 갑골문자는 약 3500자 정도가 알려지고 있는데 그 반 이상이 해독되고 있다. 상商 민족은 이미 기원전 수세기 전에 갑골문자와 금문金文 을 창작했다. 금문이란 동기銅器 같은 금속에 새기어 있는 명문銘文 을 일컫는 것이다. 그리고 은殷의 문화권에 있던 여러 민족의 공통 문자로 전파되어 쓰인 것이 금문이었는데, 뒤에 말하는 한자의 가장 초기의 발전이 금문에 보인다. 금문은 은 시대에는 갑골문자와 같이 그 자수도 적었는데 주周 시대에 이르러서는 긴 명문에서는 500자 정도가 되고 그 자형도 점차 정리된다. 그리고 서주西周 의 후기부터 춘추春秋 의 초기에는 금문이 공통 문자로서 각지에 전파된다.

다음에 춘추전국 시대가 진秦의 시황제에 의해서 통일되고 문자 통일의 정책이 추진된다. 이때 이미 각국에 유포되고 있던 전서篆書 의 자형을 간소화한 소전小篆이라는 자형이 나타난다. 그런데 한편 각국에는 일반적인 실용 문자로서 보급된 예서隸書가 있었다. 예서는 전서를 간소화하고 쓰기에 편리하게 변형된 자체이다.

한漢의 말기에 일반적으로 초서草書라고 일컫는 자형이 나타난다. 이 초서형에는 표준형이 없었기 때문에 한의 말기에 초서의 자형을 단정히 하려는 모범적인 자형이 나타나기 시작한다. 이것이 위진남북魏晉南北 시대에 성행되고 현재에 이르는데 이 자형을 해서楷書라고 한다. 다음에 갑골문, 금문, 소전의 변화 과정을 몇몇 문자를 통해서 보기로 한다(그림 10).

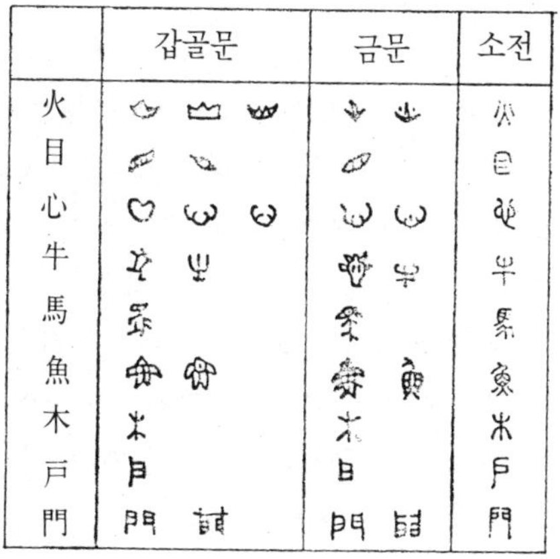

(그림 10)

한자의 발달과정을 다음과 같이 도시할 수 있다. 점선은 한자를 모방하여 발달한 문자임을 표시한다.

갑골문자 → 금문 → 전서 → 해서……거란문자
　　　　　　　　　　　　　　……여진문자

3 동북아시아의 여러 문자와 한글

3.1 거란문자

거란契丹은 4세기 이래 몽골의 시라무렌 강 유역에 유목하던 부족인데 10세기 초에 추장 야율아보기耶律阿保機가 모든 부족을 통일하고 요遼나라를 세웠다(907년). 이 거란족의 언어는 중기 몽골어보다 한 시대 앞선 몽골어로 추정되고 있다. 그런데 요의 건국 후 수십년이 지난 신책神冊 5년(920년)에 태조 야율아보기는 거란문자를 창안하여 그것을 공포한다. 이 문자는 거란대자契丹大字라고 일컬어지고 있다. 이 거란대자는 한자의 자형을 빌려서(모방해서) 고안된 표의문자였기 때문에 거란어를 표기하기에 대단히 불편한 것이었다. 특히 거란어의 음을 표기할 수 없었던 것이다. 그리하여 태조의 동생 질자迭剌가 위구르Uighur의 사자使者로부터 표기법을 배워서 표음문자인 거란소자契丹小字를 창안했다. 말하자면 그것은 문자 개혁이었다. 그 후 대자와 소자가 혼용해서 사용되며 요가 멸망하고(1125년) 금金의 시대가 되어서도 계속해서 사용된다. 그러다가 금의 명창明昌 2년(1191년) 거란문자의 사용이 금지되면서 사문자가 된다. 이 거란문자는 아직도 분명하게 해독되지 못하고 있다. 그러나 근래 중국의 거란 학자에 의해서 연구가 진행되고 있다.

테무진이 북 아시아 일대를 정복하여 스스로를 징기스칸成吉思汗이라고 부른 것은 1206년이었다. 그 후 중국 대륙은 물론 중앙아시아를 거쳐서 멀리 유럽에까지 진출하여 몽골 제국이 성립된다. 이 무렵 중국 대륙은 두 민족이 지배하고 있었다. 하나는 중도(中都, 지금의 北京)를 수도로 한 여진女眞족의 금이었고 다른 하나는 임안(臨安, 지금의 杭州)이 수도였던 중국인의 남송南宋이었다. 여진족이라고 함은 만주滿洲족과 같은 계통의 민족이었는데 몽골족과 같은 계통인 거란족이 세운 요를 멸망시키고 하북河北 일대를 지배한 금을 세웠다. 그런데 거란족이나 여진족은 중국이 보기에는 모두 미개인이었을 것이다. 그러나 그들은 중국 문화를 잘 이해하고 한자의 자형을 모방해서 스스로 거란문자와 여진문자를 창안할 정도였다(여진문자에 관해서는 뒤에 설명된다).

거란문자

3.2 몽골문자

한편 몽골족은 거란족이나 여진족과는 달랐다. 몽골족은 고비사막을 넘어서 중국 문화에 접할 수 있는 기회가 거의 없었다. 따라서 몽골족은 다른 경로를 통해서 한자 아닌 다른 문자에 접하게 되면서 그들 스스로의 문자를 가지게 된다.

징기스칸은 언어를 기록하는 문자를 처음으로 보았을 때 크게 감탄했다는 말이 전해지고 있다. 1203년 징기스칸은 위구르족(터어키족의 한 종족)의 한 부족인 나이만 Naiman족을 공략하고 그 재상이었던 타타통가 塔塔統阿를 포로로 잡았다. 이때 타타통가는 도장을 하나 지니고 있었다. 징기스칸은 그것이 무엇이냐고 물었다. 타타통가는 대답하기를 이것은 도장이라는 것인데 금전이나 곡식의 출납 등 문서에 찍는 중요한 것이라고 도장의 용법에 관해서 설명했다. 징기스칸은 특히 그 도장에 새겨져 있는 문자를 보고 감탄했다. 이렇게 해서 징기스칸은 처음으로 말을 기록하는 문자를 알게 된다. 그리하여 징기스칸은 그 도장에 새겨져 있는 문자를 왕자들에게 가르쳐 줄 것을 청했다. 이렇게 해서 타타통가는 징기스칸의 막사에서 몽골인에게 문자를 가르치게 되는데, 이것은 몽골인이 최초로 문자라는 것을 알게 되고 또 몽골문자가 탄생하는 계기가 된다.

타타통가가 지니고 있던 도장에 새겨진 문자는 위구르 문자였다고 전해지고 있다. 위구르 문자는 터어키족의 한 부족인 위구르족이 이란어의 하나인 소그드어 Sogdian의 문자를 차용한 것이다. 위구르족이 사용하던 위구르 문자는 소그드 문자와 같이 가로쓰는 것이었다. 그러나 몽골족이 몽골어를 적기 위해서 위구르 문자를 차용하면서는 위에서 아래로 내려쓰게 된다. 그 후 이 문자로 기록된 많은 문헌이 나타나게 된다. 그리고 위구르 문자의 자형이 약간 변하여 몽골문자로 고정되기에 이른다.

필사체

인쇄체

파스파(八思巴 : ḥ p'ags-pa) 문자

징기스칸의 손자로서 5대 칸이 된 사람이 유명한 세조世祖 쿠빌라이忽必烈 칸이다. 쿠빌라이칸은 1271년에 국호를 대원大元으로 정한다. 쿠빌라이칸은 대단히 의욕적인 군주였던 것으로 알려지고 있다.

그는 중국 문화에 깊은 관심을 가지고 있었음에도 복잡한 한자에 대해서는 어떤 열등감을 가지고 있었던 것이 아니었는가 생각된다. 그리하여 그는 새로운 몽골문자를 제작하려고 생각했다. 그리하여 지원至元 6년(1269년) 쿠빌라이칸은 티베트인 승려 파스파에게 새로운 몽골문자를 제작하도록 명한다. 명을 받은 파스파는 자기의 고국 티베트에서 사용되고 있는 티베트 문자를 모델로 하여 41개 자모를 제작하여 쿠빌라이칸에게 바친다. 쿠빌라이칸은 이것을 국자國字로 정하고 천하에 공포한다.

그런데 파스파 문자를 공포하는 조서詔書에 다음과 같은 구절이 있다. 그것은 새로이 국자를 제작하는 동기를 시사하는 것으로 주목하지 않을 수 없다. 말하기를, 〈우리 몽골인은 변경에서 나와서 나라를 세웠지만, 문자를 제작하지 못하고 한자나 위구르 문자를 빌려서 몽골어를 기록하고 있다. 그러나 요나 금은 자기들의 문자를 가지고 있지 않은가〉라고 했다. 이 조서에서 요와 금에 관해서 말한 것은, 금은 몽골인이 멸망시킨 여진족의 왕조이고 요는 그 금이 멸망시킨 왕조이기 때문이다. 즉 요나 금은 몽골보다 약한 나라이다. 그 약한 나라조차 각기 거란문자와 여진문자를 가지고 있었는데 우리에게는 왜 문자가 없는가 하는 뜻이다. 그리하여 한자이건 위구르 문자이건 그것을 차용한 몽골족은 결국 남의 나라의 문자를 차용한 것이 된다. 쿠빌라이칸은 이것을 굴욕적인 사실로 받아들인 것이다. 이렇게 해서 쿠빌라이칸은 파스파로 하여금 새 문자를 제작하도록 했다.

이렇게 해서 공포된 몽골의 새로운 문자는 원조元朝가 계속되는 동안 몽골인에 의해서 사용된다. 특히 모든 공문서에서는 이 파스파 문자가 사용된다. 그러나 몽골인의 대부분은 그 불편한 위구르 문자를 여전히 사용하고 있었다. 언어 습관은 끈질긴 것이다. 문자를 포함한 인간의 언어활동은 이처럼 한 법령에 의해서 좌우되지 않음을 잘 보여주고 있다. 파스파 문자가 더 광범위하게 전파되지 못한 데는 파스파 문자의 체계가 위구르 문자보다 복잡하고 또 그 하나하나의 자형이 복잡한 데도 한 원인이 있을 것이다. 아무튼 이러한 원인에 의해서 파스파 문자는 위구르 문자에 대치되지 못하고 오히려 위구르 문자에 그 자리를 내주게 된다. 그리하여 원의 멸망과 더불어 파스파 문자는 자취를 감추게 된다. 그리하여 오늘날 우리가 볼 수 있는 파스파 문자의 자료는 위구르 문자 자료에 비해서 아주 빈약하다.

(자음 문자)

1	리	p	16	쥬	č̓
2	린	b	17	ᄐ	ǰ
3	匸 吞	v	18	司	š
4	刃	m	19	囗	ž
5	呑	t	20	ᄲ	y
6	丑	t̓	21	ᄁ	k
7	乙	d	22	岳	k̓
8	刁	n	23	司	g
9	工	r	24	吅	q
10	리	l	25	뜅	γ
11	习 习	c̓	26	己	ŋ
12	된 된	j	27	폭	h
13	치	s	28	邑	·
14	ᄏ	z	29	ᄃ	ʼ
15	글	č	30	丷	u̥

파스파 문자

	(어두)		(어중)		
31	ⱳ		–		*a*
32	a ㅈ	b ㅊ	c ㅅ	d 시	*o*
33	ㅎ		ㄶ		*u*
34	ㄷ		ㄷ		*e*
35	a ㄱ	b ㄹ	c ㅓ	d ㅓ	*ė*
36	a 쭚	b 쭚	c 쑸	d 쑸	*ö*
37	쩸		삚		*ü*
38	겨		껴		*i*

파스파 문자

3.3 여진문자와 만주문자

　10세기 동아시아 지역에서 중국 주변의 유력한 민족은 각기 고유한
문자를 가지기 시작한다. 그때까지는 한자를 유일한 수단으로 사용하
던 민족이 한자에 대치되는 스스로의 문자를 가지려는 경향이 나타난
것이다. 그 대표적인 움직임은 한자와 유사한 자형의 문자를 만들려
는 데 나타나기 시작한다. 구체적으로 10세기 초부터 12세기 중엽에
중국의 동북지역을 지배한 요의 거란문자와 12세기부터 13세기 중엽
까지 요의 지역에 세워진 금의 여진문자이다. 같은 종류의 문자로 서
하西夏 문자도 있으나 여기서는 언급하지 않기로 한다(서하는 11세기
전반부터 13세기 전반까지 중국의 서북지방에 존속한 나라).
　여진족은 건국 당시에는 고유한 문자가 없었기 때문에 거란문자를
사용했다. 그러다가 태조 아골타阿骨打는 천보 3년(1119년) 완안희윤
完顔希尹에게 문자를 제작할 것을 명한다. 그리하여 거란문자의 체계

에 입각해서 한자를 모방하여 고안된 것이 여진대자女眞大字 이다. 그 뒤 1138년 대자를 간소화한 여진소자女眞小字 가 고안된다. 오늘날 여진관역어女眞舘譯語 등에서 볼 수 있는 자형이 여진소자이다.

《桃》	岢 任	huru	《石》	皋 炅	ohe
《閣》	岢 伏	huli	《果物》	茊 炅	thuohe
《環》	岢 弓	hulu	《齒》	杀 炅	weihe
《鞦》	岢 肖 亽	hutila	《脚》	走 炅	butihe

여진소자

언어의 계통면에서 볼 때, 거란어와 여진어는 모두 알타이어계에 속하는 언어이다. 거란어는 몽골어계에 속하며 여진어는 남 퉁구스 -만주어계에 속하는 것으로 생각되고 있다. 따라서 거란어, 여진어와 만주어는 각각 가까운 관계에 있는 언어들인 것이다.

1368년 주원장朱元璋은 몽골족을 북쪽으로 몰아내고 명조를 세웠는데 그 후 250년이 지나자 새로운 북방민족이 중국을 위협하기 시작했다. 그것은 금의 여진족의 자손인 누르하치였다. 그는 1616년 국호를 금이라고 했으나 청淸이라는 국호로 고친 것은 그의 아들인 태종太宗의 숭덕崇德 원년(1636년)부터이다. 그런데 그 누르하치는 1599년 신하인 오르드니에게 문자의 제작을 명한다. 오르드니는 〈우리들은 이미 몽골인의 문자를 사용하고 있습니다. 그것으로 좋지 않습니까?〉라고 대답했다. 물론 만주족은 일찍부터 몽골족과 접촉하고 있었으며 몽골족의 문자, 즉 위구르 문자를 알고 있었다. 그러나 누르하치는 그 대답에 만족하지 않았다. 한 나라의 군주로서 자기 언어의 문자를 제정하려는 욕망이 있었던 것이 아닐까? 그것은 정당한 욕망이었다.

이렇게 해서 무권점無圈點 만주문자가 나타나게 된다. 그러나 그것은 몽골의 위구르 문자를 그대로 빌려 쓴 것으로 위구르 문자와 거의 다름이 없었을 뿐 아니라 만주어를 적기에는 너무도 불편한 것이었다. 위구르 문자로는 e와 a, t와 d, ö와 ü, 또 o와 u가 구별되지 않는다. 그리하여 태종은 1632년 신하 다히이에게 명하여 권점圈點을 찍어서 하나하나의 자모를 구별하도록 명한다. 이렇게 해서 유권점有圈點 만주문자가 탄생한다. 이 유권점 만주문자는 그 뒤 약간 바뀌는 점이 있었으나 그것은 자형이 아니라 다만 외관상의 문제에 지나지 않는 것이었다.

유권점 만주문자

3.4 한글과의 관계

세계의 많은 문자에는 계통이 있다(10장 2.3과 2.4 참조). 우리가 지금까지 고찰한 여러 문자에도 계통이 있음을 보았다. 예를 들면 만주문자는 다음과 같은 계통을 잇고 있다 : 이란의 소그드 문자→튀르크의 나이만족의 문자→몽골문자→만주문자. 또 위에서 본 거란문자나 여진문자는 한자의 계통이다.

그렇다면 한글은 어떤 계통인가? 지금까지 몇몇 한글 기원설이 제시된 바 있다. 범자梵字 기원설, 몽골의 위구르 문자 기원설, 파스파 문자 기원설 등이 그것이다. 이들 설에는 과연 어느 정도의 타당성이 있는가?

한글의 모음을 표시하는 자모의 자형은 세계 어느 문자와도 유사한 점이 없다. 즉 모음 자모는 완전히 창작된 것임을 의미한다. 다만 자음을 표시하는 몇몇 자모가 다른 문자와 유사하다는 것이 지적되고 있다. 그중에서 주목되는 것이 파스파 문자와의 유사성이다. 한글의 ㄱ, ㄷ, ㄹ, ㅁ, ㅂ, ㅅ이 각각 파스파 문자 ㄱ (g), ㄷ (d), ㄹ (l), ㅈ (m), ㄹ (b), ㅈ (s)와 유사한 점이 없지 않다. 그러나 몇몇 자모의 유사성에 의해서 한글의 파스파 문자 기원설이 성립될 수 있는가? 한글의 다음 자모를 보자. 그것은 같은 유기 파열음을 표기하기 위한 한글 특유의 원리가 있음을 보여주는 것이다.

ㄱ	ㅋ	ㄲ
ㄷ	ㅌ	ㄸ
ㅂ	ㅍ	ㅃ

여기서 보면 ㅋ, ㅌ, ㅍ는 각각 ㄱ, ㄷ, ㅂ에 선 하나를 가획 加劃 한 것을 알 수 있다. 또 된소리를 표시하기 위해서는 같은 자모를 반복

한다. 여기서 한글의 구성 원리의 일면을 볼 수 있다. 우리는 앞에서 동북아시아의 여러 문자를 보았으나 한글의 이러한 원리는 어느 문자에서도 찾아볼 수가 없다. 이러한 점으로 보아, 비록 몇몇 한글 자모가 파스파 문자의 그것과 유사하다고 해서 한글의 파스파 문자 기원설이 성립된다고는 말할 수 없다. 그러므로 필자는 한글은 어떤 계통을 잇는 것이 아니라 완전히 창작된 문자라고 생각한다.

한글 제정 당시 집현전 학자들이 파스파 문자를 알고 있었을 개연성이 충분히 있다. 그리고 파스파 문자에서 어떤 조그마한 힌트를 얻었을 가능성도 없지 않다. 그러나 집현전 학자들은 파스파 문자를 그대로 모방하지 않았음이 확실하다.

참고문헌

Cohen, M., *La grande invention de l'écriture et son évolution,* Paris : Klincksieck, 1958.

Cohen, M., *L'écriture,* Paris : Editions Sociales, 1953.

Diringer, D., *The Alphabet, a key to the history of mankind,* (vols. 1&2), (3rd edition), London : Hutchinson, 1968.

Diringer, D., *Writing,* London : Thames and Hudson, 1962.

Jensen, H., *Sign, Symbol and Script,* (English translation), London : George Allen and Unwin, 1970.

제 5 부

언어학과 인접과학

제 11 장   언어습득

1 언어습득

1.1 언어습득이란 무엇인가

〈언어습득〉이란, 인간이 언어를 어떻게 습득하기 시작하는가에 관한 연구를 의미한다. 그런데 언어를 본질적으로 문법규칙의 체계로 본다면, 언어습득은 인간이 문법을 어떻게 습득하는가에 관한 연구라고 할 수 있다. 따라서 말을 하고 이해하는 능력 기저에 있는 의미, 통사, 형태, 음운의 범주와 규칙을 습득하는 것이 문법의 습득, 즉 언어의 습득이라고 하겠다. 예를 들면, 미국에서 영어를 사용하는 부모에게서 태어난 정상적인 아이라면, 태어날 때부터 이미 영어를 알고 태어나지는 않았을 것이다. 그러나 다섯 살이 되면, 아이들은 비교적 쉽게 영어를 말하고 이해할 수 있게 된다. 그러므로 언어습득은 이러한 변화, 즉 문법이 없는 상태에서 문법을 가진 심리 상태로의 변화가 어떻게 일어나는가에 관한 연구라고도 하겠다. 그러므로 언어습득은 모국어 이외의 다른 제이 언어의 습득을 의미하지 않는다.

정상적인 모든 아이들은 읽기와 쓰기를 배우기 전에 언어를 습득한다. 이러한 사실에 의해서 인간은 발생적으로 언어를 습득하도록 되어 있다는 가설을 세워 볼 만하다. 즉 아이들은 의식적으로 노력하고 교육을 받고 읽기와 쓰기를 배우는 것처럼 언어를 습득하는 것이 아님을 의미하는 것이다. 그보다는 노력하지 않고 또 가르침이 없어도 보행할 수 있는 것과 같이 자연스럽게 언어를 습득한다. 그러므로 언어습득은 이러한 목적에 맞도록 되어 있는 심리적 능력에 의해서 이루어진다고 볼 수 있다. 다시 말하면, 언어는 일반적, 지적 능력과는 다르다고 할 수 있다. 이러한 문제들이 언어습득과 직접 관련되어 있다. 따라서 이러한 현상을 설명할 수 있는 기본 개념을 설정하는 것이 언어습득에 관한 연구의 중요한 과제라고 하겠다.

1.2 언어 이전 단계

일반적으로 유아는 한 살 때 언어습득과는 관계가 없는 세 단계를 거치는 것으로 생각되고 있다. 탄생해서 2개월까지는 외치는 단계가 계속된다. 2개월부터 5개월까지는 모음과 유사한 소리를 내는 단계가 계속되고 5개월부터 12개월까지는 음절과 같은 자음과 모음을 내는 옹아리 단계가 계속된다. 그러나 여기서 주의할 것은 유아가 내는 소리는 말과 유사한 것에 지나지 않으며 언어의 초기 형태도 아니고 또 언어습득에 앞서 필요한 것도 아니라는 점이다. 예를 들면, 귀머거리로 태어난 유아도 옹아리를 한다. 이처럼 귀머거리 갓난이도 옹아리를 한다는 사실은 이 단계가 언어습득과는 무관함을 시사하는 것이다. 그러나 이들 단계가 언어습득과 관계가 있는지에 관해서 오늘날 논란의 대상이 되고 있다.

옹아리와 같은 언어 비슷한 행동이 실제로 언어습득과 무관한 것이라면, 그것은 무엇일까? 이에 대한 답변으로 다음과 같은 가설을 생각해 볼 만하다. 외침과 옹아리와 같은 단계는 단순히 발생적으로 정해져 있는 것으로서 인간은 이러한 단계를 거쳐서 성숙해진다. 다음과 같은 예를 보자.

어린 새는 먼저 날개를 퍼덕이는 단계를 거쳐서 다음에는 실제로 날기 시작한다. 그러면 첫 단계인 날개를 퍼덕이는 행동은 다음에 실제로 나는 것과 관계가 있는가? 이 관계를 알기 위해서 어느 과학자는 다음과 같은 실험을 했다. 그는 방금 태어난 비둘기를 두 무리로 나누어서 한 무리는 날개를 자유롭게 퍼덕일 수 있게 해 두었고 다른 한 무리는 날개를 퍼덕이지 못하도록 좁은 용기 속에 넣어두었다. 몇 주일이 지난 후 날개를 자유롭게 퍼덕일 수 있도록 해 둔 무리는 아주 자연스럽게 날기 시작하는 것을 보았다. 한편 또 한 쪽의 좁은 용기를 들어내자 그 속에 있던 비둘기들도 또한 자연스럽게 곧 날기 시작하는 것을 관찰할 수 있다. 이 실험은 날개를 퍼덕이는 행동은 실제로 나는 것과 무관함을 말해 주는 것이다. 이 예와 같이 옹아리나 외침은 언어습득과 관계가 없다고 생각된다.

갓난이가 생후 일년 동안 언어습득과 전혀 무관하게 지내는 것은 아니다. 9개월이 되면 이해하기 시작하며 일년쯤 되면 억양의 유형이 나타나기 시작한다. 이와 같이 유아는 대체로 9~10개월이 되면 뜻이 담긴 몸짓을 보이기 시작하는데 어떤 학자는 이것을 화용론적 언어습득의 첫 단계로 보기도 한다.

1.3 언어 단계

언어습득이 문법습득이라면, 문법의 네 부문인 음운론, 형태론, 통사론, 의미론의 네 각도에서 언어습득 과정을 고찰할 수 있는 것이다. 그리하여 이들 분야에 있어서의 습득과정에 관한 여러 연구가 진행되고 있다. 그러나 여기서는 그 연구결과를 상세하게 설명할 여유가 없다. 그보다 먼저 언어습득 과정의 연구에서 혼동되기 쉬운 몇 가지 점을 분명히 해 둘 필요가 있다.

첫째, 언어습득에 있어서 어린이들은 대체로 동일한 시기에 대체로 동일한 단계를 거친다는 점이다. 따라서 이들 단계는 일반적 경향일 뿐이지 모든 어린이가 반드시 꼭 같은 것은 아니다. 예를 들면, 어린이는 유음(/l r/)을 습득하기 전에 정지음(/p b t d k g/)을 습득한다. 그러나 이것은 정상적인 모든 어린이들이 유음을 습득하기 전에 모든 정지음을 완벽하고 정확하게 습득한다는 것을 의미하는 것은 아니다. 다만 그러한 일반적인 유형을 말하는 것이다.

둘째, 여기서는 주로 영어의 예를 들어서 설명하지만, 그 원리는 다른 언어의 습득에도 적용된다.

셋째, 언어학의 다른 분야에서보다 언어습득에 관해서는 추론하기가 더욱 어렵다. 언어습득은 유아나 어린이를 다루어야 하기 때문이다. 언어습득을 연구하는 사람이 당면하는 한 문제는 어린이의 발화 기저에 있는 구조를 어떻게 설명해야 하는가에 있다. 가령 영어를 습득하고 있는 어린이가 〈저 셔츠는 입고 싶지 않아〉라는 뜻으로 *I don't want to wear that shirt*라는 정상적인 문장 대신 *wear shirt no*라고 말하기도 한다. 이 발화체는 잘 짜여진 문장인가 아니면 단어의 무질서한 연결체인가? *wear shirt*는 동사＋목적어 구문인가 아니면 단순히 기억하고 있는 한마디의 구에 지나지 않는가? *no*가 발화체의 뒤에 있는 것은 어떤 규칙의 결과인가 아니면 추가 표현인가? 이러한 질문에 대한 결정적 답변은 불가능할 것이다. 따라서 언어습득을 연구하는 사람은 어린이들의 발화를 지나치게 설명하지 말아야 할 것이다.

2 언어습득에 관한 두 가설

2.1 언어습득에 관한 문제

어린이가 언어를 습득한다는 것은 문법을 습득하는 것을 의미함은 이미 위에서 지적한 바와 같다. 그런데 어린이는 문법이 없는 최초의 심적 상태에서 중간 단계를 거치면서 점차 성인과 같은 문법을 지닌 심적 상태에 이르는 것으로 생각되고 있다. 그런데 문제는 문법이 없는 최초의 상태에 관한 것이다. 이 단계는 문법이 없는 백지 상태 tabula rasa로 가정되고 있다. 언어습득 또는 일반 언어이론에서 문제가 되고 있는 것은 바로 이 최초의 백지 상태에 관한 것이다. 이 최초의 공백 상태에 관해서 논란이 전개되고 있다.

2.2 생득설과 경험설

최초의 공백 상태에 관해서 본질적으로 다른 두 가지 견해가 있다. 하나는 생득설 nativism이고 또 다른 하나는 경험설 empiricism이다. 극단적인 생득설에 의하면, 어린이는 이미 언어를 알면서 태어나고 그 언어에 관한 지식은 생후 수년 이내에 나타난다고 본다. 한편 극단적인 경험설에 의한다면, 어린이는 언어에 관한 아무런 지식 없이 태어나고 모든 언어능력은 주로 연상에 의해서 일생을 통해서 습득되어 간다. 이처럼 두 견해는 서로 배타적이다. 그러나 극단적인 이런 견해는 모두 옳지 않다.

극단적인 생득설이 옳지 않음은 다음과 같은 사실을 생각해 보면 곧 알 수 있다. 만일 인간이 어떤 언어, 가령 한국어를 미리 알면서 태어났다면, 한국인을 제외한 세계의 대다수의 다른 사람이 왜 제일 언어로서 한국어를 모르는가를 설명할 수 없을 것이다. 한편 극단적인 경험설도 옳지 않다. 극단적인 경험설에 의해서는 인간이 도대체 어떻게 해서 언어를 습득하게 되는가를 설명할 수 없다. 인간이 절대적 백지 상태로 태어났다면, 주위 환경에서 일어난 일들이 어떻게 서로 연상되는가를 설명할 수 없을 것이다. 즉 유추가 일어나는 심적 활동이 어떻게 해서 시작되는가를 설명할 수 없는 것이다. 그리하여 대부분의 학자들은 극단적인 입장을 피하고 어느 정도 수정된 생득설

혹은 경험설의 입장을 취하고 있다.

생득설을 주장하는 입장에서는 많은 인간 행동이 생물적으로 결정
되어 있다는 사실에 초점을 맞춘다. 즉 많은 인간 행동은, 우리가 인
간이라는 것 그리고 우리의 유전자는 특이하게 구조화되어 있다는 사
실과 관계가 있다. 보행하는 능력은 생물적으로 결정된 행동의 한 예
이다. 우리는 보행하는 것을 배우지 않으며 또 누구도 보행하는 것을
가르쳐 주지 않는다. 정상적인 사람이면, 누구나 보행하는 능력을 지
니고 있는 것이다. 그러한 능력은 유전자에 의해서 결정되어 있기 때
문이다.

언어습득에 관해서 생득설을 주장하는 대표적인 학자는 촘스키이
다. 그에 의하면, 인간은 언어의 구조에 관해서 이미 무엇인가를 알
면서 태어난다. 즉 인간은 특이한 유전자 구조에 의해서, 언어의 특
성이 이미 들어 있는 심적 상태에서 태어난다. 그리고 그 최초의 심
적 상태에 들어 있는 언어적 특징은 모든 인간 언어에 공통된 것이
다. 예를 들면, 모든 인간 언어의 음운론은 분절음, 변별적 자질, 표
시 층위, 음운규칙에 의해서 이루어져 있다. 다시 말하면, 이 경우
인간은 문법의 그 부문(음운론)을 이미 알면서 태어난다는 것을 의미
한다. 예를 들면, 어떤 언어권에 태어나든 인간은 분절음, 변별적 자
질, 표시 층위, 음운규칙에 의해서 그 언어의 음운론 부문을 조직화
해야 하는 것을 이미 알고 있는 것이다. 이러한 생득설이 오늘날 미
국 언어학계에서 유력한 견해가 되고 있다.

한편 경험설의 입장은, 많은 인간 행동은 문화적으로 결정된다는
사실에 초점을 맞춘다. 즉 우리들의 많은 행동은 일정한 환경적 요인
과 관계가 있다. 글씨를 쓰는 능력은 문화적으로 결정된 행동의 한
예이다. 일정한 훈련을 통해서 쓰는 것을 배운다. 이 쓰는 능력은 걷
는 것과 같이 자연적으로 획득되는 것이 아니다. 분명한 것은 인간은
글씨를 쓰는 어떤 지식을 미리 지니고 태어나는 것이 아니라는 점이
다. 일정한 훈련에 의해서 시행착오를 거듭하면서 글씨를 쓰는 것을

배우는 것이다.

언어습득과 관련해서 경험설을 주장하는 대표적인 학자는 스키너 B. F. Skinner이다. 그에 의하면, 언어는 본질적으로 연상에 의해서 습득되며 인간의 언어적 커뮤니케이션은 자극과 반응의 연속이다. 어떤 환경에서 자극을 받아 말을 하게 되면 듣는 사람의 입장에서 그 말은 다시 자극이 되어 그 반응으로서 말을 하게 된다. 이러한 자극과 반응이 되풀이해서 연속되는 것이다. 이러한 과정을 통해서 언어를 습득한다고 본다. 다시 말하면, 유아의 언어습득은 백지 상태에서 시작하여 어머니를 비롯한 주위 어른들의 대화 또는 유아에 대한 말을 자료로 하여 자극——반응의 과정을 거치면서 점차 성인의 언어 능력을 가지게 된다는 것이다.

여기서 우리는 다음과 같은 어려운 문제에 당면하게 된다. 생득설은 언어습득을 가능케 하는 생득적인 심적 구조를 가정했다. 한편 경험설도 연상과 같은 어떤 생득적 심적 구조를 막연하지만 어느 정도는 인정한다. 그렇다면 최초의 심적 상태에 존재하는 그러한 능력은 언어에 한정된 것인가 아니면 일반적 인지 능력인가 하는 점이다. 촘스키는 최초의 심적 상태에는 언어에 관한 정보가 포함되어 있다고 본다. 이와 대조적으로 경험설을 대표하는 프랑스의 심리학자 삐아제 J. Piaget에 의하면, 기억, 지능, 동기부여와 같은 일반적인 여러 인지 능력의 상호 작용에 의해서 언어습득이 이루어진다. 이러한 두 견해를 싸고 여러 논란이 전개되고 있다. 그러나 오늘날은 생득설이 보다 우세한 견해가 되고 있음은 위에서 지적한 바와 같다.

2.3 촘스키의 입장

어린이가 자기의 모국어를 비교적 짧은 기간 내에 습득하는 과정을 조사·연구하는 분야가 언어습득에 관한 연구라고 하겠다. 이러한 연구는 한때 심리학, 특히 발달심리학의 영역으로 생각되었다. 그런데 촘스키의 생성문법 이론이 발전하면서 1960년 후반부터는 심리언어학의 중요한 한 분야로 부각되고 있으며(13장 참조) 언어 이론 수립에 기여하는 중요한 한 분야로 생각되고 있다. 다음에 그의 이론적 윤곽을 간단히 살펴보기로 한다.

행동주의 심리학 혹은 경험론에 의하면, 언어습득은 먼저 모방에서 시작하는 습관의 형성에 있다. 이 습관은 자극을 많이 줌으로써 강화된다. 즉 언어자료를 되풀이해서 반복 연습함으로써 습득한다. 다시 말하면, 언어습득은 경험을 통해서 습득하는 자극——반응에 의한 습관 형성이다. 한편 생득설에 의하면, 언어습득은 주위에서 들을 수 있는 일차적 언어자료의 단순한 축적이 아니다. 일차적 언어자료를 듣고 성인과 같은 문법을 습득해 가는 것이다. 그리고 일차적 언어자료에서 성인과 같은 문법을 구축하는 심적 장치가 있다고 본다. 이것을 언어습득 장치(language acquisition device. LAD라고 약칭한다)라고 한다. 어린이는 주위에서 들리는 일차적 언어자료를 들으면, 이 LAD가 활성화하여 문법의 가설을 세우고 그것을 수정해 가면서 안정된 모국어의 문법을 습득하는 것으로 생각하는 것이다. 이때 문법의 습득이 가능한 것을 설명하기 위해서 LAD에 생득적 특징이 있다고 가정한다. 다시 말하면, LAD의 구조와 기능은 어린이에게 생득적으로 주어진 것으로 가정하는 것이다. 그러나 언어능력이나 LAD의 구체적인 것에 관해서는 분명히 알려진 것이 없다. 그리고 어린이들이 들을 수 있는 일차적 언어자료는 불완전한 것이 많으나 여기서 정확한 문법을 구축해 가기 위해서는 어떤 보편적인 언어구조가 존재하지 않을까 생각된다.

참고문헌

Chomsky, N., A review of B. F., Skinner's Verbal Behavior, *Language* 35, 26-58.

Curtiss, S., *Genie : A psycholinguistic study of a modern-day "wild child,"* New York : Academic Press, 1977.

Lenneberg, E., "The capacity for language acquisition". In Katz J., and Fodor J.,(eds.), *The structure of language*(pp. 579-603), Englewood Cliffs, NJ : Prentice Hall, 1964.

Lightfoot, D., *The language lottery,* Cambridge, MA : MIT Press, 1982.

Skinner, B. F., *Verbal behavior,* New York : Appleton-Century-Crofts, 1957.

제 12 장   언어와 뇌신경

1 언어중추

1.1 신경언어학

뇌에 손상을 입으면 언어 활동에 지장이 생긴다. 그러나 폐, 심장, 신장 등 다른 부위에 대한 손상은 언어 활동과 아무런 관계가 없다. 이러한 사실을 보면, 언어능력의 기저에 생리적 기관인 뇌가 있음을 알 수 있다.

이와 같이 인간의 언어 활동 또는 언어습득 능력은 인간에게 고유한 대뇌의 언어중추 speech center 와 불가분의 관계가 있다. 말을 하기 위해서는 발음기관을 교묘하게 움직여야 하며 또 복잡한 말소리를 들어 분간할 수 있어야 한다. 이러한 기능이 모두 대뇌와 밀접한 관계가 있는 것이다. 그러므로 뇌에 손상을 입으면 실어증(12 장 2.2 참조)이라고 일컫는 언어기능 장애가 일어난다. 이와 같이 언어 활동을 하기 위한 뇌의 구조에 관한 연구를 신경언어학 neurolinguistics 이라고 한다. 더 구체적으로 말하면, 언어 활동과 대뇌의 언어중추가 어떤 관계에 있는가를 연구하는 언어학의 한 분야를 신경언어학이라고 한다.

뇌에 손상을 입으면, 언어기능 장애 이외에 인지불능 또는 행동불능과 같은 다른 장애가 일어나는 것은 물론이다. 그러나 여기서는 언어기능 장애에 초점을 맞추어서 고찰하기로 한다.

1.2 뇌의 손상과 언어기능 장애

뇌가 뇌졸증이나 뇌종양 또는 어떤 외상에 의해서 손상을 입으면 뇌의 신경계에 장애가 생긴다. 뇌졸증은 응혈凝血이나 기포가 뇌의 혈관을 차단하는 색전塞栓과 같은 여러 가지 원인에 의해서 일어난다. 이와 같이 해서 뇌의 어느 부분에 혈액 공급, 즉 산소의 공급이 차단되면, 언어기능 장애가 생긴다. 또 종양이 생기면, 종양 그 자체와 두개골 사이에서 뇌가 조여짐으로써 뇌에 장애가 생긴다. 이때도 뇌신경에 영향을 미쳐서 언어기능 장애가 일어나는 경우가 있다. 세 번째로, 머리를 강타당하는 등 외부로부터의 충격에 의해서 뇌가 손상을 입는 경우도 있다. 이때도 뇌신경에 영향을 미쳐서 언어기능 장애가 일어나는 경우가 있다.

이러한 세 가지 뇌손상 가운데서 신경언어학자가 가장 흥미를 느끼며 연구하는 분야는 뇌졸증에 의한 손상이다. 그 이유는 다음과 같다. 뇌졸증은 뇌의 어느 특정된 부위에 손상을 가져올 수 있기 때문이다. 반면 종양이나 외상은 뇌의 더 넓은 부분에 영향을 미친다. 그런데 뇌의 어느 특정 부분과 어떤 언어기능 장애 사이에 상관관계가 있는 것을 알게 되었다. 실어증 환자 1, 2, 3 이 모두 뇌의 A 부위에서 뇌졸증이 일어나면 이들은 모두 Y 라는 언어기능 장애를 보여주고 있다. 또 환자 4, 5, 6 이 뇌의 B 부위에서 뇌졸증이 일어나면 모두 Z 라는 언어기능 장애를 보여준다. 그러므로 뇌의 A 부위는 언어기능 Y 를 통제하고 또 B 부위는 Z 라는 언어기능을 통제하고 있는 것을 알게 된다. 그러나 뇌의 특정 부위와 어떤 유형의 언어기능 장애 사이에 절대적 상관관계가 있는 것은 아니다. 가령 A 부위에 손상을 입은 환자 10 명 가운데서 8 명만이 언어기능 장애 Y 를 보여준다. 이러한 자료에 의해서 신경언어학자는 뇌의 A 부위는 Y 라는 언어기능 장애를 일으키는 80 퍼센트의 가능성이 있다고 가정하게 된다.

뇌의 왼쪽에 손상을 입으면 오른쪽 뇌의 손상보다 언어 처리가 더 곤란해진다. 이러한 사실에 의해서 대부분의 사람은 대뇌 반구의 왼쪽에서 언어를 처리하고 있는 것을 알 수 있다. 왼쪽 반구는 특히 언어 처리를 통제하고 있으며 오른쪽은 공간에 있어서의 방향성 시간공간적 처리와 같은 다른 능력을 통제하고 있다.

뇌의 앞쪽에 장애를 입으면, 말의 산출, 즉 말을 하는 것이 어려워지는 경향이 있다. 반면 뇌의 뒷쪽에 상처를 입으면, 듣고 이해하는 데 지장이 생기는 경향이 있다. 이러한 사실을 통해서 우리는 뇌의 각 반구의 다른 부위는 서로 다른 기능을 통제하고 있는 것을 알 수 있다. 이것을 기능 국부화(機能局部化 : localization of function) 라고 한다. 그리하여 뇌의 왼쪽 앞 부분에 손상을 입으면, 말을 하는 데 지장이 생기고 뇌의 왼쪽 뒷 부분에 장애를 입으면, 말을 듣고 이해하는 데 지장이 생긴다.

1.3 뇌의 구조

인간의 신경계는 크게 말초신경과 중추신경으로 나누어진다. 그리고 중추신경은 뇌와 척수로 나누어지는데 그 기능은 따로 생각할 수 없으며 양자는 실제로 하나이다. 중추신경 중에서 주로 신경세포가 모여 있는 부분이 있는데 대뇌에서는 대뇌의 표면에 수 밀리의 두께로 존재한다. 그 대뇌의 표면을 대뇌피질이라고 한다. 그런데 고등동물일수록 대뇌피질이 현저하게 발달하고 있다. 고등동물에서 본성 또는 본능이라고 불리우는 선천적 기능은 바로 이 대뇌피질 밑에 내포되어 있다고들 한다.

대뇌는 좌·우로 나누어져 있으며 좌·우의 각각을 대뇌 반구大腦半球라고 한다. 그리고 뇌량腦梁이라고 불리우는 부분에 의해서 좌·우의 대뇌 반구가 연결되어 있다(그림 1).

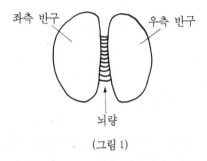

(그림 1)

좌·우 대뇌 반구의 표면은 크게 전두엽前頭葉, 두정엽頭頂葉, 측두엽側頭葉, 후두엽後頭葉으로 나누어진다. 그리고 인간에 있어서는 전두엽과 측두엽이 특히 발달하고 전두엽은 의욕 또는 창조성과 관계가 있지 않을까 생각되고 있으며 전두엽과 측두엽은 특히 언어와 밀접한 관계가 있다(그림 2).

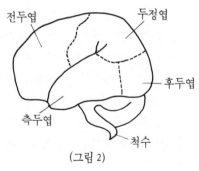

(그림 2)

대뇌피질은 장소에 따라서 기능이 다르고 이것을 대뇌피질 기능국부화라고 함은 이미 위에서 설명한 바 있다. 이러한 언어중추는 98퍼센트의 사람이 왼쪽의 대뇌피질에서 우세하게 작용하고 있으며 나머지 2퍼센트는 오른쪽이 우세하게 작용하고 있다는 사실이 알려지고 있다. 우세하게 작용한다는 것은 어느 쪽의 기능이 지배적인가 하는 것을 의미한다. 그리고 우세하게 작용하는 쪽의 중추가 손상을 입으면 언어기능 장애가 일어난다.

2 실어증

2.1 언어기능 장애의 유형

뇌기능 장애에 기인하는 언어장애의 종류 혹은 유형에 관해서는 여러 가지 논의가 계속되고 있으나 일반적으로 다음 네 가지 유형이 구별되고 있다.

1) 실어증 aphasia

실어증失語症은 대뇌피질의 손상으로 일어나는 언어장애이다. 이경우 주의할 것은 이미 언어체계를 습득하고 발전시킨 사람만이 실어증에 걸릴 수 있다는 점이다. 예를 들면, 태어나면서부터 뇌에 이상이 있어서 언어습득을 하지 못한 사람에게는 실어증이 적용될 수 없다. 또 한가지 주의할 것은, 뇌에 손상을 입으면 몇 가지 다른 증상이 나타날 수 있지만 그중에서 언어기능 장애만을 실어증이라고 한다는 점이다. 예를 들면, 대뇌피질 이외의 뇌간悩幹에 손상을 입으면, 분명하게 발음을 하지 못하게 되는데 이런 증상은 고유한 실어증이라고 할 수 없다. 다시 말하면, 대뇌피질의 손상에 의한 언어기능 장애만이 실어증이다.

다음 그림은 중추신경 모형도이며 뇌간의 위치를 보여준다(그림 3).

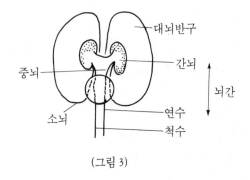

중뇌 —
소뇌 —

대뇌반구 —
간뇌 —

뇌간

연수 —
척수 —

(그림 3)

2) 인지장애 agnosia

인지장애는 대뇌피질에 손상을 입었을 때, 지각(시각, 청각, 촉각 등)한 것을 이해하지 못하는 증세를 가르킨다. 이 경우 주의할 것은, 지각체계는 완전하지만 지각된 것을 이해 또는 인지하지 못한다는 점이다. 예를 들면, 시각적 인지장애의 경우, 완전하게 볼 수는 있으나 보이는 것이 무엇인지 이해 또는 인지하지 못한다. 또 청각적 인지장애의 경우에는 말하는 것을 잘 들을 수는 있으나 들리는 말이 무엇을 의미하는지 이해 또는 인지하지 못한다. 이런 증상은 다음과 같은 비유에 의해서 설명될 수 있다. 가령 어떤 사람이 자기가 전혀 모르는 말을 듣는다고 가정하자. 이때 듣는 사람은 말을 잘 들을 수는 있으나 자기가 들은 것이 무엇을 의미하는지 이해하지 못한다. 이 경우는 대뇌피질의 손상에 기인한 것이 아니기 때문에 청각적 인지장애로 볼 수 없음은 물론이다. 그러나 한국인이 뇌졸중에 의해서 한국어로 말한 것을 들을 수는 있으나 그 말을 이해하지 못한다면 그것이 청각적 인지장애인 것이다.

3) 행동장애 apraxia

행동장애는 대뇌피질의 손상에 의해서 의도적으로 행동할 수 있는 능력을 상실한 경우이다. 이때 행동할 수 있는 운동력 자체는 그대로 지니고 있다. 예를 들면, 뜻대로 어느 한 쪽의 팔을 올릴 수 있었는데 대뇌피질의 손상에 의해서 그렇게 할 수 없게 되는 경우와 같다. 언어의 경우에는 말할 수 있는 발음기관의 운동력은 지니고 있으나 뜻대로 발화할 수 없게 된다.

4) 구음장애 dysarthria

구음構音 장애는 분명하게 말할 수 있는 운동력을 상실하여 발음이 분명하지 않은 말을 하게 되는 것이다. 이러한 증상은 뇌간의 손상에서 비롯되는 것으로서 대뇌피질의 손상에 기인하는 실어증, 인지장애, 행동장애와 대조적이다. 따라서 구음장애는 고유한 언어장애라고는 볼 수 없다. 분명한 발음을 하기 위해서 발음기관의 각 부분을 통합적으로 움직이고 또 시작하는 데 문제가 있는 것이다.

위와 같은 네 가지 언어장애가 구별되지만, 우리의 경우 가장 관심의 대상이 되는 것은 대뇌피질의 손상에 의한 실어증이다. 그러므로 다음에 실어증에서 중요한 몇 가지 종류에 관해서 살펴보기로 한다.

2.2 브로카 실어증 Broca's aphasia

프랑스의 의학자 브로카(P. Broca 1824-1884)는 최초로 대뇌피질의 여러 부분이 각기 다른 기능을 하고 있다는 기능 국부화 이론을 수립했다. 또 그는 최초로 왼쪽 대뇌 반구가 언어기능과 밀접한 관계가 있음도 제시했다. 브로카가 지적한 대뇌피질의 어느 부위에 기인하는 언어장애를 브로카 실어증이라고 한다(그림 4).

이 유형의 언어장애는 운동성 실어증 motor aphasia 혹은 표현성 실어증 expressive aphasia 이라고도 일컬어지며 우세한 대뇌 반구 쪽의 전방 세번째 뇌회惱回에 손상을 입었을 때 나타난다. 그 상처 부위는 발음 근육조직을 통제하는 운동성 언어중추(즉 대뇌피질의 운동성 부위) 가까운 곳에 있다. 그 증상은 일반적으로 다음과 같다. 첫째, 운

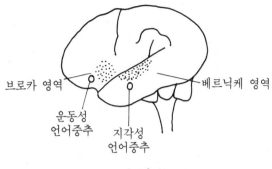

브로카 영역
운동성 언어중추
지각성 언어중추
베르닉케 영역

(그림 4)

동성 기능은 정상적이다. 즉 발음기관은 충분한 기능을 한다. 그러나 우세한 반구 반대쪽에 어느 정도의 마비가 온다. 둘째, 환자의 말이 유창하지 못하다. 즉 머뭇거리며 주저하면서 애써 말하고자 하며 정상적인 억양이 없는 것이 특징적이다. 셋째, 말이 마치 전보문과 비슷하다. 일반적으로 관사, 전치사, 단·복수 표지, 동사의 시제 표지와 같은 문법 형태소가 없이 마치 전보문과 같은 말을 한다. 그리하여 환자의 말이 굴절을 많이 하는 언어일수록 장애가 심하게 나타난다. 예를 들면, 브로카 실어증에 걸린 독일어를 사용하는 환자는 그 장애가 더욱 심하게 나타난다. 독일어는 고도의 굴절언어이기 때문이다. 넷째, 읽고 쓰는 데 있어서도 말할 때와 같은 결함이 나타나는 것이 보통이다. 한편 환자의 이해력은 상당히 양호한 편이다. 그리고 환자는 자기가 말할 때 곤란을 느끼는 것을 의식하며 또 말할 때 틀린 것을 의식한다.

다음에는 브로카 실어증 환자가 말하는 실례를 한 가지 보기로 한다. *The little girl is handing the flowers to her teacher*〈그 소녀는 그의 선생에게 꽃을 넘겨 주었다.〉 이와 같은 정상적인 문장이 다음과 같이 나타난다.

(a) *Little girl is handing flowers to teacher.* 여기서는 문법 형태소가 산발적으로 생략되어 있는 것을 볼 수 있다.

(b) *The young······the girl······the little girl······the flower······.* 여기서
는 머뭇거리며 주저하면서 말하는 것을 볼 수 있다. 위의 예에서 점
선은 머뭇거리며 말이 중단되는 것을 표시한다.

2.3 베르닉케 실어증 Wernicke's aphasia

이 유형의 언어장애는 지각적 실어증 sensory aphasia 혹은 수용적
실어증 receiptive aphasia 이라고도 일컬어지며 우세한 대뇌 반구의 측
두엽 첫번째 뇌회에 손상을 입었을 때 나타난다. 이 경우 그 상처 부
위는 청각적 언어중추(즉 청각적 대뇌피질)와 가까운 곳에 있다. 이
실어증의 증상은 일반적으로 다음과 같다. 첫째, 듣는 것은 정상적이
고 둘째, 환자의 말은 머뭇거리거나 주저하지 않고 유창하며 정상적
인 억양을 보여준다. 그러나 환자의 30~80 퍼센트가 그 언어에는 없
는 어형, 즉 신어新語적인 무의미한 단어 jargon 를 발화한다. 여기서
신어적 무의미한 단어란, 환자의 언어의 음운구조와는 일치하지만 의
미가 전혀 없는 것이다. 말하자면 단어가 아닌 단어인 것이다. 따라
서 베르닉케 실어증을 신어적 쟈곤 실어증 neologistic jargon aphasia
이라고 부를 때도 있다. 그리고 그 발화에는 음운이 반복되거나 또는
음운의 순서가 뒤바뀌는 음운적 착어(錯語 : paraphasia)가 많이 나타
난다. 가령 *bowling shirt*〈볼링 셔츠〉가 *bowling birt* 또는 *showling birt*
로 나타난다. 셋째, 환자의 이해력도 일반적으로 대단히 빈약하며 자
기가 말한 것에 틀린 곳이 있고 또 이해되지도 않는다는 사실을 의식
하지 못한다.

한편 환자의 통사론은 비교적 정상적이다. 명사가 올 곳에 명사가
오고 형용사가 올 곳에 형용사가 온다. 또 영어의 경우 주어는 술어
앞에 오고 술어는 주어 뒤에 오며 또 보어는 술어동사 뒤에 온다. 문
제는 주어, 보어, 술어가 쟈곤 jargon 으로 나타나는 점이다. 이러한
현상은 근본적으로 이해력 부족의 결과에서 비롯된 것이라고 할 수

있다.

2.4 전반적 실어증 global aphasia

이 유형의 언어장애는, 브로카 중추와 베르닉케 중추 그리고 인근 피질을 연결하는 신경선유神經線維에 이상이 생겼을 때 일어난다. 다시 말하면, 언어표현 영역과 언어수용 영역 사이에서 정보 이전이 차단됨으로써 일어나는 증상이다. 환자의 표현 능력은 최소한도로 감소하고 시간이 지나도 크게 회복되지 않는다. 한편 이해력은 처음에는 대단히 빈약하고 시간이 지나면 한정된 범위 내에서 회복될 수도 있다.

우리는 위에서 몇 가지 언어장애를 보았다. 그러나 언어장애 현상을 쉽게 곧 설명할 수 없다. 그리하여 우리는 관찰한 것을 설명하기 위해서 신경언어학의 이론을 수립했다. 그 이론은 중추신경의 해부학에 기초를 둔 것이었다. 특히 대뇌 반구와 전두엽, 측두엽, 두정엽, 후두엽 등을 기반으로 했다. 또 그 이론은 기능 국부화의 개념을 토대로 했다. 이러한 이론에 의해서 여러 뇌손상은 다른 복잡한 증상과 일치하는 것을 보았는데 특히 현저한 증상으로 브로카 실어증, 베르닉케 실어증, 전반적 실어증이 있음을 보았다.

위에서 개관한 여러 언어장애를 연구하는 학문을 언어병리학 language pathology이라고도 하며 또 그러한 언어장애를 치료하는 것을 언어치료라고 한다. 언어병리학은 오늘날 언어치료 목적을 위해서 필요한 여러 과학을 종합적으로 연구하며 급속도로 발전하고 있다. 언어치료에 있어서 언어학의 역할은 먼저 환자의 언어를 기술하고 분석하는 데 있다. 환자의 언어를 관찰하고 분석하는 방법을 제시함으로써 언어장애의 진단에 크게 기여하게 된다.

참고문헌

Brown, J., *Aphasia, apraxia, and agnosia,* Springfield : Charles Thomas, 1972.

Eccles, J., *The understanding of the brain,* New York : McGraw-Hill, 1977.

Luria, A. R., *The working brain,* New York : Basic Books, 1973.

Penfield. W., and Robert, L., *Speech and brain mechanism,* Princeton : Princeton University Press, 1959.

제13장 다른 인접과학과의 관계

1 언어와 심리

1.1 심리언어학

모든 언어행동의 기저에는 심리적 과정이 있다. 언어와 관련된 모든 심리적 과정을 연구대상으로 하는 분야를 심리언어학 psycholin-guistics 이라고 한다. 이러한 심리적 과정 중에서 중요한 것을 들면, 기호화와 기호해독의 언어수행(2장 1,2 참조), 기억, 언어의 산출과 이해, 언어습득과 언어(습득)의 발달 language development 등을 들 수 있다. 이러한 여러 문제 중에서 특히 언어습득과 언어의 산출과 이해가 중요한 과제로 다루어지고 있다.

화자는 말하고자 하는 내용이 머리에 떠오르면, 그 내용에 대응하는 언어적 표현을 발화하게 되는데 이런 과정을 언어의 산출 production 이라고 한다. 한편 청자는 말소리의 연속을 음파를 통해서 듣고 거기에 대응하는 뜻을 알게 되는데 이러한 과정을 이해 comprehension 라고 한다. 심리언어학은 언어의 사용 즉 말의 산출과 이해의 기저에 있는 심리적 과정을 해명하려는 것을 중요한 연구과제로 하는 분야라고 하겠다. 이러한 연구과제는 오래전부터 여러 학자의 관심도 끌었다. 그러나 생성문법의 발전과 더불어 1950년대 후반부터 새로운 연구분야로 부각되고 있으며 심리언어학이라는 명칭도 이 시기 이후의 연구경향을 가르키는 경우가 있다. 이 명칭에 대해서 언어심리학이라는 용어도 있으나 그것은 주로 1950년대 이전의 연구 경향을 지칭하는 경우가 있다.

심리언어학은 이 명칭이 시사하는 바와 같이 심리학과 언어학이 교차하는 영역이며 또 더 이론적인 면에서 본다면 논리학과 언어철학과도 관계가 있다. 그밖에 신경언어학이나 인지과학(13장 1.5 참조)과도 관련이 있다. 이와 같이 심리언어학은 그 연구범위가 대단히 넓기 때문에 학제적 學際的 연구를 위한 어떤 일반적 틀이 아직 잡혀져 있지 않다. 그러나 어떤 영역에서는 큰 발전이 이루어지고 있다. 특히 생성문법의 입장에서 본다면, 언어의 산출과 이해 과정에서 화자와 청자의 뇌 속에 내재하는 문법이 중요한 역할을 하는 것으로 생각되고 있기 때문에, 문법의 본질을 해명하려는 생성문법의 연구성과가 언어의 산출과 이해에 관한 연구를 크게 촉진시키는 결과를 가져왔다.

1.2 행동주의와 심리주의

위에서 지적한 바와 같이 모든 언어행동의 기저에는 심리적 과정이 있다. 그런데 그러한 심리적 과정을 포함해서 모든 심적 현상을 보는 데는 서로 다른 두 가지 관점이 있다. 행동주의적 관점과 심리주의적 관점이다.

행동주의 behaviourism 심리학에 의하면, 사람에게 어떤 자극이 주어지면 어떤 반응이 나타나는데, 이때 어떤 자극에 대한 반응으로 어떤 행동이 나타났다면, 그 행동은 자극이 나타내는 의미라고 생각한다. 그리고 객관적으로 관찰할 수 있는 행동만을 연구대상으로 한다. 그것은 주관적 판단을 피하기 위해서이다. 이러한 행동주의 심리학은 미국의 심리학자 왓슨 J. B. Watson 과 스키너에 의해서 발전되고 이러한 행동주의 심리학의 영향을 받은 미국 언어학자 블룸필드 L. Bloomfield 는 언어의 행동주의적 분석을 발전시키고 그뒤 미국의 기술언어학 혹은 구조주의 언어학이 발달하는 출발점이 되었다.

행동주의는, 가령 〈저 사과를 따 주세요〉라는 말이 자극이 되어서 그 반응으로서 사과를 따러 가는 행동이 그 자극, 즉 〈저 사과를 따 주세요〉의 의미라고 본다. 이처럼 객관적으로 관찰할 수 있는 행동만으로 언어 활동을 처리하려고 한다. 그러므로 인간의 내면적 심리에는 관심을 두지 않았다. 그 결과 복잡한 언어 활동을 분석할 수 없었던 것이다. 예를 들면, 어떤 말의 자극이 있어도 아무런 반응이 일어나지 않는 경우가 있다. 그리하여 인간의 내면적 심리를 이해하려는 필요성이 나타나고 심리주의 mentalism 가 대두한다. 1950 년대 후반 촘스키에서 시작되는 생성문법은 심리주의에 기반을 두게 된다.

언어는 심적 상태 또는 심리적 과정과 불가분의 관계에 있으며 자극에 의해서 외부로 나타나는 반응만으로는 언어의 본질을 이해할 수 없게 된다고 강조하는 것이 심리주의의 입장이다. 이러한 견해가 오늘날 언어연구의 기본적 토대가 되어 있다. 현대 언어학에서 심리주의의 입장을 대표하는 것이 생성문법이다. 그리하여 언어능력 또는 생득적 능력 등을 중요한 원리로 삼는 생성문법이 심리주의 언어학 mentalistic linguistics 이라고 불리기도 한다.

1.3 경험론과 이성론

인간의 정신이나 심적 현상은 경험을 통해서 후천적으로 형성된다고 주장하는 견해가 있다. 이러한 입장을 우리는 경험론이라고 한다. 경험론에 의하면, 갓 태어난 사람의 정신은 백지 상태와 같으며 (11 장 2.2 참조) 생후 경험에 의해서 정신이 형성된다고 한다. 이와 반대되는 입장을 취하는 것이 이성론이다. 이성론에 의하면, 인간의 정신이나 마음에는 선험적으로 이성이 존재한다고 보고 이것에 의해서 심적 현상이나 지식의 성립을 설명하려고 한다. 언어학에서는 20세기 전반까지는 경험론적 입장이 우세했으나 생성문법의 이론이 발전하면서 이성론적 입장이 강조되고 특히 어린이의 언어습득에 관한 연구에서 그러한 경향이 강하게 나타난다. 인간은 언어를 습득하는 고유한 능력을 태어나면서부터 지니고 있다는 가설을 생득설이라고 함은 제11장에서 이미 설명한 바 있다. 이러한 이성론적 견해가 생성문법의 발전과 더불어 주목되고 있다.

1.4 언어능력과 언어수행

우리는 13장 1.1에서 심리언어학의 연구영역이 대단히 넓고 특히 다른 인접과학과의 학제적 연구는 그 내용이 대단히 복잡함을 본 바 있다. 그러나 여기서는 그 내용을 모두 설명할 여유가 없다. 그러므로 심리언어학에서 제기되고 있는 한 가지 문제만을 간단히 살피고 심리언어학의 일면을 엿보기로 한다.

우리는 2장 1.5에서 소쉬르의 랑그와 빠롤에 관해서 설명하면서 촘스키가 언어능력과 언어수행을 구별한 것을 상기할 필요가 있다. 우리는 11장 2,2에서 생득설을 설명하면서 〈인간은 언어의 구조에 관해서 이미 무엇인가를 알면서 태어난다. 즉 인간은 특이한 유전자 구조에 의해서 언어의 특성이 이미 들어 있는 심적 상태에서 태어난다. 그리고 그 최초의 심적 상태에 들어 있는 언어적 특징은 모든 인간언어에 공통된 것이다〉라고 했다. 이렇게 태어나면서부터 지니고 있는 언어지식을 언어능력이라고 한다. 더 구체적으로 말하면, 태어나면서부터 인간의 뇌에 들어 있는 문장에 관한 지식이 언어능력이다. 여기에 대해서 언어능력에 의해서 실제로 말을 산출하고 이해하는 것을 언어수행이라고 한다. 이 구별은 심리언어학뿐만 아니라 인간행동의 일반적 연구에서도 중요함이 미국의 심리학자 밀러 G.

Miller 에 의해서 인정되었다. 그 후 많은 논의가 전개되고 있다.

언어는 문장의 집합이며 문법은 옳은 문장만을 산출하는 규칙의 체계라고 본다면, 그러한 규칙의 집합은 화자의 마음 속에 또는 뇌생리학적으로 뇌에 저장되어 있는가? 다시 말하면, 우리들의 머리에 생성문법이 들어 있는가? 그렇다면 그것은 말의 산출과 이해에 있어서 어떤 역할을 하는가? 이러한 문제가 제기되지 않을 수 없다. 그러나 이러한 문제에 대해서는 아무도 이의를 제시할 수 없을 만한 어떤 해답이 없다고 보는 것이 옳을 것이다.

근래 심리언어학적 연구가 생성이론의 큰 영향을 받은 것은 사실이지만, 그렇다고 모든 심리학자가 그렇다고 보는 것은 잘못이다. 언어심리학에서 전통적으로 논의되어 온 많은 주제 —— 예를 들면 언어와 사고, 언어와 기억 등 —— 에 관한 연구가 계속되고 있는 점에도 유의할 필요가 있다.

1.5 인지과학

인간 마음의 구조의 기능을 해명하려는 것을 목표로 하는 학제적 연구를 인지과학 cognitive science 이라고 한다. 언어학에 있어서의 생성문법, 심리학에 있어서의 인지심리학, 기계공학에 있어서의 인공지능 artificial intelligence 등의 발전과 더불어 인간 마음의 본질을 여러 각도에서 해명하려고 하는 미국에서 일어난 연구활동에 대한 총칭이라고 할 수 있다.

인지 cognition 는 지각, 판단, 결정, 기억, 언어사용과 이해 등 인간의 마음이 관여하는 심적 과정과 그 산물에 대한 총칭이다.

생성문법에 의하면, 문법은 의식되지 않으나 인간의 뇌에 내재하는 지식의 일부이며 언어의 산출과 이해의 과정에서 이 지식이 사용된다고 생각되고 있다. 그러므로 문법연구는 인간의 마음 또는 뇌의 구조와 기능에 관한 연구의 일부라고도 할 수 있다. 이러한 점에서 언어학은 인지과학과 밀접한 관계를 가지게 된다.

2 언어와 사회

2.1 사회언어학

언어를 사회, 문화, 심리학, 생리학 등 몇 가지 다른 관점에서 연구할 수 있다. 그러나 그러한 여러 관점에서 종합적으로 언어를 연구할 수 있는 이론적 틀이 아직 없다. 더구나 그러한 이론적 틀이 수립될 수 있는지도 의심스럽다. 그리하여 언어와 관련된 몇 가지 인접과학 중에서 어떤 한 분야만을 언어학과 관련시켜서 연구하는 학자가 많다. 어떤 학자는, 촘스키나 생성문법 학자들처럼 언어학과 인지심리학의 관계를 강조한다. 또 어떤 학자는 언어는 사회적으로 유지되고 사회적으로 기능하는 제도이기 때문에, 언어학과 사회학은 구별될 수 없다고 말하기도 한다. 오늘날 심리언어학, 신경언어학, 사회언어학과 같은 몇몇 분야가 일반적으로 인정되고 있는데 이들은 모두 학제적인 연구분야이다.

언어를 다루는 이들 모든 분야가 서로 연관지어질 수 있는 통합적인 어떤 이론적 틀이 없음은 위에서 지적한 바와 같다. 그리하여 다음과 같은 문제가 제기된다. 사회학과 인류학의 차이는 무엇인가? 인지심리학이 어떻게 사회심리학과 통합될 수 있는가? 이러한 성격의 문제는 사회언어학, 심리언어학, 신경언어학과 같은 학제적 연구분야의 개념에 차이를 가져오게 되고 이들 각 분야에 대한 정의에도 또한 차이를 가져오는 결과가 된다. 이러한 점을 미리 알고 다음에 사회언어학의 윤곽을 간단히 살펴보기로 한다.

일반적으로 사회언어학은 구체적인 사회의 장場에 있어서의 언어사용을 연구하는 학제적 연구분야이다. 한편 언어는 항상 구체적인 사회의 장에서 사용되기 때문에 언어연구는 모두 사회언어학적이어야 하며 굳이 〈사회언어학〉이라고 할 필요조차 없다는 의견도 있다. 그러나 근래 사회언어학이라는 명칭 아래 특이한 여러 연구가 다양하게 행해지고 있다. 다음에 그러한 특징적인 몇 가지 면을 고찰해 보기로 하자.

2.2 언어의 변종

어느 한 화자의 말에는 음운, 문법, 어휘면에서 어떤 특징이 나타나는데 이러한 특징을 포함해서 한 화자의 모든 발화를 개인어 idiolect 라고 한다. 한편 한 나라나 지방 또는 사회계층에 속하는 여러 개인어를 비교해 보면 여기에는 어떤 공통된 부분과 개인적 특징이 분명하게 나타난다. 그 공통된 부분이 지역방언 regional dialect 또는 사회방언 social dialect 을 형성한다. 그런데 어느 개인의 말은 대화의 장소, 화제, 청자와의 관계 등에 의해서 달라지기 때문에 개인어의 구조를 기술할 때도 사회언어학적 관점을 무시할 수 없다.

사회방언은 같은 사회계층에 속하는 사람들이 공통적으로 가지고 있는 언어 변종 variety 이다. 계급방언 class dialect 이라고 부르는 경우도 있다. 교육을 받은 사회적 지위가 높은 계급의 언어양식과 그렇지 않은 계층의 언어양식 사이에는 일반적으로 몇 가지 다른 특징이 나타난다. 즉 높은 계급은, 지역에 따라서 그다지 변화하지 않는 표준어를 사용하는데 대해서 낮은 계급은 그 지역의 특징이 많이 포함된 지역방언을 사용하는 경우가 많다. 예를 들면, 영국에서 상류 중산층 이상의 사람은 이른바 표준발음 received pronunciation 으로 말하지만 노동자 계급이나 하류 중산층의 사람은 자기가 살고 있는 지방 특유의 발음을 한다.

언어의 변이에 관한 연구는 지금까지 방언학 dialectology 이나 문체론에서 다루어지고 있으나 구조언어학이나 생성문법에서는 언어를 등질적等質的인 구조로 보기 때문에 언어의 변이를 무시한다. 그리하여 촘스키는 〈이상적인 화자와 청자〉의 말이 연구대상이라고 했다. 다시 말하면 〈완전히 동질적인 언어사회에 있어서의 화자와 청자〉를 목표로 하고 모든 변이를 제외함으로써 기술상의 통일을 얻으려고 한다. 그러나 실제로는 같은 정보를 전달하기 위해서 우리는 몇 가지 다른 언어표현을 이용할 수 있고 그중에서 구체적인 상황에 가장 잘 맞는 언어표현을 선택할 수 있다. 즉 언제, 어디서, 누가, 누구에게 어떤 표현으로 무엇을 말하는가 등 언어 외적 요인에 따라 실제로 말을 한다. 이러한 점에서 언어의 변이가 언어연구에서 중요함을 의식하게 된다. 특히 1960년대 후반 미국의 사회언어학자 라보프 W. Labov에 의한 사회방언에 관한 연구가 발전하고 사회방언의 음성, 형태, 통사의 각 면에 나타나는 변이에는 사회적인 의의가 있다는 생각이 정착하게 되었다. 그리고 그러한 변이에서 어떤 체계적인 규칙을 발견하려고 했다. 다음에 그 구체적인 연구내용을 간단히 고찰하기로 한다.

2.3 사회방언에 관한 사회언어학적 연구

라보프는 미국 매사추세츠 Massachusetts 주 본토에서 대서양으로 3마일 떨어져 있는 마다스 비니야드 Martha's Vineyard 섬의 언어를 조사한 바 있는데 그의 연구대상은 이중모음 /ai/와 /au/의 첫 모음의 음성적 변이에 관한 것이었다. 이 섬에서는 /ai/와 /au/의 첫 모음이 [ai]와 [au]가 아닌 중설화中舌化 된 [əi]와 [əu]로 자주 들린다. 이 중설화 특징이 언어학자에게는 현저하게 느껴졌지만 토박이들은 거의 의식하지 못하고 따라서 의식적으로 조절할 수 없었다. 그런데 이 특징은 사회적 여러 계층과 상관관계가 있는 것을 발견하게 되었다. 먼저 연령층에 따른 중설화의 경향을 보기로 하자.

연령	[əi]	[əu]
75 이상	0.25	0.22
61~75	0.35	0.37
46~60	0.62	0.44
31~45	0.81	0.88
14~30	0.37	0.46

이 표는 /ai/와 /au/의 중설화의 지수가 연령층에 따라서 규칙적으로 증가하여 31~45 층에서 정점에 달하는 것을 보여주고 있다. 그렇다면 이러한 경향은 단순히 연령에 따른 규칙적인 변이의 증거에 지나지 않는가? 또 중설화의 일반적 경향을 어떻게 설명할 수 있는가? 여기에 대한 설명은 이 섬의 생활에 미친 사회적 요인과 이 음성변이의 관계를 상세히 조사해 보면 찾게 될 것이다. 예를 들면, 다음과 같은 사회적 상관성을 보자.

⑴ 중설화의 사회적 경향 : 작은 마을이 있는 저지대보다 시골의 고지대에서 중설화의 경향이 높다.

	[əi]	[əu]
저지대	0.35	0.33
고지대	0.61	0.66

⑵ 직업에 따른 경향 : 어부에게서 높고 농부에게서 가장 낮다.

	[əi]	[əu]
어부	1.00	0.79
농부	0.32	0.22

여기서 이 섬의 사회적 사정을 간단히 살펴볼 필요가 있다. 이 섬

에는 주민 6,000 명 이외에 매년 여름철에 42,000 명의 피서객이 본토에서 몰려온다. 따라서 외부로부터의 끊임없는 압력과 피서객에 대한 경제적 의존도의 증가가 언어변이에 영향을 미친다. 조사 결과, /ai/와 /au/의 높은 중설화 정도가 여름철 외부인에 대한 강한 표출과 밀접한 관계가 있음을 보여주고 있다. 외부인에 대한 가장 강한 저항은 시골 고지대에서 느낄 수 있었고, 특히 어업이 주업인 칠마크 Chilmark 의 주민은 자기들의 전통적 생활을 가장 완고하게 지키고 있었다. 이러한 사실을 고려한다면, 중설화의 지수가 왜 고지대에서 특히 칠마크에서 높은가를 알 수 있다. 그들은 이 섬의 주인임을 스스로 표시하기 위해서 이 섬의 고유한 변화인 중설화를 따르는 것이다. 또 한가지 유의할 것은 30~45 세의 연령층에서 중설화의 지수가 가장 높아지는 사실이다. 이 연령층은 다른 층에 비해서 심한 스트레스를 받고 있다. 이 연령 집단은 기울어지는 경제 상황 속에서 성장했으며 제 2 차 대전과 한국 동란에도 참전한 층이다. 또 그중 소수는 대학에 진학했으나 언젠가는 섬에 돌아가서 작은 생활을 꾸려나가기를 결심한 바도 있다. 심각한 갈등이 양면에서 생겨난 것이다. 따라서 이 층은 외부로부터의 끊임없는 압력에 대한 강한 저항감을 가지고 있다.

여기서 다시 한번 이 섬에 있어서의 중설화의 사회적 의의를 살펴보기로 한다. 이 중설화의 특징은 곧 자기가 이 섬의 주인이라는 긍지를 의미하는 것이다. 누군가 [rəit] (= *right*) 혹은 [həus] (= *house*)라고 말할 때, 그것은 자기가 그 섬 사람임을 의미한다. 다시 말하면, 중설화가 의미하는 것은 이 섬에 대한 적극적인 성향이다. 여기에 대한 조사 결과는 다음과 같다. 다음 표에서 〈적극적〉은 이 섬을 떠나기를 싫어하는 적극적인 성향, 〈중립적〉은 적극도 소극도 아닌 태도, 〈소극적〉은 다른 곳으로 이주하여 살기를 원하는 성향을 의미한다.

	[əi]	[əu]
적극적	0.63	0.62
중립적	0.32	0.42
소극적	0.09	0.08

또 하나의 예를 보기로 하자. 다음 예는 라보프가 뉴욕 시에서 조사한 대표적인 연구이다. 그는 먼저 피조사자를 하류계급, 노동자계급, 하류 중산계급, 상류 중산계급으로 구별하고 *card, car, flower* 등에서 /r/음이 발음되는가 안되는가를 조사했다. 그리고 그 발음 유무를, ⑴ 예사말(조사에 응한다는 것을 의식하지 않는 말), ⑵ 신중한 말, ⑶ 읽는 식의 말(주어진 자료를 피조사자가 소리내어 읽는 식), ⑷ 단어표의 단어를 하나씩 읽는 식 등 네 가지 스타일의 말에 의해서 조사했다. 그 결과, 예사말에서는 상류 중산계급만이 /r/음을 발음하고 다른 계층에서는 /r/음이 들리지 않았다. 그러나 읽는 식의 말에서는 하류 중산계급은 /r/음을 잘 사용하고 단어표의 단어를 하나씩 읽는 스타일에서는 상류 중산계급보다 더 많이 사용하는 것을 알게 되었다. 이것은 자기들의 발음에 열등감을 느낀 하류 중산계급이 표준적인 발음을 하려고 의식적으로 노력한 결과이다. 일반적으로 위신 있는 방언(威信方言 : prestige dialect)에 접근하려는 경향이 있다.

라보프는 위와 같은 연구를 통해서 그러한 변이에서 어떤 체계적인 규칙을 발견하려고 했다. 그 결과 뉴욕 말에 있어서의 (r)변이체를 지배하는 공시적 규칙을 다음과 같은 공식에 의해서 표시하기에 이른다.

$$(r) \rightarrow n[r] / —— \left\{ \begin{array}{l} C \\ \# \end{array} \right. : n[r] = f(계층, 스타일, 연령)$$

(r)이 자음 앞이나 어말에서 빈도 n을 가진 유음 [r]로 실현되며,

n은 계층, 스타일, 연령의 변수 (f)를 의미한다. 이 도표에서 보는 바와 같이 사회언어학적 변이체는 괄호 속에 넣어서 표시한다 : (r).

2.4 이중 언어사용

어떤 개인이 두 언어를 사용하는 것 또는 두 언어를 사용할 수 있는 능력을 이중 언어사용 bilingualism 이라고 한다. 넓은 의미로는 두 개 이상의 언어를 사용하는 다언어사용 multilingualism 을 의미하는 경우도 있다. 또 동일 언어의 지역방언과 표준어와 같이 두 개(혹은 그 이상)의 방언을 사용하는 경우를 가르킬 때도 있다.

이중 언어사용이라는 용어는 개인에 관해서 뿐만 아니라 2개(이상)의 언어가 사용되는 사회에 관해서도 사용된다. 이런 경우, 사회 전체는 이중 언어사용 사회지만, 그 구성원 전부가 이중 언어사용이라고는 할 수 없다. 가령 캐나다 Canada 는 한 국가로서는 영어와 프랑스어를 공용어 official language 로 하는 이중 언어사용 국가이지만, 영어 아니면 프랑스어만을 사용하는 사람도 많다.

어느 언어사회에서는 서로 다른 두 언어 또는 동일 언어의 두 변종에 각각 일정한 사회적 기능이 있어서 화자가 상황에 따라서 어느 한 언어 또는 어느 한 변종을 구별해서 사용하는 경우가 있다. 그러한 현상을 구별적 이중 언어사용 diaglossia 이라고 한다. 특히 그 한 쪽이 사회적으로 높은 위치를 반영하는 변종(H 로 약칭)이고 다른 한 쪽은 사회적으로 낮은 위치를 반영하는 변종(L 라고 약칭)인 상황을 말한다. 예를 들면, 그리스에서 순정어 純正語가 H 이고 민중어는 L 이다. 그리스어 식당에서는 포도주가 메뉴에는 *inos* <<고전 그리스어 oinus) 로 쓰여져 있지만 이것을 주문할 때는 민중어 *krasi* 라고 불러 주문한다. 또 스위스의 독일어권에서는 표준 독일어가 H 이고 독일어의 스위스 방언은 L 이다.

H 와 L 의 기능에 있어서 H 는 문어에서 사용되며 또 구어로 사용

할 때는 종교적 설교 또는 뉴스 방송 등 다소 형식적인 경우에 사용된다. 한편 L은 가족이나 친구들과의 대화에서 사용된다. 따라서 H에는 전문적인 학문에 관한 어휘가 많이 포함되어 있고 L에는 보통 일상생활에 관한 어휘가 많이 포함되어 있다.

이중 언어사용 또는 구별적 이중 언어사용에서는 코드 바꾸기 code switching 현상이 일어난다. 어떤 개인이 구체적인 상황에 따라서 코드를 바꾸는 것을 코드 바꾸기라고 하는데, 이 경우 코드라 함은 어떤 언어 또는 동일 언어의 변종을 말한다. 사회언어학에서 코드란, 언어사회의 계층에 특유한 변종의 기호체계를 의미한다. 다음과 같은 예를 보자. 같은 직업을 가진 사람들이 그 직업에 관한 특수한 어휘를 많이 사용하면서 이야기하고 있는 도중에 다른 직업을 가진 사람이 그 대화에 참가했다고 생각해 보자. 이때 그 대화에 새로 참가한 사람이 이해할 수 있도록 직업적 특수한 어휘를 보통말로 이야기하게 될 것이다. 이렇게 되면 체계적인 어휘의 바꿈이 인정된다. 즉 코드 바꾸기가 일어난 것이다.

2.5 언어접촉

미국 언어학자 바인라이히 U. Weinreich에 의하면, 인접해 있는 언어이건 멀리 떨어져 있는 언어이건 동일인이 그러한 두 개 이상의 언어를 서로 사용할 때, 그 두 개 이상의 언어는 〈접촉하고 있다〉고 한다. 이와 같이 언어접촉 language contact은 본질적으로 개인의 다언어사용에서 일어나기 때문에 언어접촉이 개인에게 미치는 영향과 언어사회간의 접촉의 결과를 연구할 수 있다.

언어가 다른 언어와 접촉하는 것은 흔히 있는 현상인데 언어접촉의 가장 일반적인 결과는 어휘의 차용이다. 어휘의 차용은 개별적인 단어에서 일련의 어군에까지도 이른다. 그리고 차용은 동일 언어의 방언 사이에서도 일어나고 또 언어와 언어 사이에서도 일어난다.

영어는 차용어가 많기로 유명한 언어의 하나이다. 영어가 유사 이래 여러 언어접촉에 의해서 많은 차용어를 받아들인 것은 잘 알려진 사실이다. 프랑스어가 큰 영향을 미쳤던 12-13세기에는 프랑스어에서 많은 차용어가 도입되었는데, 이때 *beef*〈쇠고기〉, *veal*〈송아지 고기〉, *pork*〈돼지 고기〉 등 많은 차용어가 들어온다. 또 그 이전 단계에서는 라틴어에서 많은 단어가 차용되었다. *street*〈거리〉, *egg*〈달걀〉, *wine*〈포도주〉 등이 그때 차용된 것이다. 이와 같이 대부분의 경우, 일정한 시기에 있어서의 차용은 일방적이다. 즉 보다 높은 문화를 가진 나라의 언어에서 차용되는 것이 보통이다.

1066년 프랑스어를 사용하는 노르만족이 영국에 침입한 이래, 영어는 실로 많은 프랑스어 어휘를 차용했다. 현대 영어의 어휘 중에서 약 절반이 프랑스어 차용어라는 사실은, 차용에 의해서 영어의 어휘가 그만큼 풍부해졌음을 말해 주고 있다. 차용어는 어떤 필요성 때문에 도입된다는 사실에 유의할 필요가 있다. 그러나 이렇게 많은 차용어를 받아들였음에도 불구하고 영어는 역시 영어이다. 다시 말하면, 어떤 언어가 아무리 많은 차용 요소를 받아들인다고 하더라도 그 언어의 구조를 근본적으로 변화시키지는 못한다. 영어는 그 많은 차용어에도 불구하고 게르만어적 본질을 유지하고 있다.

그런데 언어접촉에 의한 극단적인 차용의 결과 새로운 혼합어가 생기는 경우가 있다. 이러한 언어를 피진 언어 pidgin language 라고 한다. 피진어는 세계 여러 곳에서 나타난다. 특히 영어, 서반아어, 프랑스어, 포르투갈어가 다른 문화와 접촉하게 되고 이들 언어를 사용하는 사람과 다른 언어를 사용하는 다른 나라 사람들과의 상업상의 거래를 하기 위한 필요성에 의해서 생긴다. 그중에서 한 예를 들면, 중국에서 영국인과 중국인의 상호 이해를 위해서 이차적 언어가 생긴다. 이 경우, 중국어의 문법을 기반으로 하여 영어의 어휘를 가진 혼합언어가 탄생하는데 이것을 피진 영어 pidgin English 라고 한다. 따라서 피진 영어는 영어도 아니고 중국어도 아니다. 피진어는 다음에 설명하는 사빌어보다 그 체계가 완전하고 또 어휘도 넓은 활동 분야에 걸친다. 피진어의 형성 과정을 보면, 문법구조가 근본적으로 단순화되고 사용 어휘의 수가 대단히 줄어든다. 피진 영어를 예로 들면, 모든 굴절이나 형태 음운론적 교체형 또 수동형과 같은 중요한 통사론적 과정이 모두 제거되고 사용 어휘도 1,000~2,000개 정도로 줄어드는 것이 특징적이다. 그리고 피진어는 어떤 특수한 환경에서 사용되는데, 만일 그 언어가 그 언어를 사용하는 사람들의 모국어가 되면, 그 언어를 크레올어 creole language 라고 한다. 피진어와 유사하지만, 상업상의 거래와 같은 어떤 한정된 상황에서 극히 한정된 어휘만이 사용되는 혼합어가 있다. 이것을 사빌어 sabir language 라고 한다. 피진어와 다른 점은 극히 제한된 필요성에 따른 표현에만 한정된 빈약한 이차적 언어로서 피진어보다 완전한 체계를 가지고 있지 않은 점이다.

19세기 지중해의 여러 항구에서는 중부 이탈리아어를 기반으로 하고 여러 로만스어의 다양한 요소를 가진 일종의 사빌어가 사용되고 있었다. 이 언어를 링구아 프랑카 lingua franca 라고 부른다. 피진어와 다른 것은, 다양한 여러 언어의 특징을 도입한 점이다. 일정한 지역에서 상업상의 공통 언어로서 10여개의 언어에서 여러 요소를 차용하고 있는 것이 특징적이다. 한 예를 들면, 아프리카에서 다양한 언어를 사용하는 여러 인종들 사이에 아라비아어의 한 변종인 링구아 프랑카가 무역 용어로 사용되고 있다.

3 언어와 문화

3.1 인류언어학

언어는 인간 문화의 한 소산이라고 한다. 이와 같이 언어와 문화의 불가분의 관계는 전문가가 아니더라도 누구나 직감적으로 알 수 있을 것이다. 이러한 점에서 언어연구는 인류학과 관련성을 가지게 된다. 인류학 anthropology 은 가장 단순하게 말한다면, 인간을 연구하는 학문이라고 규정할 수 있을 것이다. 더 구체적으로 말한다면, 인류학은 다른 동물과 구별되는 특징을 신체의 구조와 기능을 포함한 체질의 측면에서 연구하기도 하고 또 행동방식과 생활양식을 나타내는 문화의 측면에서 연구하기도 한다. 전자의 경우를 체질인류학 physical anthropology 이라고 하고 후자의 경우를 문화인류학 cultural anthropology 이라고 한다. 여기서 우리는 언어학이 문화인류학과 관계를 가지게 되는 것을 알 수 있다.

문화인류학은 특히 문화를 연구대상으로 하는 분야로서 20세기 초부터 한 학문분야로서 확립된 연구영역이다. 지금까지는 주로 미개 민족의 친족제도, 사회제도, 경제제도, 종교적 행사, 세계관 등을 실제 조사에 입각해서 기술하고 비교했다. 그리고 그 결과를 문명 사회의 그것과 비교한다. 이렇게 해서 문화인류학은 문화를 통해서 인류 전체를 이해하려고 한다.

인류언어학 anthropological linguistics 은 문화인류학의 이론과 방법 그리고 그 연구성과를 이용해서 문화의 한 부분으로서의 언어를 고찰하고 언어적인 면과 비언어적인 면과의 관계를 연구하는 넓은 의미에서 언어학의 한 분야라고 할 수 있다. 어떤 면에서는 사회언어학이나 다음에 설명하는 민족학의 연구분야와 겹치는 부분이 있다.

민족학 ethnology 은 주로 미개 민족의 문화의 역사와 기능 또는 구조를 분석하고 비교연구하는 분야로서 실제로는 문화인류학과 중복되는 부분이 많다. 이와 같은 민족학의 이론과 방법론 또는 그 연구성과를 이용해서 어떤 문화의 표출로서의 언어를 연구하는 민족언어학 ethnolinguistics 이 나타나기도 했다. 민족언어학은 언어를 수단으로 해서 어떤 민족의 사고나 행동의 유형을 이해하려고 하는 것을 목적으로 한다. 지금까지는 주로 미개 민족의 언어연구에 의해서 그 민족의 문화, 가치관, 세계관 등을 기술하고 분석하고 있다. 예를 들면, 어떤 민족의 금기어 taboo 를 연구함으로써 그 사람들의 종교관, 인생관, 세계관 등을 구체적으로 이해하려고 한다. 민족언어학은 실제로 사회언어학, 문화인류학, 인류언어학 등의 연구분야와 겹치는 부분이 많다.

3.2 문화란 무엇인가

우리는 위에서 문화라는 용어를 많이 사용했다. 그렇다면 문화란 무엇인가? 일상 용어로서나 전문적 학술용어로서 〈문화〉라는 말처럼 흔히 사용되면서도 그 뜻이 애매모호한 용어도 드물 것이다. 언어학에서는 문화라는 개념을 주로 문화인류학에서 빌려 쓰고 있다. 그러므로 문화인류학에서 문화를 어떻게 보고 있는가를 살펴볼 필요가 있다. 다음에 소개하는 것은, 『문화인류학개론』(한상복, 이광웅, 김광억 공저, 1985, 서울대학교 출판부, pp. 63-9)에서 설명하고 있는 문화에 관한 개념이다.

〈문화란 무엇인가?〉라는 질문을 던졌을 때 우리가 가장 간단히 얻을 수 있는 것은 아마도 〈그것은 한 인간집단의 생활양식이다〉라는 대답일 것이다. 이 점은 상이한 두 나라의 생활양식을 비교함으로써 쉽게 이해할 수 있다.

한국사람과 인도사람의 일상생활을 상상해 보자. 우선 그들이 쓰는 말에 뚜렷한 차이가 있을 것이고, 주택, 의복, 음식의 종류, 요리방법, 음식을 먹는 방식, 친족조직, 신앙, 조상에 대한 태도 등 일상생활의 모든 측면에서 우리는 두 사람 사이에 분명한 차이를 발견할 것이다…… 이와 같이 두 사람의 행동 및 사고에서 나타나는 상이한 양식을 우리는 문화라고 부른다……

그러나 인류언어학자들은 이 문화에 대한 정확한 정의를 내리는 데에 많은 어려움을 겪어 왔었다(p. 64).

그리하여 문화에 대한 수많은 정의가 있는데 그 대부분은 총체론적 전망 totalist view 과 관념론적 전망 mentalist view 의 두 가지 범주로 분류할 수 있다. 먼저 총체적 전망에 속하는 정의부터 알아보기로 하자.

앞에서 언급한 〈생활양식으로서의 문화〉는 바로 이 범주에 속한다. 즉, 총체론적 전망에 의하면 문화는 〈한 인간집단의 생활양식의 총체〉를 가르키는 말로 사용된다. 이런 입장에 선 한 전형적인 예를 우리는 타일러 E. B. Tylor 의 고전적인 정의에서 찾아볼 수 있다.

타일러는…… 문화를 〈지식, 신앙, 예술, 법률, 도덕, 관습 그리고 사회의 한 구성원으로서의 인간에 의해 얻어진 다른 모든 능력이나 관습들을 포함하는 복합 총체〉라고 규정하고 있다. 이 정의는…… 가장 포괄적인 것으로 널리 인용되고 있는 하나의 고전적인 정의에 속한다(p. 65).

관념론적 전망에서 본 문화는 도구, 행동, 제도 등을 포함하지 않고, 단지 우리가 관찰할 수 있는 바의 그런 행동에로 이르게끔 하는 기준, 표준 또는 규칙을 문화라고 한다(p. 68).

우리는 위에서 문화의 개념을 문화인류학에서 어떻게 파악하고 있는가를 살펴보았다. 여기서 주목되는 것은, 〈인간의 사고 및 행위를 연구대상으로 하여 무엇이 그것을 가능하게 했는지에 초점을 두고 그것을 가능케 한 기본적인 원리를 밝히려는 것〉이다. 여기서 우리는 문화의 한 소산으로서의 언어와 사고의 관계가 인류언어학에서 하나의 중요한 과제가 되는 것을 짐작하게 된다.

위에서 본 바와 같이 언어학에서 문화가 문제가 되는 것은 언어 그 자체가 문화적 존재이기 때문이다. 문화의 여러 요소 중에서 언어는 인간만이 가진 기호체계이며 지적 또는 사회적 활동을 가능하게 하고 그 소산은 다음 세대에 전승된다. 이런 의미에서 언어는 문화의 한 부분인 동시에 다른 문화를 떠받치고 있다고 할 수 있다. 그러므로 언어와 문화의 관계에 관해서 여러 각도에서 다양한 논의가 전개되고 있는데 언어학자의 입장에서는 특히 언어 상대성, 언어와 사고, 언어와 세계관, 언어와 민족 등이 관심의 대상이 되고 있다. 여기서는 이들 여러 문제를 모두 다룰 여유가 없기 때문에 그중에서 언어의 상대성에 관한 문제만을 간단히 살펴보기로 한다.

3.3 언어상대성

언어가 문화에 의해서 영향을 받는다는 견해에 대해서는 아무도 반대할 사람이 없을 것이다. 여기에 관해서는 사회언어학에서 설명한 바 있으나, 차용어의 경우를 생각해 보면 그 관계를 잘 알 수 있을 것이다. 또 다른 예를 보면, 말[馬]이 중요한 역할을 하는 목축사회에서는 말에 관한 여러 명칭과 용어가 특히 발달한다. 그러나 이와 반대로 언어의 유형이 문화의 유형을 규정하고 인식과정에 직접 영향을 미친다고 보는 견해가 있다. 여기서 우리는 한 문화의 기저에 있는 인식과정과 언어의 관계에 주목하게 된다. 더 구체적으로 말한다면, 언어와 사고의 관계가 부각되는 것이다. 이렇게 해서 인류언어학자들은 문화와 개인 심리학의 관계의 본질이 무엇인가 또 문화형태는 어떻게 언어에 의존하고 있는가――이러한 문제들을 생각하게 된다.

독일의 언어철학자 홈볼트에 의하면, 언어는 그 언어를 사용하는 사람의 사고방식이나 정신구조에 일정한 영향을 미친다고 한다. 이러한 견해를 언어상대성 가설이라고 한다. 언어상대성 가설은 홈볼트를 비롯하여 바이스게르버 L. Weisgerber 또는 미국의 인류학자 보아스 F. Boas에 의해서도 논의되어 왔다. 그런데 특히 언어상대성 linguistic relativity을 주장한 언어학자는 미국의 사피어 E. Sapir와 워프 B. L.

Whorf 이다. 그리하여 그들의 이름을 따서 사피어-워프 가설 Sapir-Whorf hypothesis 이라고 부른다.

사피어-워프 가설에 의하면, 우리들의 사고 과정이나 경험 양식은 언어에 의존하고 있으며, 언어가 다르면 거기에 대응해서 사고와 경험의 양식도 달라진다고 한다. 다시 말하면, 언어는 사람들의 경험과 사고방식을 규정하며 사람은 이것을 피할 수 없다고 보는데 이러한 입장을 언어결정론 linguistic determinism 이라고도 한다.

사피어의 문하생인 워프는 미국 인디언의 언어를 연구했다. 그때까지 알려지지 않았던 그 언어자료를 연구하면서, 그는 인간의 심리적 그리고 지적 세계가 그 언어구조와 밀접하게 결합되어 있다는 견해를 주장하게 된다. 그가 연구한 호피 Hopi 족의 언어는 우리들처럼 시간을 구별하지 않는다. 호피족은 과거, 현재, 미래와 같은 시간상의 구별이 뚜렷하지 않다. 그러나 호피족의 언어는 지속되는 시간에 의해서 현상을 분류하는 문법적 수단을 가지고 있다. 〈걸음, 물결, 보행의 행동〉들은 일시적 현상이며, 〈돌, 나무, 사람〉들은 계속적 현상이다. 또 아이다호 Idaho 인디언은, 그들의 언어에서 어떤 성질이 있는 것을 구별하는 특수한 체계를 발전시켰다. 예컨대, 건포도는 그 자체가 달지만, 커피는 그렇지 않다. 커피는 단맛을 설탕에서 얻고 있기 때문이다. 당밀을 바른 과자는 한층 〈간접적〉으로 달다. 그것은 그 과자의 단맛을 당밀에서 얻고 있는데, 그 당밀 자체는 설탕에서 단맛을 얻어서 〈이차적〉으로 달기 때문이다. 이와 같이 인디언의 언어는 영어나 국어와 비교해 볼 때 모든 것이 근본적으로 다르다. 워프에 의하면 인디언어의 그러한 구조는 특수한 심리를 나타내고 있으며 그러한 언어구조가 그러한 심리의 형성에 영향을 미쳤다는 것이다.

언어상대성을 검증하기 위해서 여러 가지 증거가 인용되고 있는데 색채어色彩語도 그 한 예이다. 색채의 스펙트럼 spectrum 은 물리적으로 모두 동일하지만 언어에 따라서 그 범주화가 다르다. 다음 예를 보자(다음 표에서 쇼나어는 로데시아 Rhodesia 의 한 언어. 바사어는 리베리아 Liberia 의 한 언어).

영어	purple 〈자주빛의〉	blue 〈푸른〉	green 〈녹색의〉	yellow 〈노란〉	orange 〈적황색〉	red 〈빨간〉
쇼나어	čips^{w}uka	citema	cicena		čips^{w}uka	
바사어	hui			ziza		

영어의 여섯 가지 색채어에 대해서 쇼나어에서는 세 가지, 바사어에서는 두 가지 색채어가 구별된다. 영어의 *purple, orange, red* 에 대해서 쇼나어에서는 이들을 구별하지 않고 *čips^{w}uka* 라는 한 색채어만이 사용되며 또 바사어에서는 영어의 *purple, blue, green* 을 모두 합해서 *hui* 라는 한 색채어만으로 표현한다. 이와 같이 영어의 *yellow, orange, red* 에 대해서도 *ziza* 만이 대응한다. 이와 같은 현상은 인류언어학적인 견지에서 어떻게 설명되어야 하는가? 바사어를 사용하는 사람들의 의식세계에는 영어에서 구별되는 여섯 가지 색채에 대해서 두 가지 색채만이 존재하는가? 우리는 여기에 대한 직접적인 해답을 얻기 어려울 것이다. 여기서 우리는 언어상대성 가설에 대한 두 가지 입장을 살펴볼 필요가 있다.

3.4 언어상대성 가설에 대한 두 가지 입장

언어상대성 가설에 대한 두 가지 입장을 편의상 〈강한 가설〉과 〈약한 가설〉로 부르기로 하고 다음에 두 입장의 차이를 간단히 살펴보기로 하자.

강한 가설이란, 사고는 언어에 의해서 결정된다는 언어결정론의 입장을 의미한다. 이 극단적인 가설에 의하면, 서로 다른 언어간의 번역도 불가능하다는 결과가 된다. 위에서 든 색채어의 경우를 생각해 보면 짐작이 갈 것이다. 다시 다음과 같은 예를 보자. 성서를 여러 언어로 번역하는 사업이 행해질 때의 일이다. 그중에서 멕시코 남부의 한 인디언어인 자포테크 Zapotec 어로 신약성서를 번역하다가 번역자들은 그 번역이 불가능하다는 것을 알고 도중에서 번역을 중단한 일이 있다. 이 언어는 동사의 동작을 시간에 따라서 구별하지 않고, 행동이 각 장면에서 그때 처음으로 행해지는가 그렇지 않는가에 따라서 구별한다. 그리스도가 가파르나움에 내려왔던 이야기에 이르렀을 때, 번역자들은 번역을 중단해야만 했다. 그것은 그때 그리스도가 가파르나움을 최초로 방문했는지 아니면 여러 차례의 방문 중의 하나였는지에 대한 증거가 없기 때문이다. 번역자들은 원문의 신빙성이 손상될까 두려워했던 것이다. 언어구조가 다른 언어끼리의 번역은 강한 가설에 의하면 불가능하다. 이러한 입장에 대해서 언어가 사고나 인식의 과정에 다만 영향을 미친다고 보는 견해를 〈약한 가설〉이라고 한다. 일반적으로 언어상대성이 문제가 될 때는 약한 가설에 의해서 해석했을 경우이다.

심리학자들은 1950년대 사피어-워프 가설을 검증하기 위해 어떤 언어에 있어서의 색채의 언어적 구별은 지각에 영향을 미친다는 것을 증명하려고 했다. 예를 들면, 미국 인디언어의 하나인 주니 Zuni 어에서는 노란색과 적황색을 언어적으로 구별하지 않는다. 그러므로 주니어를 사용하는 인디언은 두 색깔의 물체를 식별하는 데 곤란을 느낀다고 보고하고 있다. 그러나 여기서 주의할 것은 주니어를 사용하는 사람이 노란 물체와 적황색 물체의 차이를 지각하지 못하는 정도는 아니었다. 양자를 비교해 보라고 하면 양자를 식별할 수 있었다. 이러한 실험은 약한 가설에 대한 부분적 증거는 될 수 있지만 강한 가설에 대한 증거가 되는 것은 아니다. 이러한 뜻에서 언어의 구조는 지각에 영향을 미친다고 할 수 있다.

대부분의 심리학자, 언어학자, 철학자들은 언어가 사고, 지각, 기억에 어떤 영향을 미친다는 것을 인정하고는 있지만, 언어가 사고양식을 결정한다는 강한 가설에 대해서는 모두 회의적이다. 워프는, 시제라는 문법범주가 없는 언어를 사용하는 호피 인디언은 시제가 있는 영어를 사용하는 사람들과는 근본적으로 다른 시간의 개념을 가지고 행동한다고 주장하고 있다. 그러나 그는 그의 주장을 입증할 만한 사고양식의 차이 또는 행동양식의 차이에 관한 충분한 자료를 제시하지는 못했다.

참고문헌

— 언어와 심리

Aaronson, D., and Rieber, R. W., (eds.) *Psycholinguistic research : implications and applications,* Hillsdale : Lawrence Erlbaum Associates, 1979.

Berlin, B., and Kary P., *Basic colour terms : Their universality and evolution,* Berkeley : University of California press, 1969.

Chomsky, N., *Language and mind,* New York : Harcourt, Brace & World, Inc. 1968.

Slobin. D. I., *Psycholinguistics,* Glenview, IL : Scott, Foresman and Company, 1971.

— 언어와 사회

Bell, R. T., *Sociolinguistics : Goals, approaches and problems,* New York : St. Martin Press, 1976.

Gumperz, J. J., and Hymes, D., (eds.) *Directions in sociolinguistics : The ethnography of communication,* New York : Holt, Rinehart and Winston, Inc., 1972.

Labov, W., "The social motivation of a sound change". *Word* 19-3 (pp. 273-309), 1963.

Trudgill, P., *Sociolinguistics : An introduction*, Penguin Books. London : Viking Penguin Inc. 1973.

— 언어와 문화

Goldschmidt, W., *Man's way : A preface to the understanding of human society*, New York : Henry Holt and Co., 1959.

Greenberg, J. H., *Anthropological linguistics : An introduction*, New York : Random House, Inc. 1968.

Kroeber, A. L., *Anthropology Today : An encyclopedic inventory*, Chicago : The University of Chicago Press, 1953.

Sapir, E., *Language : An introduction to the study of speech*, New York : Harcout, Brace & World, Inc. 1956.

Whorf, B. L., *Language, thought, and reality*, Cambridge, MA : MIT Press, 1956.

제 6 부

언어학의 발자취

제 14 장   고대부터 19세기까지의 언어연구

1 고대의 언어연구

1.1 고대인의 언어에 대한 관심

문명을 가진 민족은 최초의 역사시대부터 언어에 흥미를 보이기 시작했다. 그런데 그 흥미는 주로 사회생활의 어떤 필요성에 의해서 좌우되었던 것이다. 그중에서 가장 중요한 요인이 된 것은 종교였다. 종교가 사회적으로 큰 역할을 해 온 사회에서는, 자신들의 종교의식에 사용되던 언어, 특히 자기들의 종교 문헌에 씌어진 언어를 잘 알고 그 언어를 그대로 순수하게 잘 보존하고 유지하려고 했다. 예를 들면, 힌두교에서 사용되던 산스크리트어는 기원전 수세기에 이미 상세하게 기술되었다. 중세의 그리스도교는 라틴어의 연구에 많은 정력을 바쳤다. 또 유태인은 성서의 히브리어를 깊이 연구했다. 아랍인은 그들의 종교의 성전인 〈코란〉을 바르게 읽을 수 있도록 연구하고 그를 위한 연구소를 창립할 정도였다. 이러한 사실들은 모두 그 사회에 특유한 종교적 필요성에 의해서 나타난 먼 옛날의 소박한 언어연구의 시작이라고 하겠다.

1.2 고대 그리스의 언어연구

고도의 문명과 비교적 자유로운 종교관을 그 특징으로 들 수 있는 고대 그리스의 문화적 분위기에서 언어에 대한 관심이 활발히 일어났다. 여기서는 언어연구가 어떤 실용적인 테두리를 벗어나 그리스 사상의 강한 경향이었던 철학적 연구에 포함되었다. 그 철학적 연구의 범위 안에서 일어난 언어에 대한 흥미를 기반으로 언어범주에 대한 최초의 기초개념과 문장의 구성을 지배하는 원리, 그리고 사유와 언어의 상관관계 등을 고찰했다. 그러나 이 모든 것들은 언어현상에 대한 막연한 지식이 나타난 것에 지나지 않는다. 그렇지만 언어연구와 철학적 연구의 최초의 소박한 접촉이 있었기 때문에, 그것을 기반으로 해서 문법의 오랜 역사가 발전한 것이다. 사실 그리스인은 고전 유럽문법의 원리를 창시했을 뿐 아니라, 그 뒤 수세기 동안 충실히 이어진 문법연구의 전통도 그들에게서 시작되었던 것이다.

언어이론에 관한 그리스인의 연구는 철학적인 관심에서 비롯된 것이기 때문에 자신들의 철학적 견해를 완벽하게 다듬거나 혹은 더욱 정확하게 하기 위해서 그들이 특히 힘써 관찰한 것이 언어의 기원, 음성과 이에 대응하는 의미의 직접적인 관계, 논리적 원리를 적용하여 문법형식을 설명할 수 있는가 하는 가능성 등이었다. 한 예로 단어가 나타내는 의미와 그 음성 사이에는 직접적인 논리적 관계가 있는가, 아니면 그 관계는 자의적이고 따라서 우연한 결과인가 하는 논의는 유명하다. 전자의 입장을 주장하는 사람을 유추론자(類推論者 : analogist), 후자의 입장을 고수하는 사람을 변칙론자(變則論者 : anomalist)라고 부른다. 유추론자에 의하면, 언어는 자연이 준 것이기 때문에 인간의 협정에 의존하는 것이 아니다. 그러므로 언어는 본질적으로 규칙적이고 논리적이어서 음성과 그 속에 숨어 있는 의미 사이에는 완전한 조화가 있다고 본다. 이러한 조화가 존재하는 것을 증명하고 이러한 이상적 관계가 시간의 흐름에 따라서 조금이라도 흐려지는 것을 막으려는 노력으로 유추론자들은 어원연구에 특히 힘을 기울였다. 한편, 변칙론자들은 단어의 형식과 의미 사이에 이상적 상호관계가 있다고는 믿지 않았다. 그들은 언어의 모든 면에 나타나는 불규칙성을 지적했던 것이다. 플라톤(Platon. 427-347 B. C.)은 인간의 지성과 언어구조의 상호관계에 관한 헤라클리투스(Heraclitus. c. 500 B. C.)의 근본적인 생각을 지지했다.

1.3 고대 인도의 문법연구

고대 인도인의 문법연구에 대한 탁월한 재능은 분명히 널리 명성을 얻을 만하다. 오늘날 그들이 특히 높이 평가되는 것은 그들의 연구와 그들이 이룩한 성과가 방대해서가 아니라, 언어사실을 객관적으로 정밀하게 기술한 그들의 감각 때문이다. 이들 고대 문법학 거장들은 거의 수학적이라고도 할 만큼 고도로 간결하면서도 정밀하게 언어현상을 정의하는 요령을 알고 있었다. 이러한 의미의 엄밀한 분석방법 때문에 현대언어학의 구조주의 시대에 가장 앞선 선구자로 높이 평가되고 있다.

기원전 수세기의 옛날, 당시의 사회 및 문화적 분위기 전반과 직접 관련되어 언어에 대한 흥미가 인도사회에서 싹트기 시작했던 것이다. 그 사회는 세습적 계급으로 나뉘어 있었기 때문에 최상층 특권계급의 문화를 나타내는 언어에 일찍부터 관심이 집중되었다. 이 특권층 언어의 순수성을 확보하기 위해서 문법학교가 설립되고 언어사실을 충분히 관찰하고 기술할 수 있는 유능한 문법가를 양성하려고 했다. 이러한 활동은 또 종교와도 직접적인 관계가 있다. 그들의 종교인 힌두교에서 쓰던 산스크리트어를 순수하게 변함없이 유지하려는 목적도 있었다. 이러한 문법학자 가운데서 가장 대표적인 사람이 파니니 Pānini 이다.

그들은 음성에 관해서도 기술했다. 음성을 기술할 때 조음적 요소에도 충분한 관심을 기울였던 세계 최초의 민족이기도 했다. 그들은 또한 문헌에 나타나는 여러 가지 단어와 음성의 수적 관계(빈도수)를 측정하기도 했다. 이런 통계적 방법이 언어연구에 유효하다는 것이 인식되고 널리 응용되기에 이른 것은 극히 최근의 일이다.

고대 인도인의 문법연구 성과는 다른 세계에는 알려지지 않았다. 여러 세기가 지난 뒤에야 유럽인들은 먼 옛날에 인도인이 이룩한 놀라운 업적을 알게 되었다. 그러나 그들은 고립되어 있었기 때문에 훗날의 언어연구에 직접 영향을 미치는 영예를 놓치고 말았던 것이다.

1.4 로마제국 시대의 언어연구

로마인의 언어연구는 그리스인의 언어연구를 충실히 계승한 데 그 특징이 있다. 기원전 1세기에 문법가 와로 Varro 는 라틴어 문법 『라틴어에 관하여 De Lingua Latina』를 저술했는데 그 문법은 당대나 후세에 높이 평가되고, 그들의 문화어인 라틴어를 성실히 연구하던 중세의 언어연구가들에게도 길이 모범이 되었다. 와로 이외에 1세기의 문법가가 몇몇 알려지고 있고, 4세기의 문법가들은 주로 라틴어의 정음법正音法과 운율법에 힘을 기울였다. 그러나 대체로 언어에 대한 독창적인 견해가 없었고 언어학적 관심의 영역이 넓혀진 것도 아니다. 6세기부터는 새로운 분야의 언어연구가 나타나게 된다. 음성에 관해서 설명했고(이 분야를 de voce 혹은 ortographia 라고 불렀다), 음절현상에 관해서 설명했으며(de syllaba 혹은 prosodia 라고 불렀다), 단어가 품사로 분류되었고 또한 통사론을 다룬 최초의 시도(oratio 혹은 syntaxis 라고 불렀다)가 있었다. 그러나 흥미의 영역이 넓어지고 관찰내용이 더욱 풍부해진 것은 13세기부터라 하겠다. 그때부터 단어를 구성하는 원리가 제시되고 격의 용법과 일치의 원리가 기술되기 시작했으며, 운문 韻文 의 단위에 관한 기초적인 지식이 제시되었던 것이다. 중세기 말까지는 기본적인 문법형성에 관한 몇 가지 기초적 개념이 대체로 확립되었다. 예를 들면, 명사와 형용사가 분명하게 구별되고 지배되는 명사의 격의 의미를 결정하기 위해서는 동사의 지배가 중요하다는 것이 지적되었다. 또한 동격apposition이라는 술어와 그 문법범주도 정의되었다.

2 르네상스에서 18세기 말까지의 연구

2.1 중세기의 문법연구

중세의 언어이론은 당시의 일반적인 문화적, 철학적 사상에 상응하는 것이었다. 즉, 스콜라 철학자는 언어현상 속에서 무엇보다도 먼저 논리적 판단이 직접 반영되고 있는 것을 찾으려고 했다. 중세문법의 스콜라 정신은 룰르스 R. Lullus 의 이념에서 절정에 달한다. 그는 라틴어에 입각해서 보편적 철학언어를 구성하려고 했는데, 언어요소의 결합에 논리법칙을 최고도로 반영시키려는 것을 목표로 했다.

17~18세기의 문법전통에는 과거의 유산이 스며 있었다. 예컨대 언어의 논리적 개념이 문법의 이론적 기반이 되어 있었는데, 이것은 특히 문법학자들에게서 현저했다. 그것을 대표하는 것이 포르-루아이알 Port-Royal 의 수도원에서 이루어진 연구였다. 1660년에 유명한 랑슬로 Cl. Lancelot 와 아르노 A. Arnauld 공저의 『일반이성 문법 Grammaire générale et raisonnée』이 출간된 것도 이 포르-루아이알에서였다 (그러므로 〈포르-루아이알 문법〉으로 일컬어지고 있다). 이 문법에는 포르-루아이알 학파의 기본원리가 뚜렷하게 표명되어 있다. 즉, 문법의 규범은 가능한 한 논리적인 요구에 맞아야 하는데, 그 이유는 논리가 모든 인류에게 단일하고 보편적이며 공통적인 것이므로, 논리의 도움을 받는다면 세계의 모든 언어의 본질에 맞는 보편적인 문법이론을

구축할 수 있게 된다는 것이다. 18세기의 결정적인 특징을 보여주는 이 문법은 사고의 법칙에 의해서 언어를 설명하려는 것으로서, 논리 문법의 근원이라고 할 수 있는 아리스토텔레스(Aristoteles. 384-322 B. C.)에서부터 유래한 합리주의의 전통에 자리잡고 있는 것이다. 한 예로 be 동사에 관한 해석은 포르-루아이알 문법의 특징을 잘 나타내주고 있다. 이에 의하면 여러 관계를 설정하는 데 있어서 동사 be는 언어의 중심이 되며 또 이 동사가 사용되는 담화 discourse 는 〈단순히 사물의 개념을 담고 있을 뿐만 아니라 그것을 판단한다〉는 것이다. 그리하여 다음과 같은 프랑스어의 예를 들고 있다. Je chante〈나는 노래한다〉와 같은 문장은 모두 Je suis chantant〈나는 노래하는 것이다〉로 환원할 수 있게 된다. 이렇게 담화는 사고 속에 존재하며 언어는 세계에 관한 우리들의 이상적 표상의 이미지에 지나지 않는다고 본다. 이러한 생각은 어느 특정된 언어에 기초를 두고 있기 때문에(이 경우는 프랑스어), 프랑스어 be 동사인 être와 같은 be 동사가 없는 언어에서는 무의미한 것이 된다. 그러나 하나의 예를 보자. Dieu invisible a créé le monde visible〈보이지 않는 신이 보이는 세계를 창조했다〉라는 문장에는 세 가지 판단이 내포되어 있다고 본다. (1) Dieu est invisible〈신은 보이지 않는다〉, (2) Il a créé le monde〈그는 세계를 창조했다〉, (3) Le monde est visible〈세계는 보인다〉. 여기서 (2)가 주된 본질적인 것이고, (1)과 (3)은 삽입문에 지나지 않으며, (1)은 주어를 이루며 (3)은 목적어를 이룬다고 했다. 다시 말하면, 위 문장의 기저에는 깊은 층의 구조가 있는데 그것은 세 개의 추상적인 문장으로 이루어져 있으며 그들은 각각 한 판단을 표현하고 있는 것이 된다. 이와 같은 생각은 위 문장을 Dieu QUI est invisible a créé le monde QUI est visible로 환원해 보면 알 수 있다(QUI는 관계대명사의 요소). 이와 같이 현실적인 발화체의 구조, 이것을 표면구조라고 한다면, 표면구조의 기저에는 어떤 심층구조가 있다는 것을 알 수 있다. (위 예에서 dieu invisible, le monde visible은 표면구조이고 dieu QUI est *invisible* 과 *le monde QUI est visible* 은 심층구조이다.) 이와 같이 현실적인 발화체의 구조 기저에는 어떤 심층구조가 있다는 것을 알 수 있다. 이러한 견해는 최근의 생성문법이론에 지대한 영향을 미친다. 그리하여 생성문법이론에 의하면, 심층구조는 그 문장의 의미해석을 결정하는 기저에 있는 추상적 구조이며, 표면구조는 현실적인 음성해석을 결정하는 현실적 발화체의 표면적인 구조이다.

한편 18세기에는 〈규범문법〉의 결정적인 이론적 기초를 얻게 된다. 그 기초는 언어의 〈침체〉라는 생각에 있다. 즉, 라틴어가 시간의 흐름에 따라서 변화한 것은 문법학자에게 책임이 있다고 생각되었다. 다시 말하면, 문법학자들이 경계를 게을리 했기 때문에 문법학자들이 언어를 타락시키고 말았다는 것이다. 그렇지 않았다면, 언어는 그대로 변화하지 않았을 것이라고 한다.

2.2 라틴어와 그리스어 이외의 여러 언어가 유럽 학계에 알려지기 시작하다

중세기에는 라틴어와 그리스어 이외의 다른 언어에 대한 시야가 확대되기 시작한다. 이미 16세기에 스페인 선교사의 보고에서 최초로 미국 및 필리핀의 언어자료가, 비록 원시적인 기술이었지만 유럽 학계에 알려지기 시작한다. 18세기 말까지는 200여 개의 언어가 존재하는 것이 알려졌고 1810년대까지는 그 알려진 언어의 수가 500여 개에 달했다. 그러나 가장 중요한 발견은 그때까지 알려지지 않았던 산스크리트어였다. 최초의 위대한 산스크리트어 학자는 영국의 존스(W. Jones. 1746-1794)였다. 그는 산스크리트어가 그리스어, 라틴어, 고트어, 켈트어와 밀접한 관계가 있으며, 이들 언어는 이제는 존재하지 않는 어떤 한 공통어, 즉 조어에서 분화한 것이라고 생각했다. 그의 이 주장이 곧 비교언어학의 시대를 가져오지는 못했다. 그러나 그것은 조금 뒤의 일이긴 하나, 존스의 생각은 비교언어학적 연구가 시작되는 기초를 마련한 것이었다.

3 19세기의 언어연구

3.1 19세기 언어연구의 일반적 특징

19세기 초에는 이미 구체적인 언어자료가 언어연구의 주된 대상이
되었다. 이렇듯 구체적인 언어사실에 대한 활발한 관심이 19세기 언
어학의 전반적인 현저한 특색이었다. 따라서 언어의 보편적이고 논리
적인 구조를 추구하려는 18세기의 학문적 전통은 단절되었다.

산스크리트어의 발견은 언어연구가 발달하는 데 있어서 매우 중요
한 사건이었다. 산스크리트어는 그때까지의 언어관의 기초가 되었던
그리스어나 라틴어와는 상당히 달랐다. 산스크리트어의 발견에 의해
서 언어현상에 대한 새로운 견해가 나타나게 되었고, 새로운 문제가
학자들 사이에 등장했으며 마침내는 새로운 연구분야가 창설되기에
이른다. 이것이 바로 비교언어학이었다. 특히 19세기 초반은 비교연
구가 집중적으로 행해졌던 것이 그 특색이다. 이 시기의 비교언어학
자는 주로 인구어를 연구했다. 당시 다른 어족(셈, 햄, 우랄, 알타이
어족)도 어느 정도 알려져 있었으나 그 친근관계에는 그다지 관심을
두지 않았다. 사실상 인구어 이외의 언어가 본격적으로 연구되기 시
작한 것은 겨우 19세기 말에 이르러서였던 것이다. 이렇게 하여 인
구어 비교언어학에서 역사주의가 발전하기 시작하여 70년대와 80년
대(젊은이 문법학파의 활동기)에는 역사주의 없이는 언어학이 성립할
수 없다는 신념이 모든 언어연구의 기초가 되었다.

18세기의 주류는 논리학적 언어관이었는데 19세기의 언어이론은
무엇보다도 심리학적 기준을 도입한 것이 특징이었다. 50년대와 60
년대에 이미 탁월한 대표자가 나타났으며 그 뒤 여러 세대에 걸쳐 언

어학의 기본개념을 형성하는 데 결정적인 영향을 미쳤다. 그러나 19세기 언어학에서 가장 중요한 시기는 19세기 후반의 70년대, 젊은이 문법학자가 언어연구를 주도했을 때이다. 역사적 비교방법은 이때에 체계적이고 엄밀한 성격과 그 이론적 기반을 얻게 된다.

3.2 초기의 비교언어학 시기

독일의 봅프(F. Bopp. 1791-1867)는 비교언어학의 창시자로 알려져 있다. 1816년은 봅프가 산스크리트어를 다른 몇몇 인구어와 비교해서 언어학계에 발표한 해로서, 언어학에서 획기적인 해라고 하겠다. 그것은 비교언어학 시대뿐 아니라 과학으로서의 언어학의 첫 출발인 것이다. 이미 봅프 이전에도 산스크리트어가 알려져 있었고 또 인구어와 어떤 관계가 있다는 것도 알려져 있었다. 여기 관해서는 이미 18세기 말에 존스가 언급한 바 있다. 그러나 인구제어의 상호관계 문제가 독자적인 연구대상이 될 수 있다는 것을 봅프가 최초로 인식했다는 데 그의 가장 큰 공적이 있다.

덴마크의 학자 라스크(R. K. Rask. 1787-1832)는 봅프와 거의 같은 시기에, 오히려 그보다 조금 앞서서 몇몇 언어의 비교연구를 했지만 봅프와 같은 비교언어학의 창시자로서의 영예를 얻을 수 없었던 것은 봅프와 같은 그러한 개념을 제시하지 못했기 때문이다. 그러나 그는 언어연구에 역사적 관점을 적용할 것을 여러 차례에 걸쳐 강조했기 때문에 통시적 언어학의 창시자로 보는 사람이 많다.

그림(J. Grimm. 1785-1863)은 게르만 어학의 창시자로 인정되고 있다. 그러나 그는 그의 저서 『독일어 문법 Deutsche Grammatik』(1819-1837)에서 독일어에 관련된 문제만을 다룬 것이 아니라 게르만어파 전체(고트어, 독일어, 네덜란드어, 영어, 프리지아어, 스칸디나비아어 등)의 문법적 특징을 비교하고 있다. 첫권의 재판(1822)에서 그림은 게르만어의 자음과 이에 대응하는 다른 인구제어의 자음과의 관계에 관한 체계적인 고찰을 하고 그들의 관계를 지배하는 일정한 법칙이 존재한다는 것을 확인했다. 이것은 그후 그림법칙 Grimm's law 이라는 명칭으로 알려지고 있다.

그 밖에 포트(A. E. Pott. 1802-1887)는 본격적인 어원연구의 창시자로 알려지고 있다. 초기의 비교언어학자들은 본격적인 언어분석 방법을 개척했을 뿐 아니라 여러 인구어에 관한 자세한 정보를 제공하고 또 수집된 자료를 최초로 비교방법의 입장에서 평가하기도 했다. 위에서 설명한 네 학자는 또한 일반언어학 이론에도 관심을 기울였던 최초의 언어학자이기도 했다.

3.3 슐라이허의 생물학적 자연주의

18세기 중엽 생물학 분야에서 중요한 사건이 일어났다. 다윈 C. R. Darwin 이 종의 진화에 관한 획기적인 이론을 제기했던 것이다. 다윈의 진화론은 당대의 여러 학문분야에 지대한 영향을 미치게 된다. 다윈이 생물에 관해서 주장한 진화의 원리는 보편적인 것이기 때문에, 인간 활동의 다른 형태에서도 이 원리가 발견되어야 한다고 많은 사람이 확신하기에 이른다. 이러한 생각은 독일 학자 슐라이허(A. Schleicher. 1821-1868)에 의해서 언어학에 적용되었다.

슐라이허의 연구방법은 언어가 인간으로부터 독립해 있으며 또 언어는 일반적 생물진화 법칙에 따라서 변천하는 유기체라는 생각에서 출발한다. 즉 언어는 탄생하여 일정 기간 생존하며 다른 더 젊은 언어를 낳고 이 젊은 언어는 옛 언어를 대신하지만, 이것 역시 또 젊은 자손에게 자리를 물려 준다. 마치 인간에게 족보가 있는 것처럼 언어도 계통수 genealogical tree 적 관계를 가진다. 다시 말하면, 수많은 자손이 나뭇가지에서 퍼져 나온 공통된 선조가 있다는 것이다. 여기서 슐라이허의 이론이 언어학에 있어서의 생물학적 자연주의 이론이라고 불리게 되었고 계통수설 Stammbaum theory 이라는 명칭으로도 알려지게 된다.

언어는 자연적 유기체이며 그 발전은 원칙적으로 자연의 다른 부분에서 볼 수 있는 발전과 동일한 형태를 취한다고 보았다. 그런데 언어에는 세 가지 기본적인 유형이 있다. 그에 의하면, 어근어(radical language : 중국어와 같이 문법관계와 통사적 기능이 어순에 의해서 표시된다), 교착어(agglutinative language : 알타이어계의 언어에서와 같이 단어의 기본형에 여러 가지 요소가 결합하여 문법관계가 표시되는데 그 요소는 항상 명확하고 고유한 의미와 독립된 형태를 지니고 있다), 굴절어(inflexional language : 라틴어에서와 같이 어근에 부가되어 융합하는 독립성이 없는 요소에 의해서 문법관계가 표시된다)이다. 그런데 슐라이허는 이들 세 가지 유형이 언어의 발전단계를 반영하는 것이라 했다 : 어근어→교착어→굴절어. 그러나 이러한 견해는 크게 잘못된 것이다.

슐라이허의 이론은 비판적인 평도 받았으나 당시에는 많은 주목을 끌었다. 그러나 그의 제자인 슈미트(J. Schmidt. 1843-1901)는 슐라이허의 계통수설에 의문을 품고 그의 이론 전체를 비판한 최초의 학자가 되었다. 슈미트에 의하면 어떤 언어환경에서 생긴 언어의 혁신은 슐라이허가 생각한 바와 같이 나뭇가지가 갈라지는 모양으로 분열하는 것이 아니라, 그 변화는 물결의 파동이 퍼져나가는 것과 같다고 했다. 혁신의 영향을 받은 언어영역은 클 수도 있고 작을 수도 있으나 그것은 우연한 것이다. 그가 언어의 혁신을 파상波狀으로 설명했기 때문에 그의 이론을 파상설 wave theory 이라고 부르고 있다.

3.4 훔볼트의 세계관 이론

19세기 최대의 언어이론가는 독일의 훔볼트(W. von Humboldt. 1767-1835)였다. 그의 독창적인 재능은 그의 연구방법이나 이론적 견해 양쪽에 잘 나타나 있다. 19세기 언어구조에 대한 연구가 시작되었을 때는 언어사실의 역사적 해명과 인구어족의 조어 탐구를 일반적 특색으로 하고 있었다. 이러한 흐름에 대해서 훔볼트는 오히려 주어진 한 시점에서 관찰되는 언어자료의 해명, 즉 언어의 공시적 단면을 고찰하는 데 주의를 집중시켰다. 그리고 그는 인구어가 다른 어족 이상으로 주목되어야 할 이유가 없다고 생각했다. 그는 인도네시아어의 하나인 자바 섬의 카비어Kawi를 최초로 연구한 학자였다. 인구어의 언어구조와 근본적으로 다른 언어의 특질에 접하게 됨으로써 훔볼트는 언어의 본질과 인간생활에 있어서의 언어의 역할에 대해서 전혀 새로운 관점에서 접근할 수 있었던 것이다.

훔볼트는 고전적인 보편문법에 반대하고 개개의 언어에 특유한 사실에서 귀납적으로 문법규칙을 찾아야 한다고 강조했다. 그리고 그는 언어를 동적인 활동으로 정의하고 언어의 정적인 면은 표면에 불과한 것이라고 주장했다. 이것을 그리스어 용어로 〈언어는 ergon이 아니라 energeia이다〉라고 표현한 것은 너무도 유명한 말이다. 그는 특히 언어와 사고의 결합을 강조했다. 즉 지식 활동은 필연적으로 음성(=말) 현상과 일체가 되려고 하며, 사상과 음성의 이러한 결합이 없이는 표상의 세계가 개념의 세계로 들어올 수 없다는 것이다. 다시 말하면, 참다운 사고가 있을 수 없다는 것이다. 이러한 생각은 언어의 내부형식 inner form에 관한 그의 이론과 밀접한 관계가 있다. 〈내부언어형식〉이라는 용어는, 언어의 음성면과 의미면이 결합한 구체적인 기구가 의존하고 있는 각 화자의 특정된 심리구조라는 뜻으로 해석된다.

언어구조와 민족성의 관계에 대한 문제는 훔볼트의 언어이론에서 핵심적인 중요부분이다. 그에 의하면, 언어는 〈민족의 정신을 여실히 드러내는 것〉이며 세계에 관한 특정된 견해(즉 세계관)를 반영하는 내부형식의 외적 표현인 것이다. 그리하여 훔볼트의 이론은 일반적으로 세계관이론 Weltanschaung theory으로 불리우고 있다. 그는 또한 언어는 인간정신의 발로라는 이론을 뒷받침하기 위해서 사람들끼리 완전히 서로 이해하기가 어렵다는 사실을 환기시켰다. 그의 주장에

의하면 이것은 사람들의 세계관이 각기 동일하지 않다는 사실에 기인
한다. 이러한 견해를 훔볼트의 언어상대주의 linguistic relativism 라고
부르고 있다.

20세기 언어학자로 훔볼트의 이론, 그중에서도 세계관이론을 지지
하는 학자들이 있는데 이들은 신훔볼트 학파 neo-Humboldtian 라고 일
컬어지고 있다. 그들은 대부분이 어휘론의 연구자들이었다. 그 대표
적인 학자는 바이스게르버 L. Weisgerber, 트리어 J. Trier, 입센 G.
Ipsen, 도른자이프 F. Dornseif, 욜레스 A. Jolles, 포르지히 W. Porzig 등
이다.

3.5 젊은이 문법학파

19세기 70년대 독일의 라이프찌히 대학에 유능하고 진지한 언어학
자 그룹이 나타났는데, 언어연구에 끼친 그들의 영향은 지대한 것이
었다. 처음 이 그룹은 라이프찌히 학파로 불리었다. 그러나 오늘날은
젊은이 문법학파 Junggrammatiker 혹은 신문법학파 neogrammarian 라
는 이름으로 널리 알려지고 있다. 이 명칭은 이 그룹뿐만 아니라 그
들과 같은 방법론적 개념을 가진 후대의 모든 언어학자에게도 적용되
고 있다. 이 명칭은 젊은 세대의 학자로 이루어진 라이프찌히 그룹이
노장 언어학자들의 보수적인 사상에 도전했을 때 명명된 것이다. 구
세대의 학자들은 새로 나타난 적대적인 언어학자들을 과소평가하여
〈젊은이〉라는 말을 사용했던 것이다. 그러나 라이프찌히 그룹은 새롭
고 신선한 연구방법을 암시한다는 뜻에서 오히려 이 명칭을 환영했
다. 이렇게 해서 〈젊은이 문법학파〉라는 명칭은 양쪽에서 곧 받아들
여지고 언어학사상 명예로운 위치를 부여하기에 족한 진지하고 활동
적인 학파의 상징으로서 지금에 이르기까지 이 명칭이 사용되고 있
다.

젊은이 문법학파의 가장 큰 공적은 이미 확립된 사적 비교방법을

엄밀화했다는 데 있다. 이것은 먼저 음운변화 연구에서 달성되었다. 음운변화에 규칙성이 있는 것은 이미 라스크도 알고 있었다. 그러나 그들 이전의 어느 세대의 학자도 음운변화를 지배하는 절대적이고 일관성 있는 규칙이 있다는 것을 다음과 같이 명확하게 주장한 사람은 없었다. 〈음운변화는 예외 없는 일정한 법칙에 따라서 일어난다. 예외가 있다면 유추에 의해서 생긴 것일 뿐이다.〉 슬라브어 학자인 레스킨(A. Leskien. 1840-1916)과 인구어 학자인 브루크만(K. Brugmann. 1849-1919)은 음운법칙에 보이는 규칙성을 젊은이 문법학파답게 강조하여 진술한 최초의 학자였다. 레스킨이 저술한 저서 『음운법칙에는 예외가 없다 *Die Lautgesetze kennen keine Ausnahme*』(1876)는 널리 주목의 대상이 되었다. 그러나 가장 뜻깊은 일은 브루크만과 오스토프(H. Osthoff. 1847-1909)에 의한 저서인 『형태론 연구 *Morphologische Untersuchungen*』(1878)의 출판이라 하겠다. 이것은 젊은이 문법학파의 이데올로기 선언서로서 이 학파의 수립을 확고히 한 것으로 생각되고 있다.

젊은이 문법학파는 세부사실에 면밀한 주의를 기울이면서, 변화하는 언어사실을 검토하고 각 단계에 작용하는 법칙을 신중하게 고찰하며 설정된 법칙에 대한 모든 예외를 적절하게 설명하려고 했다. 그러나 그들은 언어를 세밀하게 분해하는 데만 집착했기 때문에 훗날 새로운 세대 학자들의 비판을 받는다. 그들은 언어의 세부사실에만 집착한 나머지 언어구조의 전체를 보지 못했던 것이 사실이다. 언어구조 내에서는 어느 부분도 그 자체만으로서는 존재하지 못하고 전체 속의 다른 부분과의 관련에 의해서만 존재하기 때문이다. 그러나 그들의 면밀한 연구 결과, 구체적인 언어사실에 대한 많은 지식이 축적되고 그들은 뒤에 성장하는 새로운 이론의 기초가 되었던 것도 또한 사실이다.

젊은이 문법학파는 역사주의만이 과학적 지식의 추구라는 최고목표를 위한 가장 적합한 방법론이라고 확신하고 언어사 연구에 몰두했다. 그들은 이 태도를 기회가 있을 때마다 강조했던 것이다. 이것을 가장 강조한 사람이 젊은이 문법학파의 뛰어난 이론가 파울(H. Paul. 1846-1921)이다. 젊은이 문법학파의 대부분의 학자들이 세부적 언어 사실에 몰두한 데 비해서 파울은 무엇보다도 방법론적 문제를 이론적으로 완성하려는 데 관심을 두었다. 그의 고전적 저서『언어사 원리 *Prinzipien der Sprachgeschichte*』(1880)는 열광적인 찬사도 받았으나 또한 신랄한 비판도 받았다. 이 책에는 젊은이 문법학파의 학문적 노력의 위대함과 동시에 언어이론과 연구방법에 있어서의 약점이 모두 뚜렷하게 나타나 있다. 파울은 역사적인 관점을 고려하지 않는 어느 특정 언어의 단순한 기술에는 반대한다는 뜻을 분명하게 발표했다. 그러므로 거의 공시적 언어연구에만 몰두한 20세기 전반의 언어학은 파울을 비판하지 않을 수 없었다. 그러나 그의『언어사 원리』에는 다음 세대에 나타나는 많은 혁신을 예견하는 훌륭한 관점도 포함되어 있다는 점을 잊어서는 안될 것이다.

3.6 후고 슈하르트

젊은이 문법학파와 같은 시대에 속하면서도 그들과 떨어져서 자신의 독자적인 길을 걸은 학자가 있었다. 그러한 학자는 많지 않으나 언어지리학자와 까잔 학파 Kazan school를 제외한다면, 독창적인 이론을 전개한 슈하르트(H. Schuchardt. 1842-1928)이다. 그는 젊은이 문법학파와 같은 시대에 속하면서도 그들과 협력하지 않고 다른 측면에서 젊은이 문법학파를 비판하는 입장에 있었다. 그러나 슈하르트는 보수적인 입장에서 젊은이 문법학파를 비판한 것이 아니라 오히려 그 반대였다. 독자적인 견해를 가졌던 슈하르트는 젊은이 문법학파의 이론에서 가장 중요한 문제, 즉 언어의 변화는 자연법칙의 맹목적인 작용과 같이 일관된 법칙에 따라서 일어난다는 생각을 받아들일 수 없었던 것이다. 그는 언어변화에서 지리적 요인의 중요성을 최초로 밝힌 학자였으며, 또 언어변화의 발단에 있어서 개인의 역할, 즉 개인의 창조가 모방에 의해서 일반화한다는 것을 최초로 지적한 학자이기도 했다.

슈하르트는 혼합어 mixed language 에 관해서 획기적인 생각을 전개했다. 비교언어학자의 전통적인 견해에 의하면 언어의 계통적 관계는 순수한 것이었다. 즉 어느 언어도 기원적으로는 단일 어족에 속하는 것이었다. 그러나 슈하르트는 크레올어 또는 피진어에 주의를 돌렸다. 이들은 전혀 계통적 관계가 없는 언어가 서로 혼합한 결과 생긴 언어이다. 그의 이러한 생각은 비교언어학자들의 전통적인 생각과 날카롭게 대립하는 결론에 이르게 되었다. 오늘날 그의 선구적인 연구보다 더 깊이 이 문제가 연구되고 있으나, 이 분야에 대한 그의 많은 고찰은 아직도 고전적인 가치를 지니고 있다. 오늘날 〈순수〉와 〈혼합〉을 이론적으로 구별하는 데는 현실적인 근거가 없다는 것이 알려져 있다. 모든 언어는 다소간 모두 〈혼합〉된 것이기 때문이다. 이러한 독창적인 견해에도 불구하고 슈하르트의 사상은 그의 생전보다 사후에야 주목된다. 그의 생존시는 젊은이 문법학파의 전성기였던 까닭이다. 천재적인 슈하르트가 예견했던 이론을 충분히 받아들인 것은 후대의 학자들이었다.

참고문헌

Ivić, M., *Trends in linguistics,* The Hague : Mouton, 1965.

Dinneen, F. P., *An introduction to general linguistics,* New York : Holt, 1967.

Robins, R. H., *Ancient and mediaeval grammatical theory in Europe,* London : G. Bell and Sons, 1951.

제 15 장   20 세기의 언어연구

1 비구조주의 언어학

1.1 20세기 언어학의 일반적 특징

20 세기 언어학은 다음과 같은 점에서 19 세기 언어학과 큰 차이가 있다. 즉 지식의 체계화와 이미 알려진 사실에 대한 새로운 해석, 그 관심영역의 확대, 큰 연구과제에 대한 공동연구, 다른 학문분야에서의 방법론을 언어학에 이식하는 것 등으로 요약할 수 있다.

20 세기 언어학의 주류인 구조주의에 의해서 언어연구는 그때까지 예상하지 못했던 새로운 국면에 접어들게 되었다. 구조주의 언어학은 인간의 지식 전반에 걸친 진보에 유의하면서 신선한 방법론과 새로운 것을 추구하는 장점을 가지고 있었다. 그들은 학문발전의 일반적 경향과 보조를 같이하며 그 선두에서 눈부신 활동을 보여주었던 것이다. 전통언어학은 항상 다른 학문(심리학, 논리학, 사회학, 생물학 등)의 영향 밑에 있었고 언어학 그 자체가 다른 과학의 발전에 크게 기여하지는 못했다. 그러나 구조주의 언어학에 의해서 그러한 사태는 일변한다. 오늘날 언어학은 새로운 연구방법의 탐구에 있어서 다른

337

학문과 동등한 위치에 있을 뿐만 아니라 오히려 다른 학문에 영향을 미치고 있다.

대부분의 구조주의 언어학자들이 언어사 연구를 한때 등한시한 적이 있었다. 그리하여 충분한 언어학사와 지식이 없는 사람은 19 세기와 20 세기 언어학의 가장 큰 차이가 다음과 같은 사실에 있다는 인상을 받게 되었다. 즉 19 세기 언어학은 역사주의에 중점을 두고 공시적인 언어상태의 기술이 갖는 학문적 가치를 과소평가한 반면, 20 세기 언어학은 그와 정반대로 언어사를 등한시하고 공시적 언어상태에 관한 연구에만 노력을 집중하고 있다는 것이다. 설사 19 세기 언어학의 태도에 대해서는 그러한 해석이 옳을지 몰라도 구조주의 발전의 초기를 제외하면 20 세기 언어학을 위와 같이 평가하는 것은 큰 잘못이다. 언어사 연구는 오늘날 전혀 새로운 내용을 지니게 되었다. 전에는 언어의 여러 가지 세부사실에 관한 변화과정에 연구가 집중되었던 것이다. 그러나 오늘날의 언어사 연구는 체계적 언어변화를 설명해야 하는 것으로 기대되고 있다. 즉 사소한 사실의 역사가 아니라 어느 일정한 체계가 다른 체계와 대치되는 원인을 연구하려는 것이다. 그리고 그 원인을 체계 또는 구조에서 찾으려고 한다.

구조주의는 20 세기 30 년대에 나타나는데 그 이전에는 비구조주의적 몇 가지 중요한 연구경향이 나타난다. 그러므로 20 세기 언어학은 30 년대 이전의 비구조주의 언어학과 30 년대부터 전개되는 구조주의 언어학으로 구분해서 고찰하는 것이 편리하다.

1.2 언어지리학

언어지리학은 방언연구, 즉 일정한 언어의 여러 가지 방언적 특색과 개개의 방언적 특징의 지리적 확산에 관한 것들에 기초를 둔 것이라고 하겠다. 방언현상은 공시적 기술에 의해서 다루어지나 동시에 역사적 관점에서도 고찰된다. 언어지리학은 19 세기에 싹텄으나, 충분히 성장하여 언어학적 개념에도 영향을 미치기 시작한 것은 20세기에 이르러서였다. 방언학의 기원은 1870년경으로 젊은이 문법학파가 방언에 관심을 보이기 시작했을 무렵이었다. 그것은 언어법칙의 일관성에 관한 이론을 증명하기에 방언현상이 가장 적합하다고 확신하고 있었기 때문이다. 그러나 그 연구에서 기대했던 증명을 얻을 수 없었을 뿐만 아니라 방언현상도 문어에서와 같이 많은 불규칙성을 포함하고 있는 것을 알게 되었다.

언어지리학의 이론적 성과는 실제적 조사활동에서 이루어진다. 사실 이 학파는 방언지도를 준비하는 과정에서 성장한 것이다. 최초에는 프랑스의 방언학자들이 이 분야의 개척자였으나 나중에는 이탈리아의 학자, 즉 신언어학파 Neolinguistic school 의 학자들이 중요한 성과를 거두었다. (방언학에서 신언어학파의 경향은 지역언어학 areal linguistics 이라는 이름으로 잘 알려져 있다.) 언어지리학의 제창자로서 유명한 프랑스의 질리에롱(J. Gilliéron. 1854-1926)은 프랑스 언어학파의 영향하에 그 기본적 언어관이 형성되었다. 그의 저서 『프랑스 언어지도 L'atlas linguistique de France』는 1897년부터 1901년에 걸쳐 수집된 자료를 기초로 하여 출판된 것인데 언어지리학의 중요한 원리가 여기에 나타난다.

언어지리학의 주된 성과는 어휘연구면에서 나타난다. 현존하는 단어와 그것이 민중의 말 속에 어떻게 퍼져 있는가를 조사하는 데 있어서 언어지리학은 그 단어의 의미, 어형변화 및 통사적 기능을 고려하여 그 단어의 역사를 재구성하는 것을 목적으로 했다. 여기서 단어의 역사를 설명하기 위해서 지리적, 사회적, 역사적 요인들을 조사하는 전통이 확립된다. 민중의 심리가 연구되고 과거와 현재의 언어자료가 면밀하게 검토되었던 것이다. 요컨대 언어지리학은 언어의 생존을 좌우하는 여러 가지 현상을 모두 알아야 할 필요가 있다고 주장한 것이다. 이러한 접근방법은 근대 방언학의 현저한 성과라 하겠다. 언어지리학이 언어이론에 기여한 가장 중요한 것 중에 어휘변천의 기본법칙에 관한 설명이 있다. 이 분야에서 가장 중요한 공적을 남긴 학자가 질리에롱이다. 그는 어휘혁신을 일으키는 요인으로서 〈동음충돌〉과 〈단어구조의 부적격성〉 두 가지를 들었다. 동음충돌은 두 동음어가 같은 문맥에서 사용되면 정확한 이해가 방해되는 상태를 말한다. 이런 경우 새로운 단어가 두 의미 중 하나를 의미하는 것으로 대치되어 동음상태가 해소된다. 단어의 음성적 구조는 시간과 더불어 변화한다. 때로는 원래 그 기능에 적합했던 단어가 매우 짧아지거나 길어지는 경향이 있다. 이러한 경우 그 단어는 보통 새롭고 더 적합한 단어로 대치된다. 예를 들면, 질리에롱은 〈꿀벌〉을 의미하는 본래의 단어 apis가 음운변화에 의해서 ể로 변화하여 어형이 너무 짧아지는 프랑스 방언에서는 이 단어가 다른 단어로 대치되는 경우가 있음을 제시했다.

1.3 프랑스 언어학과 정신-생리학적, 심리학적, 사회학적 언어 연구

프랑스의 루슬로(P. J. Rousselot. 1846-1924) 이래 음성연구의 전통이 발전해 왔다. 또 브레알(M. Bréal. 1832-1915)의 시대부터는 의미의 문제에도 관심을 보였으며 그 관심은 언어지리학의 전성기와 어휘사에 대한 끊임없는 고찰을 통해서 높아졌던 것이다. 19세기 말까지는 소쉬르의 암시적인 영향에 의해서 언어사실과 사회현상을 연결시키려는 경향이 확립되었다. 이들 모든 영향의 상호작용에 의해서 20세기 프랑스 언어학의 고유한 성격이 싹트게 된다.

정신-생리학적 언어연구가 성숙기에 이른 것은 19세기 말 그라몽 M. Grammont의 음성연구에서이다. 그라몽은 이화나 동화 같은 음성변화의 과정을 심리적, 생리적 환경의 영향에서 찾으려고 했다. 이러한 정신-생리학적 탐구의 전통은 프랑스에서 오늘날까지도 계속되고 있다.

언어사실의 심리학적 해석은 이 학파의 뛰어난 대표자 방드리에스

J. Vendryes의 저서에서 특히 현저하다. 여러 학자들은 그의 언어학을 정의적(情意的 : affective)이라고 부르고 있다. 그에 의하면, 모든 발화행동은 감정적인 색채를 띠고 있다. 즉 발화는 단순한 진술이 아니라 그 누구도 같은 정보를 꼭 같은 방법으로 두 번 되풀이할 수 없는 특수한 정서의 표현이라는 확신으로 언어에 접근했다.

사회학적 언어연구는 언어현상과 사회현상의 상호관계를 확립하는 것이 기초가 되었다. 사회학적 언어학 sociological linguistics의 대표자는 인구어 비교연구의 전문가 메이에(A. Meillet. 1886-1936)이다. 그는 다음과 같은 기본개념을 포함한 사회학적 언어이론의 구축에 크게 공헌했다. 언어는 단순한 현상이 아니라, 개개의 사회현상을 형성하는 여러 층의 언어의 복합체이다. 그 형성과정은 개개의 사회환경에 있어서의 문화수준이나 생활양식만이 아니라, 특히 사람들의 기술적 활동에서도 영향을 받는다. 그리고 단어의 의미변화에 주된 역할을 하는 것은 〈사회적 차용〉이다. 단어는 어느 사회층에서 다른 사회층으로 옮겨 가며 새로운 의미와 뉘앙스를 띠게 된다는 것이다.

문체론적 연구는 여러 가지 현상과 관련지을 수 있다. 예를 들면, 고전적 문체론은 성격, 기질, 능력, 인생관 등을 표현할 때의 언어수단을 탐구한다. 공동체의 문화유형을 반영하는 언어형식이 관심의 대상이 되었을 때는 사회적 문체론도 있을 수 있다. 프랑스 언어학자의 대표자들이 이런 연구에서 가장 활동적이었다. 사실상 문체론을 이런 의미로 엄밀하게 해석한다면, 프랑스의 사회학적 언어학 전체가 기본적으로 문체론이라고 할 수 있는 것이다.

1.4 언어학에 있어서의 미학적 관념론

20세기에 들어서면서 특히 베르그송 H. Bergson의 직관론이나 크로체 B. Croce의 미학에 보이는 강한 반합리주의적 움직임이 유럽의 철학사상에 나타났다. 이들 철학자들은 언어의 성립에 있어서 개인 및 그 개인심리의 역할이 갖는 중요성을 강조했다. 유럽의 언어학계에는 이런 생각에 관심을 보인 학자가 몇 사람 있다. 먼저 포슬러(K. Vossler. 1872-1947)는 젊은이 문법학파에 대한 가장 완고한 반대자의 한 사람이었다. 그는 당시의 관념론 철학파 특히 크로체의 미학에서 깊은 감명을 받았다. 그리고 포슬러는 홈볼트의 언어이론에 가장 가까웠다. 언어는 인간의 심성과 직접 결합되어 있다는 신념에서 두 사람은 일치하고 있는 것이다. 그의 언어이론 중에서 몇 가지 특징적인 면을 살펴보면 다음과 같다. (1) 언어는 정신의 도구, 즉 인간이 그 개인적인 관념이나 감정을 표현하기 위한 물질적 현상이다. 따라서 언어의 연구는 문체의 연구인 한에 있어서만 참다운 뜻이 있다. 문체는 관념 및 관념의 창조자, 즉 인간의 특색을 직접 나타내는 것이다. 그러므로 문체는 하나의 창조라고 할 수 있는데, 창조된 것 중에서 가치 있는 유일한 것은 창조자의 관념 idea, 그의 내적 충동, 그의 자신 등이며 이것을 탐구해야 한다. 작품이라는 것은 사실상 누군가의 개성이 표현된 것이기 때문이다. (2) 인간은 그의 언어에 관해서 능동적이다. 즉, 자기가 말하고자 하는 것이나 그것을 어떻게 말하는가를 자기가 선택한다. 이 선택은 말하는 사람의 그때그때의 심리상태에 의해서 규정된다. 그러므로 특정된 심리세계를 가진 인간과 그 세계를 재현하는 언어 사이에 인과율 principle of causality 의 관계가 있음을 항상 강조하고 염두에 두어야 한다. (3) 인간의 언어에는 인간의 본질이 보인다. 이 본질은 미적 이상에의 회구이다. 문체는 가장 직접적으로 자기를 표출할 때의 인간의 미적 이상의 개인적인 표현인 것이다.

포슬러의 가장 뛰어난 후계자는 레리히 E. Lerch 와 슈피써 L. Spitzer 이다. 슈피써는 〈관념론적 문체론〉과 이른바 〈문체론적 비평〉의 창시자로 유명하다. 문학작품은 문학과 미적 관점뿐만 아니라 동시에 언어학적 관점에서도 복잡한 것 그대로 평가되어야 한다고 주장했다. 또 그는 언어이론가의 경험과 방법 그리고 문학이론가의 경험과 방법이 융합되어야 함을 강력하게 주장하기도 했다. 이 때문에 그의 학파를 〈문학적 문체론 학파〉라고 부르는 사람도 있다. 그러나 포슬러와 그 후계자들에 대한 비판은 대단한 것이었다. 사실 언어학의 목적과 범위에 관한 그들의 기본적 사상은 받아들일 수 없는 것이었다. 그리고 그들의 일방적인 견해는 언어사실을 자의적으로 해석하는 결과를 가져왔던 것이다. 그렇다 할지라도 포슬러 학파에 공적이 없는 것은 아니다. 이 학파의 학자들은 문체의 문제에 관해서 더욱 활발한 관심을 불러일으키고 이 분야에서 몇 가지 흥미있는 고찰을 하고 있는 것도 또한 사실이다.

1.5 까잔 학파

까잔 학파Kazan School라는 명칭은 19세기 70년대 두 폴란드 학자인 쿠르트네(J. B-de Courtenay. 1845-1929)와 크루체프스키 (M. Kruszewski. 1850-1887)에 의해서 전개된 언어이론을 가리켜 쓰이고 있다. 이 이론의 가장 중요한 부분은 쿠르트네가 까잔 대학에서 강의했을 때 나타났다. 그 연대에도 불구하고 까잔 학파는 그 정신에 있어서 20세기 언어학에 속한다. 쿠르트네와 그의 제자 크루체프스키가 옛 까잔 학파 시대에 지니고 있던 견해는 먼 뒷날 금세기에 이르러서야 성숙할 만큼 새롭고도 참신하며 독특한 이론을 보여주는 것이었다. 이미 이때 나타났던 의욕적인 이론이 다시 발견되고 이해되고 찬양된 것은 20세기에 들어서였다. 현대언어학의 많은 기초개념이 두 폴란드 학자에 의해서 처음으로 전개된다. 예를 들면, 그들은 사회집단 전체에 속하는 언어(소쉬르의 랑그)와 개개인의 언어를 구별해야 할 필요성, 또 언어사실의 발전에 관한 관찰과 일정한 시점에 있어어의 언어에 관한 관찰을 구별해야 할 필요성을 강조했다. 그러나 가장 중요한 것은 오늘날 음운이라고 부르는 것에 관한 개념을 최초로 제시했던 점이다. 이러한 그들의 이론은 뒤에 소쉬르나 프라그 학파의 혁명적인 이론이 발전하는 데 자극을 주었던 것이다. 훨씬 뒤에야 사람들은 그들의 영향이 얼마나 강했던가를 인식하게 되었다(특히 소쉬르의 경우). 그들의 가장 큰 공적은 바로 여기에 있다. 그러나 그들과 동시대의 학자들은 까잔에서 이루어진 놀라운 업적을 거의 알지 못했다. 불행히도 러시아 제국의 벽지에서 간행되었고 슬라브어로 씌어진 언어학 출판물은 19세기 언어이론의 확립을 주도했던 서구 언어학계에는 충분히 알려지지 못했다. 그리고 그들의 이론은 충분히 체계가 서 있지 않았다. 어느 부분은 지나치게 중복되고 애매하며 때로는 모순된 설명 속에 파묻혀 버린 일도 자주 있었다. 새로운 술어를 너무 많이 고안해 낸 것도 새로운 이론의 핵심을 이해하기 곤란하게 했다. 그럼에도 우리는 그들의 이론을 조금이라고 과소평가할 수 없다.

2 20세기 언어연구 : 구조주의 언어학

2.1 일반적 경향

구조주의 언어학의 시대는 유럽과 미국에서 1930년 직전에 시작된다. 다른 학문분야에서도 그러하지만 언어학에 있어서의 구조주의는 먼저 이미 알고 있는 사실에 대한 새로운 접근방법을 의미한다. 즉 이미 알고 있는 사실을 체계 내에 있어서의 그 기능과 관련해서 재검토하는 것이다. 동시에 이 구조주의적 관점은 언어의 사회적 기능(즉 커뮤니케이션)을 강조하고 역사적 현상과 일정한 시점에 있어서의 한 언어체계의 특징들을 명확하게 구별해야 하는 것을 의미한다.

이 새 시대의 선구자는 소쉬르이다. 학자들의 이목을 끌고 오늘날까지도 울려퍼지고 있는 구조주의에 대한 최초의 발언을 한 것은 소쉬르이다. 그는 처음으로 새로운 언어이론에 의해서 당대의 학자들에게 큰 영향을 미쳤고 또 그의 직접적인 영향을 받지 않은 학자들조차도 소쉬르의 이론과 동일한 이론적 기반에서 출발한다. 그러므로 소쉬르는 오늘날 구조주의 언어학의 창시자로 생각되고 있다. 구조주의 언어학의 기초라고 할 수 있는 소쉬르의 기본적 언어관은 대체로 다음과 같다. 언어는 체계이며 체계로서 연구되어야 한다. 개개의 사실을 고립시켜 보지 않고 항상 전체로서 보아야 하고 또한 모든 세부사실은 체계 내에 있어서의 그의 위치에 의해서 결정된다는 것을 고려해야 한다. 무엇보다도 상호 이해라는 목적을 달성하는 사회적 현상이며 또한 그러한 것으로서 언어가 연구되어야 한다. 그리고 언어의 공시태와 통시태는 근본적으로 다른 별개의 현상이다. 따라서 방법론적 관점에서 언어의 어느 시기의 한 상태를 고찰할 때 역사적인 기준을 개입시키는 것이 허용되지 않는다.

다른 학문분야에서와 같이 언어학에서도 구조주의는 언어현상 가운데서 불변적인 것 invariant 을 찾으며 또 잉여적 redundant 현상과 관여적 relevant 현상을 구별하려는 노력을 한다. 그리고 구조주의 언어학자들은 모두 객관적인 분석기준을 찾으려고 한다. 즉 심리적 기준이 개입하는 가능성을 제거하려는 것이다.

구조주의 언어학은 유럽과 미국에서 동시에 발전하기 시작했는데, 상호 접촉이 별로 없었다. 유럽의 구조주의 언어학이 소쉬르의 영향을 받은 데 반해서 미국에서는 소쉬르가 실제로 알려지지 않았던 점이 처음부터 근본적인 차이였다. 유럽의 구조주의에는 세 가지 기본적인 형이 있다. 첫째는 쥬네브 학파 Geneva school 이다. 이 학파는 소쉬르의 고전적 구조주의였는데 나중에는 고유한 방향으로 발전한다. 그러나 이 학파의 주된 업적은 학계에 영향을 미치지 못했다. 둘째는 프라그 학파 Prague school 와 그 지지자들의 연구로 대표된다. 프라그 학파는 또한 기능학파 functional school 라는 이름으로도 알려져 있다. 이 학파는 언어학의 발전에서 이례적인 큰 역할을 한다. 이 학파의 이론과 방법이 전체적으로 구조주의 언어학 일반을 가장 잘 대표하고 있다. 그러나 이 학파는 처음부터 극단에 흐르지 않고 무엇보다도 구체적인 언어사실에 관심을 가져왔다. 그들은 덴마크의 코펜하겐 학파 Copenhagen school 와 같이 언어를 추상화하려 하지 않았고, 또 미국의 구조주의 언어학처럼 의미를 고려하지 않고 오로지 형식적인 기술만을 고집하지도 않았다. 셋째는 코펜하겐 학파(혹은 글로스매틱스 Glossematics 15장 2.6 참조)로 대표된다. 이 학파는 소쉬르의 이론에 크게 의거하고 있는데 동시에 기호논리학에도 근거를 두고 있다. 이 학파는 오늘날 구체적인 언어문제를 연구하기보다는 오히려 언어기호에 관한 일반이론의 구축에 더 관심을 쏟고 있는 것이 특징적이다.

미국 언어학에서 구조주의 시대는 블룸필드에서부터 시작한다. 미국 학자가 유럽의 구조주의 언어학 업적에 눈을 돌렸을 때, 미국 학자에게는 글로스매틱스 언어학자 사이에 가장 많은 공통성이 있는 것처럼 생각되었다. 프라그 학파의 관심의 초점이었던 〈변별적 자질〉에는 큰 관심을 보이지 않고 언어단위의 〈분포〉에 주의를 집중시켰다. 미국학자에 의하면, 말의 연쇄체 가운데서 언어단위의 모든 분포 규칙이 규정된 후에만 비로소 체계 내에 있어서의 언어기호의 기능에 관한 가장 객관적이고 정확한 정보를 수집할 수 있다는 것이다. 한편 글로스매틱스 학자는 언어의 자료적인 면에는 아무런 관심도 보이지 않고, 커뮤니케이션 체계 중의 조직요소들 사이에 있는 어떤 종류의 관계를 규정하려는 데 관심을 두었다. 이와 같이 양쪽의 학파는 명확한 형식주의적 formalistic 인 방법을 대표하고 있다. 그러나 양자간에는 근본적인 차이도 있다. 즉, 미국의 구조주의는 현실의 언어자료를 다루지만, 글로스매틱스 학자는 언어의 자료적(음성적)인 면을 도외시한다.

2.2 소쉬르

스위스의 소쉬르(F. de Saussure. 1857-1913)는 모든 시대를 통해서 가장 위대한 언어학자의 한 사람이다. 그의 개성, 독창적인 재능, 이론연구에서 볼 수 있는 통찰력 등에 의해서 그는 한 시대 전체의 창시자이기도 하다. 현대 구조주의 언어학은 실로 그에게서 출발한다고 해도 과언이 아닐 것이다.

소쉬르는 최초 젊은이 문법학파의 가장 우수한 학자들에게서 교육을 받았다. 또 언어지리학자 질리에롱이나 슐라이허의 이론에도 정통했으며 특히 미국 언어학자 휘트니(W. D. Whitney. 1827-1894)를 높이 평가하고 있다. 그러나 그가 특히 열중했던 것은 까잔 학파였다. 그는 쿠르트네와 크루체프스키의 독창성과 그들의 이론의 중요성에 관해서 말하고 이 두 사람의 업적이 거의 알려지지 않고 있는 것은 서구 언어학에서 큰 손실이라고 주장했다고 한다. 또한 그는 사회학에도 깊은 관심을 보였는데 특히 뒤르켕(E. Durkheim. 1858-1917)의 이론에서 깊은 감명을 받았다. 소쉬르는 젊은이 문법학파의 제자로서 그들의 이론과 방법을 충실히 따랐을 것으로 예상할 수도 있을 것이다. 그러나 사실은 그렇지 않았다. 그는 최초의 논문부터 드물게 보는 독창성을 보여주었다. 그는 언어현상을 체계 속에서 고찰했는데 이것은 언어학에서 혁명적인 것이었다. 젊은 소쉬르의 연구 『인구어 원시 모음체계에 관한 논문 Mémoire sur le système primitif des voyelles dans les langues indo-européennes』이 출판된 1878년은 실로 언어학사에서 잊을 수 없는 해가 되었다. 여기서 그는 그때까지 해결이 불가능했던 인구어의 장모음과 단모음의 관계에 관한 문제에 접근하여 놀라운 성과를 거두었다. 인구제어에는 e/o/∅라는 단모음의 교체현상이 있다. 예를 들면, 그리스어의 〈보다〉를 의미하는 동사 *derkomai*(현재형), *dé-dorka*(부정과거형), *é-drakon*(미완료형)에 보이는 음절 *derk-, dork-, drak-*. 소쉬르는 인구어 음운체계에는 이미 알려진 음운 이외에 이미 소멸한, 음가를 알 수 없는 어떤 한 음운이 있었다고 가정했다. 그리고 이 음은 같은 환경에 있을 때 위와 같은 모음교체가 일어났다고 가정했던 것이다. 이 음을 A로 표시한다면, *derk/*

dork/*dark* 는 *dheArk/*dhoArk/*dhArk 에서 변화했다고 가정하는 것이다. 이 신비로운 A 의 소멸은 인구어 음운법칙에 따라서 인접하고 있는 모음의 장음화를 초래하고, 또 전에 모음이 없었던 곳, 즉 자음 사이에서는 모음으로 나타난다. 예를 들면, 그리스어의 *dhē*/*dhō*/*dhe* 는 *dheA/*dhoA/*dhA 에서 생긴 것으로 보는 것이다. 소쉬르의 이 이론을 당시의 학자들은 곧 받아들이지 못했다. 그런데 1941 년 헨드릭센 H. Hendriksen 이 힛타이트어를 연구하는 과정에서 소쉬르가 신비로운 A 의 존재를 가정했던 바로 그 위치에 어떤 후음(喉音 : laryngeal)이 있는 것을 발견했을 때 언어학자들은 흥분했고 이렇게 해서 소쉬르의 이론의 정당성이 의심할 수 없는 것으로 인정받게 되었다.

소쉬르의 일반언어이론은 그의 이름으로 1916 년에 발행된 『일반언어학 강의 *Cours de linguistique générale*』에서 전개된다. 그러나 실은 이 책의 저자는 소쉬르가 아니었다. 위대한 스승의 사상에 깊이 심취했던 제자들이 필기한 강의 노트를 기초로 해서 스승의 사후에 편집한 것이었다. 그러므로 최근 소쉬르 연구가로 유명한 고델 R. Godel 이 지적한 바와 같이 이 책에 포함된 소쉬르의 이론 중에는 소쉬르의 견해와 일치하지 않는 것이 있다. 예컨대 그는 〈랑그〉와 〈빠롤〉, 즉 언어집단 전체의 언어와 개인의 발화현상을 구별할 것을 소쉬르 자신은 그다지 강하게 주장하지는 않았다. 한편 소쉬르가 가장 강조한 것이 이 책에서는 흐려지고 있다. 고델도 지적한 바와 같이 언어에의 수학적 접근법에 대한 소쉬르의 열의는 불충분하게 표현되고 있다. 실은 소쉬르는 수학적 방법을 분석에 적용함으로써 언어의 적절한 기술을 얻을 수 있다고 주장한 최초의 언어학자였던 것이다. 또 이 책의 결점은 저자의 직접적인 지시가 없었기 때문에 어느 정도의 중복과 모호함 그리고 몇 가지 모순된 설명조차 피할 수 없었던 것이다. 그럼에도 불구하고 이 책은 현대 언어학에 절대적인 영향을 미친다. 그리고 새로운 세대의 언어학자를 힘차게 고무하고 새로운 언어이론의 유력한 원천이 되었던 것이다.

소쉬르는 과학적 연구의 대상으로 무엇보다도 언어의 본질에 관심을 가졌다. 즉 언어를 어떻게 이해하고 또 어떻게 연구해야 하는가가 문제인 것이다. 소쉬르는 자기 생각을 직접적으로 그리고 생생하게 예시하기 위해서 장기놀이에 교묘하게 비유했다. 장기에서 사용되는 〈말〉은 여러 가지 재료로 만들어진다. 마음대로 재료를 선택할 수 있다. 중요한 것은 놀이에서 말에 부여된 가치인 것이다. 이것은 언어에서도 같다. 단어의 형태가 그것만으로서 단어의 실제 의미를 규정하지는 않는다. 모든 단어는 체계 내에서 일정한 위치를 차지하는 언어단위이다. 단어의 의미를 규정하는 것은 이 특정된 위치인 것이다.

말이 움직일 때마다 장기판에 새로운 상태가 생긴다. 그러나 어느 〈새로운 상태〉든지 놀이의 규칙과 합치하고 있다. 언어에 있어서도 시간의 경과와 더불어 여러 가지 변화가 일어난다. 그러나 이들 변화의 성질은 언어기호의 구성토대가 되어 있는 기본규칙에 의해서 규제받는다. 또한 장기놀이에서 말이 움직일 때는 하나만이 움직인다. 그런데 그 결과는 놀이과정에서 이차적인 중요성밖에 없는 경우도 있을 것이고, 또 결정적인 때도 있을 것이다. 언어에서도 마찬가지다. 어떤 변화가 시작해서 전개되고 끝났을 때, 그 언어변화는 결과에 있어서 사소한 일부에만 영향을 미칠 수도 있을 것이고, 또 전체의 체계를 바꿀 수도 있을 것이다. 또한 다음과 같은 사실에도 주목해야 한다. 말을 하나 움직일 때마다 장기판 위에 생기는 새로운 상태는 각각 독자적인 규칙을 가지고 있다. 움직이기 전에 있었던 말의 배치는 이미 아무런 의미도 없어진다. 당장 존재하는 것이 중요하며 이것을 관찰하고 판단하지 않으면 안된다. 같은 일이 언어에도 해당된다. 한 시점의 언어상태를 관찰하면 항상 서로 연관된 여러 요소의 완결체가 발견된다. 이 실제의 상태는 변화의 관점에서 본 동일 언어의 이전 상태와는 독립해서 존재하는 것이다. 이 장기놀이의 비유에는 또 다음과 같은 사실도 포함되어 있다. 말은 놀이의 규칙에 따라서 각각 고유한 가치를 가지고 있는데, 놀이가 진행될 때 말이 차지하는 위치는 서로 다르다. 그 위치가 말에게 새로운 가치를 부여한다. 가령 졸卒이 상대방의 말을 공격할 수 있는 위치에 있거나 혹은 전선에서 떨어져 있을 때는 그 가치에 차이가 있다. 이와 같이 각 언어단위의 가치는 그 실제 용법에 의해서 규정된다.

현대 언어학의 발전은 소쉬르가 그의 학설의 기반으로서 다음과 같이 말한 데 그 기원이 있다. 즉 〈언어는 특유한 사회적 기능을 가진 조직적 체계〉라는 확신이었다. 그 기본적 견해를 정밀화하면서 스위스의 위대한 언어학자 소쉬르는 여러 이론상의 구별을 했다. 이 구별이 새로운 세대의 언어학에 지대한 영향을 미치게 되는 것은 재론의 필요가 없는 것이다. 가장 주목할 만한 것을 요약하면 다음과 같다. (1) 언어는 기호의 체계이며, 각 기호의 가치는 서로 규제하는 관계에 있다. 언어체계는 대립 opposition 에 입각하고 있다. (2) 언어기호는 양면성을 가졌으며 그 양면은 또한 자의적인 관계에 있다. (3) 인간의 말을 구성하는 모든 요소는 말의 연쇄체에서 연속적으로 발음된다. 이런 의미에서 인간의 말은 선적線的이다. 이 사실은 언어단위를 분석할 때 유념해야 한다. 몇 가지 언어단위가 겹쳐서 동시에 나타나지 않는다는 원리는 이러한 선적 특징에서 유래한다. (억양, 성조 등은 제외. 이들은 어떤 발화연쇄체 위에 얹히는 것이다.) (4) 공시태와 통시태의 구별. (5) 〈랑그〉와 〈빠롤〉의 구별 등으로 요약된다.

2.3 쥬네브 학파

쥬네브 학파 Geneva School 의 명칭으로 불리우는 언어학자는 소쉬르와 같은 쥬네브에서 일반언어학 교수로 있던 바이 (C. Bally. 1865-1947)에 의해서 최종적인 형태를 가지게 된 소쉬르 이론의 계승자들을 말한다. 소쉬르의 또 한 사람의 제자로서 세슈에 (A. Sechehaye. 1870-1946)도 유명하다. 그의 주된 관심은 문장의 영역에 있어서의 심리적 요인과 언어적 요인의 관계였다. 오늘날 이 학파의 가장 뛰어난 학자는 프레 H. Frei 이며 그의 업적은 통사적 여러 관계를 다룬 것이다. 이 학파의 특징은 언어에 있어서의 정서적(정적) 요소의 연구에 대한 강한 경향, 공시언어학에 대한 일관된 노력, 언어는 중요한 사회적 기능을 가진 조직적 체계라는 확신이었다. 이렇게 하여 이 학파는 언어의 정서적 요소, 즉 문체적 요소의 연구에서 성과를 거두었으나, 과거 30년간의 발전은 언어학의 일반적 주류에서 벗어나고 있었다. 그러므로 세계 언어학계에 영향을 미치는 것이 없었다. 쥬네브 학파의 고전적 모습은 바이의 다음과 같은 언어이론에서 볼 수 있다.

바이는 합리적 문체론 rational stylistics 의 창시자로 잘 알려지고 있다. 그의 언어학을 정의적인 것이라고 말하는 사람도 있는데, 그의 이론은 모든 발화가 개인적이며 정서적인 면을 가지고 있다는 확신에서 출발하고 있다. 이러한 점에서 그는 프랑스의 방드리에스 등과 의견을 같이 했다(15장 1.3 참조). 바이는 소쉬르의 원리를 받아들이고 랑그와 빠롤을 구별하여 여기서 그의 실현화 實現化 이론이 전개된다. 단어는 그 자체로서는 일반적인(잠재적인) 개념만을 표시한다. 그런데 말하는 행위는 구체적인 현상과 관련이 있다. 랑그를 빠롤로 변환함으로써 잠재적(추상적)인 개념에서 구체적인 현상에 관한 개념으로서의 전환이 이루어진다. (예를 들면, *sister* 라는 단어로 〈어느 사람과 일정한 관계에 있는 사람〉이라는 일반적 개념을 표시하는데, 누군가가 이 단어를 실제로 사용했을 때 현실적인 사람을 표시하게 된다. 이때 비로소 그 장면 자체에서나 혹은 말하는 사람이 일정한 수식어 *my, your* 등을 사용하여 문제의 인물이 누구인가가 확실해진다.) 실현화의 과정은 이렇게 랑그에서 빠롤로의 전환, 즉 추상적(잠재적)인 것에서 실제적(현실적)인 것으로의 전환이다. 언어에서 잠재적인 개념을 현실의 단계로 전환시키기 위해서 사용되는 수단은 모두 실현사(實現辭 : actualisateur)라고 일컬어진다. 위의 소유대명사는 실현사의 하나이다. 말이 현실화할 때 일어나는 여러 문제를 검토함으로써 바이는 또 통사적이며 기능적인 전위(轉位 : transposition)의 이론을 수립했다. 이 이론은 언어기호가 그 어휘적인 원래의 의미는 바꾸지 않고 문법적 기능이 바뀔 때의 여러 원리에 관한 것이다.

2.4 프라그 학파 : 음운론의 시대

오늘날의 음운에 관한 견해에 대체로 대응하는 개념이 먼 옛날 인도의 문법학자들 사이에 이미 나타났다. 그러나 그것은 세계의 다른 나라 언어학 발달에 영향을 미치지는 못했다. 그 뒤 영국의 스위트 (H. Sweet. 1845-1912)와 프랑스의 빠시(P. Passy. 1859-1939)는 단어의 의미를 인지하는 데 직접 관여하는 조음상의 특징을 해명해야 할 필요성을 지적했다. 이 두 사람의 음성학에 관한 저술은 당시의 학자들의 주의를 끌었다. 그러나 음운론의 시대는 그들의 연구에서 겨우 싹트기 시작했을 뿐 실현되지는 않았다. 소쉬르는 그의 최초의 연구 『인구어 원시 모음체계에 관한 논문』에서 phonème이라는 술어를 사용했는데, 이 용어는 어떤 음으로 실현되든지간에 동일 음운체계 내의 다른 음과 명확하게 구별되는 음의 요소를 가르키는 것이었다. (그러나 그는 뒤에 음운의 정의에 심리적 기준을 도입했다.) 그러나 음운 이론의 기초를 닦는 데 가장 중요한 역할을 한 학자는 까잔 학파의 대표자 쿠르트네와 크루체프스키였다. 이들의 견해는 음운론의 실질적인 창시자인 프라그 학파의 언어학자들에게 잘 알려져 있었고 높이 평가되었다. 이미 19세기 60년대 후반에 쿠르트네는 음의 특징(변별적 자질)이 의미를 구별하는 데 사용된다고 분명히 말한 바 있다. 이들 모든 선구자의 노력은 음운론의 기초를 마련하는 것이었다고는 할수 없을지라도 음운에 관해서 사색하는 밑거름이 된 것만은 사실이다. 이렇게 해서 20세기 20년대까지 언어학의 새로운 분야가 싹트는 시기가 익어 가고, 언어학의 이론과 실천 양면에서 커다란 발전을 가져오게 되었다.

프라그 학파의 일원인 트루베츠코이(N. S. Trubetzkoy. 1890-1938)는 음운론의 창시자로 널리 인정되고 있다. 그는 불변체의 언어단위인 음운과 그 현실적인 가변적 음의 실현관계를 처음으로 규정한 학자였다. 다음과 같은 그의 원리는 아직까지도 고전적인 것으로 생각되고 있다. (1) 같은 언어의 두 음을 동일한 환경에서 서로 대치했을 때, 그 단어의 의미가 변하면 이 두 음은 반드시 두 개의 서로 다른 언어단위, 즉 두 개의 음운으로 인정된다. (2) 단어의 의미에 아무런 변화도 일으키지 않고 두 음이 동일한 환경에 나타날 수 있다면, 이 두 음은 두 개의 서로 다른 음운이 아니라 동일 음운의 변이음이다. (3) 동일 언어의 두 음이 조음, 청각적 특징은 유사하지만 동일 환경에 결코 나타나지 않을 때, 이들 두 음은 동일 음운의 변이음으로 보아야 한다. 그리고 여기서 알 수 있는 바와 같이 음운에 관한 변이의 개념을 규정하기 위해서는 분포의 기준에 의거해야 한다. 그것은 발화연쇄체 내에서 음운이 나타날 수 있는 모든 위치를 확정하고 또 그 위치가 어느 점에서 그리고 어느 정도 그 음운체계의 특질과 직접 연관되어 있는가를 찾는 것이다. 트루베츠코이는 그의 저서 『음운론 개요 *Grundzüge der Phonologie*』(1939)에서 음운대립의 이론을 훌륭하게 완성했다. 그는 여기서 대립항의 상호관계와 또 체계 전체를 고려하면서 어떻게 음운대립이 분류될 수 있는가를 보여주었다. 그의 관찰은 적지 않게 수정되었지만 그의 기본이론이 지금도 확고하게 지지되고 있는 것을 의심할 수 없으며 또 다음 세대에도 현대 언어학의 중요한 토대로 인정될 것이다.

1926년 프라그에 프라그 언어학 서클 Prague Linguistic Circle이라는 이름의 언어학회가 결성되었다. 소쉬르와 까잔 학파의 이론과 같이 당시의 언어학에서 가장 새로운 조류에 열중했던 세대의 학자들이 이 학회를 결성했던 것이다. 프라그에서는 이미 언어학적 전통이 확립되어 있었기 때문에 이 학회의 활동은 보장되어 있었다. 이 학회의 중심인물로서 세 사람의 러시아 망명학자인 야콥슨(R. Jakobson. 1896 -1983), 카르체프스키(S. Karcewskij. 1884-1955), 트루베츠코이, 그리고 체코슬로바키아어의 탁월한 언어학자로는 마테시우스(V. Mathesius. 1882-1945), 뜨른까 B. Trnka, 무카조우스키 J. Mukařovský 등이 있다. 곧 뒤에 바헤끄 J. Vachek, 스칼리츠카 V. Skalička 와 같은 젊은 세대의 학자들도 그 학회에 가입했다. 프라그 서클은 이미 1929년에 그들의 기본 이론을 그들의 논문집 『프라그 언어학 서클 논총 Travaux du Cercle Linguistique de Prague』의 창간호에 발표했다. 프라그 학파의 학자들은 지금도 본질적으로 그 기본이론을 고수하고 있다. 그들의 기본적인 입장은 대체로 다음과 같다. 즉, 언어는 상호이해를 위한 표현수단이다. 따라서 언어학자는 구체적 발화의 현실적 기능과, 무엇이 어떻게 누구에게 어떤 경우에 전달되는가를 연구해야 한다. 또한 다음과 같은 점도 강조한다. 즉 언어는 인간의 지적 표명과 정적 표명 양자를 내포하고 있다. 따라서 언어연구는 한편에서는 지적 요소를, 또 다른 편에서는 정적 요소를 전달하는 언어형태의 관계를 포함해야 한다. 그들의 다음과 같은 견해도 후세에 영향을 미친 특징적인 것이다. 즉 공시적 연구는 실제 언어현실과 직접적인 관계가 있기 때문에 언어학자의 첫 관심사가 되어야 할 것이다. 그렇다고 언어사 연구를 등한시한다는 뜻은 아니다. 언어의 변화를 체계 전체의 변화로 볼 때, 즉 어떤 언어의 변화를 기술할 때 세부적인 사실을 개별적으로 따로따로 고찰하지 않고, 체계 내에 있어서의 그 변화를 고찰할 때 비로소 언어사는 참다운 의의를 갖게 된다고 강조한다. 그러므로 비교언어학적 연구도 개별적인 현상을 관찰하고 그 기원을 찾는 데 끝나지 않고 모든 언어사실의 상관관계를 두루 살필 때 비로소 정당화된다는 것이다.

프라그 서클의 주도자의 한 사람이었던 야콥슨이 2차 세계대전중에 미국으로 이주한 것은 구조주의 언어학의 최근 역사에서 가장 중요한 사건의 하나이다. 그를 맞아들인 하버드 대학은 새로운 세대의 현대 언어학자를 양성하게 된 것이었다. 그는 프라그에 있을 때 이미 트루베츠코이와 더불어 음운론 개척자의 한 사람이었다. 야콥슨은 무엇보다도 변별적 자질에 관한 위대한 이론가이다. 변별적 자질은 다른 음운과 변별하는 음성적 특징을 가리키는 것이다. 야콥슨의 정의에 의하면, 음운은 이러한 변별적 자질의 뭉치이다. 변별적 자질은 음의 일정한 조음, 청각적 특징에서 나타난다. 이것은 특별한 기계를 사용한 음성학적 연구에 의해서 증명할 수 있다. 야콥슨이 음운론 연구에 실험음성학을 효과적으로 도입한 것은 분명히 그의 위대한 공적의 하나이다. 그의 음운론 이론은 〈변별적 대립은 양분법 binarism 혹은 이분법 dichotomy 의 원리에 따라서 조직되어 있다〉라는 이론에 입각하고 있다. 이 이론은 언어단위는 이항二項 대립의 한 항으로 나타나는데, 그 대립은 어떤 변별적 자질의 유/무에 의하는 것이다. 야콥슨의 공적은 비단 음운론에만 한정된 것이 아니다. 그의 형태론 연구도 중요하며 특히 러시아어의 동사체계와 격格 체계에 관한 연구는 주목할 만하다. 그는 또 언어사 연구에서도 언어진화의 구조적 논리를 발견하려는 목적을 추구한 최초의 학자였다.

2.5 코펜하겐 학파

코펜하겐 학파 Copenhagen school 라는 명칭은 금세기의 30 년대 말에 덴마크의 언어학자 예름슬레우(L. Hjelmslev. 1899-1965)와 브뢰날 (V. Brøndal. 1887-1942)의 이론에 입각해서 수립된 구조주의 언어학을 가르킨다. 그리고 이 학파는 1934 년 예름슬레우와 브뢰날의 지도 아래 설립된 코펜하겐 언어학자 서클이 그 기반이 되었다. 이 학파는 「구조주의 언어학 국제 논문집 Revue internationale de linguistique structurale」이라는 부제가 붙은 연구지 《언어학 논문집 Acta Linguistica》를 1939 년에 창간함으로써 현대 언어학의 발전에 있어서 국제적인 중요성을 얻게 된다. 그들은 또한 자기들의 이론적 기반이 소쉬르의 학설에 있음을 강조하기 때문에 신소쉬르주의 neo-Saussurianism 라고도 불린다. 그러나 그후 예름슬레우는 자신의 언어학이론의 독자성을 강조하기 위해서 언어학이라는 명칭을 글로스매틱스 glossematics 라는 명칭으로 불렀기 때문에·이 학파는 오늘날 이 명칭으로 알려져 있다. 글로스매틱스는 커뮤니케이션 기호의 일반이론, 즉 기호학(semiotics 혹은 semiology)의 창설에 가장 큰 관심을 보였다.

예름슬레우의 가장 중요한 공적의 하나는 언어연구에 다음과 같은 새로운 구별을 도입한 것이었다. 즉, 내용(소쉬르의 시니피에)과 표현(소쉬르의 시니피앙), 실질 substance 과 형식 form 의 구별이다. 종전의 단순한 내용과 표현의 구별에서 내용의 실질과 형식, 표현의 실질과 형식이라는 4 차원적 구별이 이루어지게 된다는 것이다. 내용의 실질은 현실 그 자체를 의미한다. 내용의 형식은 내용의 실질에 관한 우리들의 심적 표상을 의미하는 것이다. 표현의 실질은 언어의 물리적인 음성면을 의미하며 표현의 형식은 표현의 실질에 관한 심적 표상, 즉 커뮤니케이션 과정에서 우리들이 언어기호를 어떻게 받아들이고 또 어떻게 이해하는가 하는 것이다. 이렇게 실질에서 형식을 분리하여 따로 연구하며 언어를 형식으로 연구하려는 것이다. 그러므로 그들 스스로를 〈형식주의자〉라고 부른다. 예름슬레우의 이론 중에서 또 하나의 중요한 과제는 〈관계〉에 관한 연구이다. 여러 언어관계의 구조를 연구함에 있어서 그는 주목할 만한 여러 가지 고찰을 했다. 계열론 paradigmatics 과 통합론 syntagmatics 의 구별에 관한 고찰은 언어이론상 주목할 만한 업적으로 생각되고 있다. 후자는 발화연쇄체 내에서 어떤 언어단위와 직접 인접하고 있는 다른 언어단위와의 관계를 연구한다. 이에 반하여 계열론은 발화연쇄체의 한 단위를 들어 그 단위와 대치할 수 있는 다른 단위와의 관계를 다루는 것이다. 다시 말하면, 계열론은 언어체계 전체 속에서 언어단위의 상호관계를 연구하는 것이라고 해도 좋다. 그리고 이 두 관계의 형型에는 일방의존,

상호의존, 상호무의존의 세 가지 관계가 있다. 이렇게 해서 예름슬레우는 언어의 구조는 〈관계의 그물〉이라고 정의하기에 이른다. 이러한 견해는 〈언어는 체계이며 개개의 요소는 고립되어 있는 것이 아니기 때문에 항상 체계 내에 있어서의 위치에 의해서 결정되어야 한다〉는 20세기 구조주의 언어학을 단적으로 반영하고 있는 한 예라고 하겠다.

2.6 미국의 언어학계

미국 언어학의 전통은 미국 인디언어의 전문가였던 보아스(F. Boas. 1858-1942)로부터 시작한다. 연구대상이 인디언어였다는 사실은 그후의 미국 언어학의 발전방향에 결정적인 영향을 미치는 결과가 된다. 인디언어는 문자의 전통이 없었다. 따라서 참다운 의미의 역사도 없었다. 그러므로 현존하는 언어현상의 정확한 기술에 연구자의 주의가 집중되어야 했다. 즉, 연구가 철저하게 공시적이어야 했던 것이다. 미국 언어학의 또 하나의 고전적 대표자는 사피어(E. Sapir. 1884-1939)이다. 그는 소쉬르와는 독립해서 언어가 조직체라는 생각을 널리 알리고 그러한 방향으로 연구했다. 그의 기술언어학의 최초의 과제는 언어구조의 유형을 탐구하는 것이었다. 사피어는 언어형 linguistic pattern이라는 개념을 창시했다. 사람은 누구나 자기 머릿속에 언어조직의 기본적 도식을 가지고 있다. 즉, 그것은 커뮤니케이션을 보장하기 위해서 그 언어가 구비하고 있는 모든 현실적 수단의 형틀을 말하는 것이다. 사람은 이 심리적 언어형에 따라서 현실적 언어자료를 사용하여 자기 생각을 표출한다고 생각했다. 다음에는 미국 언어학의 고전적 대표자로서 블룸필드(L. Bloomfield. 1887-1949)에 주목해야 한다. 그는 행동주의 심리학의 기본개념을 받아들이고 여기에 대응하는 언어학을 건설했다. 이것은 언어의 물리적(즉 음성적) 측면을 엄밀하고 객관적으로 연구하는 데 가장 적합했다. 따라서 그는 전적으로 현실적인 발화체에서 출발하지 않을 수 없었다. 그리고 언어의 의미면을 분석에 포함시키면 분석하는 데 있어서 주관적 기준이 개입될 염려가 있다고 보고 의미를 배제해야 했던 것이다. 이렇게 해서 그는 언어학에서 반심리주의의 기수가 되었다.

블룸필드의 방법은 그의 원리를 엄격하게 지킨 그의 제자들에 의해서 한층 정밀화되었다. 즉 의미는 언어분석에서 제외되어야 했다. 또한 적용된 기준은 엄밀하게 객관적이고 기계적이어야 한다. 언어단위의 분포(어떤 언어단위가 차지할 수 있는 모든 위치)에 주의가 집중되고 분포는 대치 substitution 방법에 의해서 검증되었다. 대치법은 어떤 단위를 동일한 문맥에서 다른 단위와 바꾸어 넣어 보는 것이다. 만일 대치하더라도 그 문맥이 본질적으로 변하지 않으면, 두 단위는 동일한 부류에 속한다. 즉 양 단위는 동일한 문법적 특징을 지닌 것이다. (예를 들면, 〈사람〉과 〈학생〉은 양자가 다음 문장 〈나는 —— 이다〉에서 동일한 자리에 올 수 있기 때문에 동일한 부류, 말하자면 명사의 부류에 속한다.) 이러한 연구방법에 의해서 그들은 음운론에 많은 주의를 집중시켰다. 여기서도 분포이론에 입각한 그리고 대치법에 의한 분석원리를 발전시키고 정밀화시켰다. 형태론에서는 형태소, 즉 〈의미를 가진 최소의 언어단위〉에서 한층 고차적인 언어단위에 이르는 복잡한 문제를 다루면서 언어구조의 여러 가지 층위를 구별하는 것이 필요함을 알게 되었다. 예를 들면, /s/는 단어 *snow* 에서는(즉 음성층위에서는) 하나의 음운이지만 *lips* 에서는(즉 형태층위에서는) 복수를 표시하는 형태소가 된다. 구조의 층위를 이렇게 엄격하게 구별함으로써 문법기술은 고도의 정밀성을 보여주게 되었다. 통사론에 관한 가장 중요한 연구는 직접구성성분 immediate constituent 분석이었다. 직접구성성분이란 문법적으로 서로 직접 결합한 발화체의 구성성분을 말한다. 40년대와 50년대 초의 가장 전통적인 단계에 있어서의 방법은 블룸필드 학파의 거장인 해리스 Z. Harris 의 저서 『구조주의 언어학 방법 *Methods in structural linguistics*』(1951)이 대표적이다. 당시의 미국 언어학은 유럽의 언어학과 충분한 접촉을 갖지 못했으며 또 방법론적 구상이 좁고 다분히 배타적이었음을 부인할 수 없다. 그리하여 블룸 필드 학파의 학자들도 이런 사실을 차츰 시인하기 시작했다. 이러한 상황에서 새로운 방향으로 돌파구를 뚫은 것이 촘스키이다. 그의 『통사구조 *Syntactic structure*』(1957)는 미국 언어학계에 하나의 혁명을 가져왔다. 여기서 미국의 구조주의 언어학은 변형생성문법으로 크게 방향을 전환하게 된다.

미국 언어학에서 인류언어학 anthropological linguistics 의 활발한 연구는 주목할 만하다. 인류언어학은 언어와 문화의 관계에 관한 문제, 즉 각 언어의 유형이 언어사회의 문화유형과 관계가 있는가 없는가, 혹 관계가 있다면 어느 정도 의존하고 있는가 하는 문제를 다룬다. 이러한 연구경향은 미국의 인디언어 연구에서 비롯된 것이다. 이들 언어구조는 인구어족에 관해서 알려진 것과 근본적으로 다르다. 한 예를 보면, 인디언어를 영어로 번역하고 있던 전문가들은 번역하는 도중에 예기치 않았던 어려움에 당면하게 되었다. 이러한 일들이 미국 언어학에서 인류언어학적 관심을 불러일으켰던 것이다. 사피어의 문하생인 워프(B. L. Whorf. 1897~1941)는 인류언어학 발전에 적지 않은 영향을 미쳤다. 그는 인디언어를 연구하면서 인간의 심리적, 지적 세계가 그 언어구조와 밀접하게 결합되어 있다는 가설을 주장했다. 그의 주장은 다음과 같다. 즉 원시적 언어라는 것은 존재하지 않으며 모든 언어는 그들 나름대로 동등하게 완전하다. 어느 언어도 모든 것을 포함할 수 있다. 그러나 각 개별 언어구조는 세계관을 표현하는 어떤 특정된 방법을 특히 많이 사용하는 한편, 동일한 현상을 보는 다른 가능한 방법은 무시한다. 외부 세계의 현상을 보는 인간의 심리적 시야는 실은 인간의 언어에 의해서 형성된다. 이 시야는 언어구조에 의존하고 있으며 어느 점에 있어서는 다른 점에서보다 시야가 넓다. 그것은 어느 경우에는 언어구조가 현상간의 관계를 극도로 정밀하게 규정하는 한편, 또 어느 경우에는 불충분하게 규정하기 때문이다. 언어가 문화에 의해서 영향을 받는다는 견해에 대해서는 아무도 반대하지 않았다. 그러나 워프는 그 반대도 강조했다. 즉, 언어의 유형은 문화의 유형을 규정하고 인식과정에 직접 영향을 미친다고 생각했다. 그러한 견해를 사피어-워프 가설 Sapir-Whorf hypothesis 이라고 한다. 워프는 실은 훔볼트 시대부터 유럽의 언어학에서는 잘 알려져 있던 〈세계관이론〉(14 장 3.4 참조)을 주장했던 것이다. 그러나 워프의 생각은 훔볼트주의에 의해서 고무된 것은 아니었다. 이 경우에 있어서도 다른 여러 경우와 같이, 미국 언어학에는 유럽 언어학의 성과가 충분히 알려져 있지 않았다.

2.7 변형생성문법

언어학사적 관점에 의하면, 변형생성이론은 철학적으로 데카르트 Descartes 의 합리주의로의 회귀이며, 훔볼트의 동적 언어관을 이어받았으며, 18 세기 포르-루아이알 문법의 논리적 의미구조를 계승한 것으로 20 세기 미국 언어학계의 기계적, 경험주의적인 연구방법에 대한 반기이고 극복이라고 할 수 있다. 그리하여 구조주의의 이론과 방법을 모두 거부한다.

촘스키는 그의 『통사구조』에서 분포에 의한 방법에 한계가 있음을 지적하고, 또한 언어를 음성형식으로 보고 요소의 구성에 의해서 언어를 기술하려는 생각에는 재검토되어야 할 근본문제가 있음을 알게 된다. 다시 말하면 분포에 의한 방법보다는 더 근본적인 문제를 검토해야 할 필요성을 느끼고 그는 언어이론에 관심을 가지게 된다. 그것은 블룸필드 학파의 음성적인 자료 중심에서 이론연구에 중점을 두는 태도의 변화라고 할 수 있다. 언어는 블룸필드와 같은 기계적인 음성적 반응행동도 아니고 또한 단순히 요소의 구성만으로 이루어지는 것도 아니다. 그러므로 음성형식만이 언어연구의 전부가 아니라 내면적인 형성과정의 규칙이 언어연구의 중심이 되어야 한다고 촘스키는 주장했다. 그는 언어를 〈문장의 집합〉으로 보고 문법은 문장에 관한 이론이라고 정의한다(2 장 2.4 참조). 그러면 문장에 관한 이론이란 무엇을 의미하는가? 정상적인 사람은 누구나 필요하면 지금까지 들어보지도 못한 새로운 문장을 얼마든지 만들어낼 수 있을 뿐만 아니라 또 듣는 사람도 그들에게 역시 새로운 문장이지만 이것을 곧 이해할 수 있다. 즉 인간에게는 무수한 문장을 만들어낼 〈능력〉이 있다. 인간은 그 무한한 문장을 하나하나 기억할 수는 없다. 화자는 무한한 문장을 구성하기 위한 유한한 규칙을 습득하고 있을 뿐이다. 그러나 어떤 규칙을 어떻게 습득하고 있는지는 직접적으로는 관찰할 수가 없다. 그리하여 위에서 말한 능력을 설명하기 위한 문법을 설정하게 된다. 따라서 이러한 문법은 한 언어의 가능한 모든 문장을 산출할 수 있는 장치 혹은 일련의 규칙이어야 한다. 그리고 그 규칙은 모든 문장의 구조를 기계적으로 기술할 수 있는 성질의 것이어야 한다. 다시 말하면 그 문장을 이해하기 위한 모든 것이 포함되어야 한다. 그리하여 문법이 문장을 〈생성한다 generate〉는 것은 화자의 발화과정을 직접 기술한다든지 또는 발화를 직접 생성한다는 뜻이 아니라, 문법을 구성하는 규칙이 기계적으로 현실적인 문장을 모두 유도해 낸다는 뜻이다. 그러므로 생성문법은 생성규칙, 즉 문법적인 문장만을 생성하는 규칙의 문법이라고도 하겠다. 이러한 뜻에서 촘스키는 생성문법 generative grammar 을 생각하게 된다. 그에 의하면 생성문법이란 〈말을 하고 이해하는 실제적인 수행에 참여하는 화자와 청자의 잠재적 능력에 관한 기술〉이라고 정의한다.

통사론은 20 세기에 이르러서야 집중적으로 발전하기 시작한 분야이다. 통사론 연구의 발전이 늦어진 것은 20 세기 이전 또는 20 세기 초의 수십년 동안 방법론상 심각한 약점이 있었기 때문이다. 객관주의적 방법론에 입각한 학자들은 통사론의 방법론은 일반적으로 음운론이나 형태론의 방법론만큼 철저하게 연구되지 않았고 정밀성도 떨어졌다고 비판했다. 즉, 전통 언어학이 심리주의적 학문이라는 것이다.

그러나 촘스키는 바로 이러한 연구태도에 반기를 들고 심리주의적이고 정신적인 접근방법을 주장하기에 이른다. 촘스키에 의해 주도된 변형생성문법이론은 많은 추종자들로 하여금 그러한 연구에 몰두하게 하였다. 그의 동료들과 제자들에 의해 이론이 더욱 세련되고 정교하게 되었다. 1957년의 저작에 이어 『통사이론의 제양상 *Aspects of the theory of syntax*』(1965)은 그의 동료들의 연구결과를 받아들여, 자율적 통사론을 수정하여 의미도 해석부문에서 음운부문과 함께 체계화하였다. 촘스키의 통사론 중심의 문법 모델은 합리주의적 기반과 18세기 포르-루아이알 문법의 심층구조와 표면구조 설정에 근원을 두고 있다(14장 2.1 참조). 이 이론에 따르면, 예를 들어 영어의 수동문과 능동문은 표면구조에서는 서로 다르게 나타나지만, 심층구조에서는 같은 구조를 갖는 것이라고 보고 두 가지 표면형은 변형에 의해서 도출된다고 가상한다. 여기에서 중요한 개념인 〈변형규칙〉이 도입되는데, 이것은 심층구조와 표면구조를 연결시키는 장치이다. 이 변형규칙은 경험적으로 심리적인 실재로 검증되어야 하는 것인데, 이에 의해 문장의 다의성, 동의성 따위를 설명해 낼 수 있게 된다.

그러나 변형규칙에 의해 도출되는 심층구조가 어느 정도까지 추상화되고 형식화되어야 하는가의 문제가 의미의 문제와 함께 제기된다. 변형생성문법의 원리를 추구한 촘스키의 제자와 동료들 중의 몇몇 학자들은 1965년의 모델(소위 표준이론 standard theory)은 의미를 포착하는 데 부적합하다고 주장하고 일단의 그룹을 형성하여 일련의 연구를 행하였고, 촘스키 자신도 계속 모델을 수정하게끔 되었다. 전자의 그룹을 생성의미론자라 하고 대표적인 학자로는 포스탈 P. M. Postal, 레이코프 G. Lakoff, 맥콜리 J. D. McCawley 및 로스 J. R. Ross 등을 들 수 있다. 그에 대해 후자의 그룹은 해석의미론자라고 불리며, 촘스키를 비롯하여 자켄도프 R. S. Jackendoff 등 다수의 학자들이 이에 속한다. 해석의미론자의 대부분은 확대표준이론 extended standard theory

이라고 불리우는 이론을 제창했다. 이 이론은 1960년대 후반의 표준이론을 수정한 것이다.

변천을 거듭한 촘스키의 변형생성문법은 다시 1981년『지배와 결속에 관한 강의 Lectures on government and binding』의 출판을 계기로 대폭적이고 근본적인 수정을 받게 된다. 여기서 지배와 결속이론, 즉 GB이론이라는 용어가 생겨서 널리 통용되기에 이른다. GB이론이란, 지배와 결속이라는 두 개념을 중심으로 하는 1970년대 후반의 확대표준이론을 더 발전시킨 것이다. 이 이론은 한마디로 말해서 지금까지의 규칙체계 위주의 문법이론에서 원리체계 위주의 문법이론으로의 전환이라고 하겠다. 그러나 최근 촘스키는 GB이론이라는 용어의 불합리성을 지적하였고 이 용어 대신에 원리-변이이론 principles -parameters theory 으로 개칭하도록 제안했다.

참고문헌

Hill, A. A., *Linguistics today,* New York : Basic Books, 1969.

Leroy, M., *The main trends in modern linguistics,* Oxford : Basil Blackwell, 1967.

Malmberg, B., *New trends in linguistics,* Stockholm : Lund, 1964.

Sampson, G., *School of linguistics,* Standford : Stanford University Press, 1980.

internal reconstruction 210

Ionic 226

Iranian 224

isogloss 213

isolating language 240

J

jargon 292

Javanese 238

Jespersen, O. 27

Jones, W. 327

Junggrammatiker 333

K

Kam-Tai 237

Kannada 238

Karelian 232

Kazan school 335

Knotted cards 247

Koinē 226

Kruszewski, M. 343

Kurd 224

L

Labov, W. 302

LAD 282

Lakoff, G. 362

language acquisition device 282

language contact 307

language family 198

language pathology 293

langue 44

Lappish 232

Latvian 225

lax vowel 69

Leibniz, G.W. 26

Lerch, E. 342

Leskien, A. 334

levels of representation 78

lexical ambiguity 154

lexical morpheme 99

lexicology 57

lingua franca 309

linguistic determinism 314

linguistic economy 175

linguistic pattern 357

linguistic-reference 159

linguistic relativism 333

linguistic relativity 313

Linné, Ch. 37

liquid 74

Lithuanian 225

localization of function 286

logogram 251, 260

Low German 228

low vowel 69

Lullus, R. 325

Luwian 230

M

macrolinguistics 58

Madagascar 244

김방한

서울대 언어학과를 졸업(문학박사)하고,
하버드 대학교 객원교수, 한국 언어학회 회장, 한국 알타이어학회 회장,
서울대학교 언어학과 명예교수를 지냈다.
국어계통론과 역사비교언어학 연구에 주력했으며, 연구 성과로
『소쉬르: 현대 언어학의 원류』, 『몽골어 연구』, 『언어학 논고』,
『한국어의 계통』, 『역사-비교언어학』 등의 저서를 남겼다.

언어학의 이해

1판 1쇄 펴냄 • 1992년 3월 1일
1판 7쇄 펴냄 • 1999년 3월 20일
2판 1쇄 펴냄 • 2001년 6월 25일
2판 12쇄 펴냄 • 2021년 4월 16일

지은이 • 김방한
발행인 • 박근섭, 박상준
펴낸곳 • (주) 민음사

출판등록 • 1966. 5. 19. 제16-490호
서울특별시 강남구 도산대로1길 62(신사동)
강남출판문화센터 5층(우편번호 06027)
대표전화 02-515-2000 • 팩시밀리 02-515-2007
www.minumsa.com

* 잘못 만들어진 책은 구입처에서 교환해 드립니다.